에듀윌을 선택한 이유는 분명합니다

편입 교육
브랜드만족도

1위

3년 연속 서성한반
서울소재 대학 합격

100%

합격 시
업계 최대 환급

500%

업계 최초
불합격 시 환급

100%

에듀윌 편입을 선택하면
합격은 현실이 됩니다.

3년 연속 서성한반 서울소재 대학 100% 합격자 배출* 교수진

합격까지 이끌어줄 최정예 합격군단
에듀윌 편입 명품 교수진을 소개합니다.

기본이론부터 문제풀이까지 6개월 핵심압축 커리큘럼

기본이론 완성	핵심유형 완성	기출심화 완성	적중실전 완성	파이널
기본이론 압축 정리	핵심포인트 집중 이해	기출문제 실전훈련	출제유력 예상문제 풀이	대학별 예상 모의고사

에듀윌 편입 시리즈
전격 출간

3년 연속 100% 합격자 배출* 교수진이 만든 교재로
합격의 차이를 직접 경험해 보세요.

* 본 교재 이미지는 변동될 수 있습니다.
* 여러분의 합격을 도와줄 편입 시리즈 정보는 에듀윌 홈페이지(www.eduwill.net)에서 확인하세요.

노베이스 수험생을 위한
편입 스타터팩 무료혜택

편입 영어 X 수학 입문강의
한 달이면 기초 탈출! 신규회원이면 누구나 신청 가능!

24만원 상당

편입 영어 X 수학 입문 강의

· 한 달이면 기초 탈출 입문 강의
· 짧지만, 이해하기 쉬운 기초 탄탄 강의
· 1타 교수진 노하우가 담긴 강의

24만원 상당

토익 베이직 RC/LC 강의

· 첫 토익부터 700+ 한 달이면 끝
· 편입 공인영어성적 준비를 위한 토익 기초 지원

합격비법 가이드

· 대학별 최신 편입 전형 제공
· 최신 편입 관련 정보 모음
· 합격전략 및 합격자 수기 제공

기출어휘 체크북

· 편입생이 꼭 알아야 할 편입 어휘의 모든 것
· 최신 기출 어휘를 빈도순으로 구성

편입 합격!
에듀윌과 함께하면 현실이 됩니다.

스타터팩
무료 이벤트

에듀윌 편입의
독한 관리 시스템

전문 학습매니저의 독한 관리로
빠르게 합격할 수 있도록 관리해 드립니다.

독한 담임관리

· 진단고사를 통한 수준별 학습설계
· 일일 진도율부터 성적, 멘탈까지 관리
· 밴드, SNS를 통한 1:1 맞춤 상담 진행
· 담임 학습매니저가 합격할 때까지
　독한 관리

독한 학습관리

· 학습진도 체크 & 학습자료 제공
· 데일리 어휘 테스트
· 모의고사 성적관리 & 약점 보완 제시
· 대학별 배치상담 진행

독한 생활관리

· 출석 관리
· 나의 학습량, 일일 진도율 관리
· 월별 총 학습시간 관리
· 슬럼프 물리치는 컨디션 관리
· 학원과 동일한 의무 자습 관리

친구 추천하고
한 달 만에 920만원 받았어요

2021년 2월 1달간 실제로 리워드 금액을 받아가신
*a*o*h**** 고객님의 실제사례입니다.

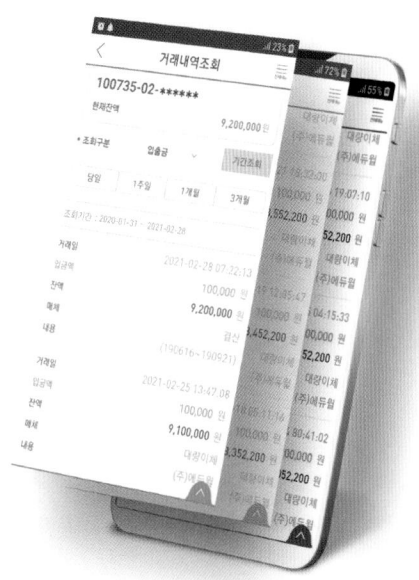

에듀윌 친구 추천 이벤트

💵 친구 1명 추천할 때마다 | ♻️ 추천 참여 횟수
현금 10만원 | 무제한 반복

에듀윌 친구 추천 검색

친구 추천
이벤트

※ 추천 참여 횟수 무제한 ※ 해당 이벤트는 예고 없이 변경되거나 종료될 수 있습니다.

에듀윌
편입영어

기본이론 완성

문법

머리말

PREFACE

영어를 공부하면서 반드시 접하게 되는 문법은 편입에서도 역시 중요하다. 편입 시험에서 문법은 난해한 영역이고, 시험장에 들어갈 때까지 불안한 과목이다. 외우고 또 외워도 끝이 없어 보이는 것은 어휘 영역과 동일하다. 하지만 방대한 어휘 영역과는 차이가 있다. 그것은 바로 문법은 정해진 범위가 존재한다는 것이다. 20개 단원을 철저히 숙지하고 문제들을 꼼꼼히 풀어 보고 함정을 피하는 연습을 꾸준히 한다면 소기의 성과를 거둘 수 있는 과목이다. 이것을 염두에 두고 〈에듀윌편입 기본 문법〉을 구성하였다.

사람들에 따라서 문법은 이해하는 과목이다, 혹은 암기해야 하는 과목이다, 많은 얘기들이 있다. 저자가 생각하기로 문법은 이해가 선행되어야 하는 것은 당연하지만, 규칙이므로 암기하지 않으면 좋은 성적을 거둘 수 없다. 규칙에서 벗어난 예외 사항 역시 외울 수밖에 없는 영역이다. 하지만 무턱대고 이해도 하지 않고 암기만 하면 어려운 문제가 나올 경우 응용하여 문제를 풀 수가 없다. 결론은 이해에 바탕을 둔 철저한 암기로 시험에 대비하여야 한다.

어느 학원에서나 문법을 열심히 가르치고 여러 권의 교재를 사용한다. 그런데 왜 학생들은 문법에 대해서 유달리 약점을 보이는지를 생각하면 과목의 특성에 대해 깊은 이해가 필요해 보인다. 문법은 기본 이론을 철저히 암기하고 문제를 풀면서 습득하는 게 중요하다. 문제를 풀고 오답이 발생하면 확인한 후 문법 기본서의 해당 부분을 다시 확인하면서 이론을 상기시킨다. 이런 과정을 거치면서 암기했던 이론이 체화되어 어떤 문제라도 응용할 수 있는 힘이 생기게 된다. 그런데 기본이 되는 교재를 여러 권 사용한다면 단권화의 문제가 발생하여 자신의 문법 이론이 어디서 체득되었는지, 관련 부분을 어떻게 확인해야 하는지에 대해 혼란을 겪게 된다. 그러므로 기본서는 한 권이어야 하고, 이 교재를 여러 차례 반복하는 게 중요하다.

그래서 에듀윌에서는 〈기본 문법〉을 발간하여 이론의 기본으로 삼고, 〈유형 문법〉에서 핵심이론의 반복과 빈출유형의 600개의 문제풀이를, 〈심화 문법〉에서는 700개의 중요한 기출문제들을 풀고, 〈실전 문법〉에서 최신 기출문제와 최근 경향에 알맞은 예상문제로 정리한다. 이렇게 체계적으로 문법을 학습하다 보면 내용을 이해하고 성적도 오르면서 자신감도 늘어 다른 과목에도 좋은 영향을 끼쳐 편입 시험 준비에 선순환이 될 것이다. 학원에 다니는 학생들은 교수님들의 지도에 따라 과정을 따라가면 되고, 동영상으로 공부하는 학생들은 역시 동영상 과정에 따라서 학습해 나가면 된다. 독학하는 학생들에게는 버거울 수 있는 부분이 있으니 가능하면 동영상으로 필요한 부분을 공부해 나가길 바란다. 에듀윌편입의 문법을 마치면 시험장에서 전혀 두려움이 없이 문제를 해결해 나갈 수 있으리라 확신한다. 수험생 여러분의 건투를 빈다.

에듀윌과 함께 합격을 기원하며

저자 홍준기

문법 학습 노하우

GUIDE

1 문법은 영어 학습의 기본이다.

문법은 글을 읽을 수 있는 틀을 제시해 주는 과목이다. 문법이 안 되지만 독해는 된다거나, 문법은 되지만 독해는 안 된다거나 하는 경우는 거의 없다. 왜냐하면 문법의 토대 없이는 어휘의 뜻을 나열하는 데 불과하기 때문이다. 그러므로 영어 학습을 시작하는 데 있어서 문법은 기본이며, 편입 시험에 있어서도 그 기본 발판이 된다.

2 문법의 올바른 학습방법론

1) 문법 용어를 숙지하고 문장의 구조를 파악하라.

문법의 세부적인 내용을 공부하기에 앞서, 먼저 그 용어의 의미를 파악하는 것이 급선무이다. 문법 용어를 몰라서 의사소통이 되지 않는 경우가 허다하다. 문법 용어에 대해 숙지했다면 이제는 문장의 구조를 파악해 보아야 한다. 크게 주어, 동사, 목적어, 보어와 수식어를 판단하는 힘을 길러야 한다. 복잡한 문장의 구조를 분석하라는 것이 아니고, 단문 구조의 기본적인 틀을 익히라는 것이다. 그런 기본적인 연습을 하면 머릿속에 서서히 주어가 될 수 있는 성분은 명사를 기본으로 한다는 식의 나름의 틀이 형성되어 갈 것이다.

2) 문법의 기본적인 틀을 세워 나간다.

문법은 8품사 가운데도 동사를 기본으로 한다. 이러한 동사의 활용을 이해하기 위하여 동사의 종류와 시제를 공부하고, 동사 역할과 다른 품사의 기능을 함께 하는 동사에 준하는 to부정사, 동명사, 분사 등을 익히게 된다. 또 주체와 객체의 관계를 염두에 둔 수동태와 능동태를 익히고, 발생하지 않은 일에 대해서 나타내기 위하여 가정법을 공부하게 된다. 더불어 동사의 어감을 보충해 주는 조동사 역시 동사와 관련지어 다루게 된다. 이렇게 동사는 다양한 쓰임을 바탕으로 문법의 핵을 이루고 있다.

이렇게 동사에 대한 학습이 끝나면 개별 품사를 익히게 된다. 주어를 구성하는 명사와 대명사, 명사 앞에 붙는 관사, 명사를 대신하는 대명사와 접속사의 기능을 하는 관계대명사, 명사를 수식하며 보어의 역할도 하는 형용사, 동사와 형용사를 수식하는 부사, 명사 앞에 위치하는 전치사, 단어와 단어, 문장과 문장 간의 관계를 설정해 주는 접속사 등이 품사의 전부이다.

이후에 이러한 문법을 바탕으로 주요 구문을 학습하게 되는데, 부정 구문, 비교 구문, 무생물주어 구문, 도치나 생략 등 특수구문 등이 그것이다. 이렇게 하면 문법의 전반적인 틀이 완성되며, 전체를 한눈에 아우를 수 있는 자신의 문법 틀이 갖추어진다.

3) 단원별 문제를 중심으로 이론을 재정비해야 한다.

문법의 기본이론에 대한 학습을 마쳤다면 단원별로 문제를 풀면서 정리해 나간다. 이렇게 단원별로 풀다 보면 어려운 문제도 단원부터 인지하고 풀게 되는 단점도 있지만, 스스로 익힌 문법의 틀을 확고히 다져 보는 계기가 된다. 문제를 풀면서 부족한 부분은 다시 이론으로 넘어가 이론을 공고히 하면서 문제를 통하여 빈틈이 메워지게 된다. 이론만을 볼 때는 안다고 생각하고 쉽게 여겼던 것들도 막상 문제를 접하게 되면 확실히 답을 고르기 어려운 부분들이 있기 때문이다.

4) 단원별이 아닌 종합문제를 실전처럼 풀어 봐야 한다.

어느 정도의 학습이 끝났다면 이제는 실전처럼 종합적으로 문제를 풀 단계이다. 단원별로 풀 때는 쉽게 풀었던 것들도 섞어서 출제되면 약점을 보이게 마련이다. 그러므로 실전을 위한 연습으로 꼭 필요한 단계이다. 여기서 기출문제를 풀면서 그간 출제의 핵은 무엇이고, 최근의 변한 경향은 어떠한지를 함께 파악해 나가야 한다. 이런 과정에서 문법 각 단원 간의 내용이 유기적으로 혼합되면서 체계화된다. 이때 자신의 부족한 부분을 파악하게 되면서 다시 부족한 이론을 메워 주는 것이 필요하다. 예를 들어 분사를 개별적으로 학습하고 문제를 풀 때는 몰랐지만, 접속사와 섞여 나오는 문제를 접한 후에 자신이 접속사에 대한 이해가 부족했다는 등의 느낌이 올 것이다. 이때가 바로 깨달음을 통한 문법의 완벽한 체계 구성을 위한 최종 단계가 된다.

5) 최신의 출제경향을 대비한 예상문제를 풀어야 한다.

문법도 출제경향이 있다. 이에 맞춰서 최신 경향에 맞춘 문법을 학습하고 때때로 부족한 이론에 대해서 다시 틈틈이 보충하면 된다. 이 시기가 되면 학교별로 특수한 유형에도 대비하여야 한다. 예를 들어 서강대와 이화여대에서는 최근 구두법에 대한 문제가 출제되고 있으며, 중앙대의 경우 No Error 문제가 출제되고 있다. 이런 부분을 잘 연습해 두어야 한다.

구성과 특징
FOREWORD

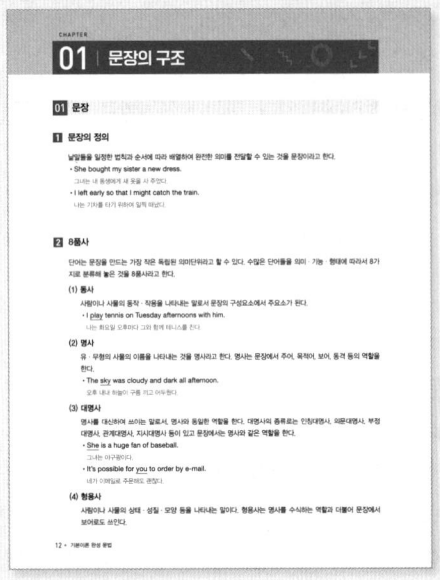

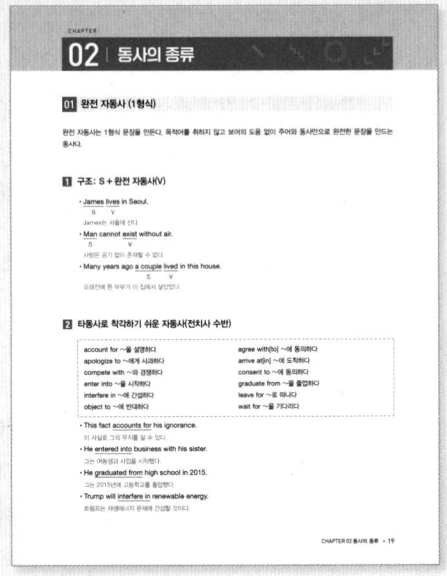

1 명쾌한 이론 정리 및 풍부한 예문 수록

명쾌한 문법 이론 정리와 풍부한 예문을 통해 반드시 알아야 할 문법 이론을 쉽게 학습할 수 있도록 하였다.

2 도표와 도식으로 이루어진 깔끔한 정리

주요 개념 및 단어, 숙어 등을 표로 정리하여 한눈에 볼 수 있도록 구성하였다.

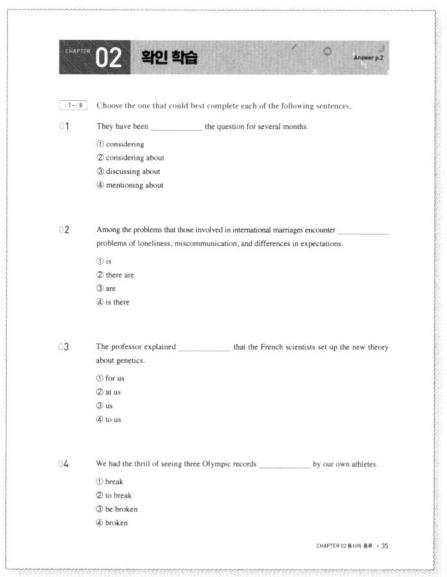

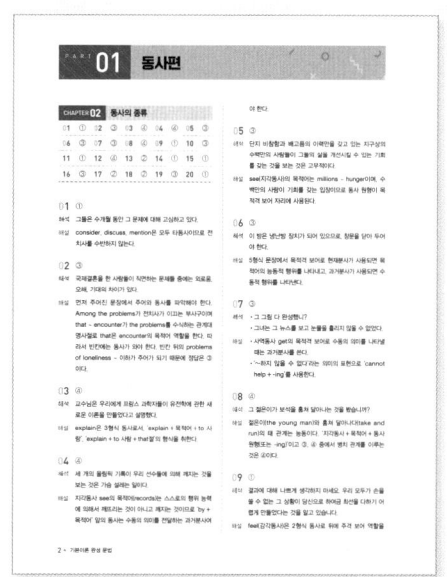

3 확인 학습을 통한 실전 감각 기르기

단원 확인 학습을 통해 관련 이론을 확실히 암기하고 이해하였는지 스스로 진단할 수 있도록 하였다.

4 간결하고 정확한 해설 수록

정답을 후편에 배치하여 빠르게 확인할 수 있도록 하였으며, 간결한 지문 해석 및 해설로 문제를 해결하는 실전 감각을 익히도록 하였다.

차례

CONTENTS

● ● ●　　정답과 해설

PART

01

동사편

01 | 문장의 구조

01 문장

1 문장의 정의

낱말들을 일정한 법칙과 순서에 따라 배열하여 완전한 의미를 전달할 수 있는 것을 문장이라고 한다.

• She bought my sister a new dress.

  그녀는 내 동생에게 새 옷을 사 주었다.

• I left early so that I might catch the train.

  나는 기차를 타기 위하여 일찍 떠났다.

2 8품사

단어는 문장을 만드는 가장 작은 독립된 의미단위라고 할 수 있다. 수많은 단어들을 의미 · 기능 · 형태에 따라서 8가지로 분류해 놓은 것을 8품사라고 한다.

(1) 동사

사람이나 사물의 동작 · 작용을 나타내는 말로서 문장의 구성요소에서 주요소가 된다.

• I play tennis on Tuesday afternoons with him.

  나는 화요일 오후마다 그와 함께 테니스를 친다.

(2) 명사

유 · 무형의 사물의 이름을 나타내는 것을 명사라고 한다. 명사는 문장에서 주어, 목적어, 보어, 동격 등의 역할을 한다.

• The sky was cloudy and dark all afternoon.

  오후 내내 하늘이 구름 끼고 어두웠다.

(3) 대명사

명사를 대신하여 쓰이는 말로서, 명사와 동일한 역할을 한다. 대명사의 종류로는 인칭대명사, 의문대명사, 부정대명사, 관계대명사, 지시대명사 등이 있고 문장에서는 명사와 같은 역할을 한다.

• She is a huge fan of baseball.

  그녀는 야구광이다.

• It's possible for you to order by e-mail.

  네가 이메일로 주문해도 괜찮다.

(4) 형용사

사람이나 사물의 상태 · 성질 · 모양 등을 나타내는 말이다. 형용사는 명사를 수식하는 역할과 더불어 문장에서 보어로도 쓰인다.

- I've had a hard day at the office.

  나는 사무실에서 힘든 하루를 보냈다.
- The baby was fast asleep.

  아기는 빨리 잠들었다.

(5) 부사

장소 · 시간 · 정도 · 방법 등을 나타내는 말로서, 동사 · 형용사 · 다른 부사 · 문장 전체를 수식하는 역할을 한다.

- Perhaps she may have gotten upset.

  아마도 그녀는 화가 났을 수도 있어.
- I like Spanish very much and study very hard.

  나는 스페인어를 매우 좋아하고 열심히 공부한다.

(6) 접속사

문장 안의 단어와 단어, 구와 구, 절과 절을 문법적으로 대등하게 연결해 주는 역할을 한다. 접속사는 용법에 따라서는 등위접속사와 종속접속사로 나뉜다.

- I think that he is brave.

  내 생각에 그는 사실 용감해.
- She knocked at the door and went in.

  그녀는 문에 노크를 한 후 들어갔다.

(7) 전치사

명사나 대명사 앞에 위치하며 명사나 대명사와 함께 형용사구나 부사구를 만들어 문장 안의 다른 어구와 연결해 주는 역할을 한다.

- The average size of apartments in the UK is small.

  영국 아파트의 평균 크기는 작다.

(8) 감탄사

기쁨 · 놀람 · 슬픔 등의 감정을 나타내는 말로서 문장 안의 다른 요소와는 문법적인 관계를 가지지 않고 주로 독립적으로 사용된다.

- Oh, how beautiful she is!

  오, 그녀는 참 아름답구나!

02 문장의 구성

1 주부와 술부

주부는 문장의 중심이 되는 부분으로 '~은, ~이, ~가' 등으로 해석되고, 술부는 주부를 설명하는 부분으로 '~이다, ~하다' 등으로 해석된다.

- His brother grew up in Nazi Germany.
  주부   술부

  그의 남동생은 나치 치하의 독일에서 성장했다.

- The civil war produced huge numbers of casualties.
  주부   술부

  내전은 엄청난 사상자를 초래했다.

2 구 (Phrase)

2개 이상의 단어가 모여 하나의 품사에 상당하는 기능을 하면서, 주부와 술부를 포함하지 않는 것을 구(句)라고 한다.

(1) 명사구

명사와 같이 주어 · 보어 · 목적어 역할을 한다.

- To do two things at one time is to do neither. (주어)

  한꺼번에 두 가지 일을 하는 것은 어느 것도 못 하는 것이다.

- One of my pleasures is hunting for old books. (보어)

  내 즐거움 중의 하나는 고서적들을 찾아다니는 것이다.

- Tell me how to spell the word. (목적어)

  그 단어의 철자 쓰는 법을 알려 주세요.

- James is interested in observing stars. (전치사의 목적어)

  James는 별을 관찰하는 데 흥미가 있다.

(2) 형용사구

형용사와 같이 명사 뒤에서 직접 수식하거나 동사의 보어로 쓰인다.

- A bird in the hand is worth two in the bush. (한정적 용법 – 명사 수식)

  잡은 새 한 마리는 숲속의 새 두 마리의 가치가 있다.

- I found the vase broken into pieces. (서술적 용법 – 목적격 보어)

  나는 그 꽃병이 산산조각이 난 것을 알았다.

(3) 부사구

부사와 같이 형용사 · 부사 · 동사 · 문장 전체를 수식한다. 또한 그 내용에 따라 시간, 장소, 이유, 목적 등을 나타낸다.

- He offered her some beverages outside the hall before the concert.

  그는 연주회가 시작되기 전 홀 밖에서 그녀에게 음료수를 주었다.

- They elected him chairman <u>without argument</u> this morning.

  그들은 오늘 아침 이의 없이 그를 의장으로 선출했다.

3 절 (Clause)

2개 이상의 단어가 모여 하나의 품사에 상당하는 기능을 하면서, 주부와 술부를 포함하고 있는 것을 절(節)이라 한다.

(1) 등위절

독립된 절이 and, but, or 등의 등위접속사나 colon(:), semicolon(;)에 의하여 대등한 관계로 연결된 것이다.

- God made the country, <u>and</u> man made the town.

  신은 시골을 만들고, 인간은 도시를 만들었다.

(2) 주절과 종속절

서로 독립된 절이 대등한 관계로 연결된 것이 아니라, 하나의 절이 다른 절에 종속되어 있을 때, 문장의 중심이 되는 부분을 주절, 종속된 관계에 있는 부분을 종속절이라 한다. 종속절은 종속접속사나 관계사로 이끌어지며, 명사절 · 형용사절 · 부사절이 있다.

① 명사절: 문장 내에서 주어 · 보어 · 목적어 역할을 한다.

- <u>That she answered the question correctly</u> pleased him. (주어)

  그녀가 질문에 똑바로 답한 것이 그를 기쁘게 했다.

- Home is <u>where your friends and family are</u>. (보어)

  가정은 너의 친구들과 가족이 있는 곳이다.

- I will give <u>what you want</u>. (목적어)

  나는 당신이 원하는 것을 줄 것이다.

② 형용사절: 문장 내에서 명사를 수식한다.

- I have a notebook <u>which is more powerful than most ones</u>.

  나는 대부분의 노트북보다 더 강력한 노트북을 가지고 있다.

- This is the dictionary <u>which I bought some years ago</u>.

  이것이 바로 몇 년 전에 내가 산 사전이다.

③ 부사절: 시간 · 장소 · 이유 · 목적 등을 나타낸다.

- They went <u>wherever they could find work</u>.

  그들은 일을 찾을 수 있는 곳이면 어디든지 갔다.

- She must be lying <u>if she told you that</u>.

  그녀가 네게 그렇게 말했다면 거짓말한 것임이 틀림없다.

03 문장의 종류

1 구조에 따른 분류

(1) 단문

1개의 주어와 1개의 술어로 구성된다.

• He makes it a rule to water the flowers every morning.

그는 매일 아침 꽃에 물 주는 것을 습관으로 하고 있다.

(2) 중문

2개 이상의 단문이 등위접속사로 연결된 문장이다.

• I was working in the library, *but* they were playing in the ground.

나는 도서관에서 공부하고 있었으나, 그들은 운동장에서 놀고 있었다.

(3) 복문

2개 이상의 단문이 종속접속사로 연결된다. 형태는 주절과 종속절로 이루어진다.

• A classic is a work *which* gives pleasure to the minority *that* is interested in literature.

고전은 문학에 흥미가 있는 소수의 사람들에게 즐거움을 주는 작품이다.

(4) 혼문

등위절과 종속절을 포함한다. 즉 중문과 복문이 혼합된 문장이다.

• The earth is a big ball *that* is always spinning round, *and* at the same time it moves round the sun.

지구는 항시 자전하는 큰 공이며, 동시에 태양 주위를 돈다.

2 내용에 따른 분류

(1) 평서문

단순히 사실을 서술하는 문장으로 긍정문과 부정문이 있다.

• He resembles his father.

그는 아버지를 닮았다.

• There was not a vacant seat.

빈자리가 없었다.

• It is true that the legal system is far from perfect.

사법제도가 완전하지 못하다는 것은 사실이다.

(2) 의문문

① 일반의문문: yes나 no로 답할 수 있다.

• Is the girl now a student?

그 소녀는 지금 학생입니까?

② wh-의문문: 의문사로 시작하며, yes나 no로 대답할 수 없다.
- When do they make him the chairman?

  그들은 언제 그를 의장으로 임명합니까?

③ 선택의문문: yes나 no로 답할 수 없으며 'A or B'의 형식에서 A의 어조를 올리고 B의 어조를 내린다.
- Which do you like better, tea(↗) or coffee(↘)?

  차와 커피 중 어느 것을 더 좋아합니까?

④ 수사의문문: 형식은 의문문이지만 평서문에 가까운 의미를 나타낸다. 긍정의 수사의문문은 부정의 의미가, 부정의 수사의문문은 긍정의 의미가 강조된 것이다.
- Who is there but commits errors? (= There is nobody but commits errors.)

  잘못을 저지르지 않는 사람이 누구일까? (= 잘못을 저지르지 않는 사람은 없다.)

⑤ 간접의문문: 의문문이 문장에서 명사절 역할을 하며 종속절이 되었을 때의 의문문을 간접의문문이라 한다. 어순은 '의문사 또는 whether[if] + 주어 + 동사'이다. 그러나 주절의 동사가 believe, think, suppose, imagine, conclude, suspect 등인 경우 의문사가 문두에 위치한다.
- Do you know who he is?

  그가 누구인지 압니까?
- Who do you think he is?

  그가 누구라고 생각합니까?

⑥ 부가의문문: 평서문이 나타내는 내용에 대하여 평서문 뒤에 첨가되는 '(조)동사+평서문의 주어'로 된 의문문이다.
- You can't guess what it was, can you?

  그것이 무엇인지 추측할 수 없나요?
- There is a book store in front of the school, isn't there?

  학교 앞에 서점이 있지요?

(3) 명령문
- Look out in the street.

  거리에서 조심해라.

(4) 감탄문
- What a diligent boy he is!

  그는 얼마나 부지런한 소년인가!
- How merrily the birds are singing!

  새들이 얼마나 즐겁게 노래하고 있는지!

(5) 기원문
- May you succeed!

  성공하시기를!

04 구두법 (Punctuation)

구두법이란, 문장의 의미를 논리적으로 설명하면서 정확한 의미를 전달하기 위해 쓰이는 여러 가지 표기상의 부호에 관한 규칙을 말한다. 콤마(,), 피리어드(.), 대시(—) 등 여러 가지가 있지만, 시험에서 자주 나오고 구분이 필요한 두 가지만 살펴보기로 한다.

1 Semicolon

(1) 독립절을 연결하는 역할

- I ordered a hamburger for lunch; life's too short for counting calories.

  나는 점심으로 햄버거를 주문했다. 칼로리를 계산하고 살기에는 인생은 너무 짧다.

(2) 세미콜론 사용 시 접속사 생략

- I saw a magnificent cat; it was eating a mouse.

  나는 거대한 고양이를 보았는데, 그 고양이는 쥐를 먹고 있었다.

(3) 연속된 나열에 사용

- I need the population statistics for the following cities: Seoul, Korea; Tokyo, Japan; Beijing, China.

  나는 다음 도시의 인구 통계자료가 필요하다: 한국의 서울, 일본의 도쿄, 중국의 베이징 등.

(4) 독립절이 접속부사로 연결될 때

- I don't know what to say to you; however, I will meet you to talk about it.

  나는 네게 무슨 말을 해야 할지 잘 모르겠다. 그렇지만 나는 너와 대화를 나누기 위해 만날 것이다.

2 Colon

(1) 독립절을 구분할 때

- The research is conclusive: global warming is a reality.

  그 연구는 결정적이고, 지구온난화는 확실한 사실이다.

(2) 목록 등의 연속된 나열에 사용

- I need the population statistics for the following cities: Seoul, Korea; Tokyo, Japan; Beijing, China.

  나는 다음 도시의 인구 통계자료가 필요하다: 한국의 서울, 일본의 도쿄, 중국의 베이징 등.

(3) 뒤에서 앞에 나온 내용의 예를 들 때

- There are three types of lies: lies, damn lies, and statistics.

  세 가지 형태의 거짓말이 있다: 거짓말, 새빨간 거짓말, 그리고 통계.

02 | 동사의 종류

01 완전 자동사 (1형식)

완전 자동사는 1형식 문장을 만든다. 목적어를 취하지 않고 보어의 도움 없이 주어와 동사만으로 완전한 문장을 만드는 동사다.

1 구조: S + 완전 자동사(V)

- James lives in Seoul.
  S   V
  James는 서울에 산다.
- Man cannot exist without air.
  S   V
  사람은 공기 없이 존재할 수 없다.
- Many years ago a couple lived in this house.
              S   V
  오래전에 한 부부가 이 집에서 살았었다.

2 타동사로 착각하기 쉬운 자동사(전치사 수반)

account for ~을 설명하다	agree with[to] ~에 동의하다
apologize to ~에게 사과하다	arrive at[in] ~에 도착하다
compete with ~와 경쟁하다	consent to ~에 동의하다
enter into ~을 시작하다	graduate from ~을 졸업하다
interfere in ~에 간섭하다	leave for ~로 떠나다
object to ~에 반대하다	wait for ~을 기다리다

- This fact accounts for his ignorance.
  이 사실로 그의 무지를 알 수 있다.
- He entered into business with his sister.
  그는 여동생과 사업을 시작했다.
- He graduated from high school in 2015.
  그는 2015년에 고등학교를 졸업했다.
- Trump will interfere in renewable energy.
  트럼프는 재생에너지 문제에 간섭할 것이다.

- They objected to the new rules.

  그들은 새로운 규칙에 반대했다.

3 주의해야 할 완전 자동사

(1) count: 중요하다 (= be of moment, be important)

- Your opinion doesn't count.

  네 의견은 중요하지 않아.

(2) do: 충분하다, 알맞다 (= be good enough, be satisfactory)

- Any deal will do.

  어떤 거래라도 좋다.

(3) hurt: 지장이 있다, 난처하게 되다 (= be harmful)

- It won't hurt to ask for some help.

  도움을 요청해도 손해 볼 거 없을 것이다.

(4) matter: 중요하다 (= be of moment, be important)

- What does it matter?

  그것이 뭐가 그리 중요한가?

(5) pay: 수지 타산이 맞다 (= be profitable)

- This business pays very well.

  이 사업은 이윤이 난다.

(6) work: 작동하다, 효과가 있다 (= run)

- The laundry machine works fine.

  그 세탁기는 잘 작동한다.

4 There[Here] + V + S ~ (도치 구문)

'~에 …이 있다'는 뜻으로 there는 존재를 나타내는 것 외에 특별한 의미가 없어 유도부사라 불린다. here 또한 같은 기능을 갖는다.

- There was a blue house on a hill.

  전에 언덕 위에 파란 집이 있었다.

- There once lived a wise princess in England.

  영국에 현명한 공주가 한 명 살았었다.

- Here is something you can do.

  네가 할 수 있는 게 있다.

- Here comes the rain again.

  비가 또 온다.

  주의 주어로 대명사가 올 경우에는 'There[Here] + S(대명사) + V ~'의 어순을 취한다.

- There he comes.

  (저기) 그가 온다.

- Here we are.

  다 왔습니다.

- Here you go.

  자, 여기 있습니다.

02 불완전 자동사 (2형식)

불완전 자동사는 2형식 문장을 만든다. 목적어를 취하지 않지만, 그 자체로는 의미가 불완전하기 때문에 보어의 도움이 필요하다.

1 구조: S + 불완전 자동사(V) + S.C

- Fish soon go bad in summer.

  S　　　V　S.C

  생선은 여름에 쉽게 상한다.

- The game was exciting.

  S　　V　　S.C

  그 경기는 흥미진진했다.

2 주격 보어를 취하는 불완전 자동사

(1) 상태의 의미: be, lie, sit, stand

명사, 형용사, 분사 등을 주격 보어로 써서 2형식 문장을 만든다.

- She is an attractive woman. (명사)

  그녀는 매력적인 여성이다.

- The package sat unopened for weeks. (분사)

  상자는 몇 주 동안 개봉되지 않은 채 있었다.

- The cat was lying asleep between me and the wall. (형용사)

  그 고양이는 나와 벽 사이에 잠든 채 누워 있었다.

(2) 상태의 변화: become, go, grow, get, run, fall, come, turn

명사, 형용사, 분사 등을 주격 보어로 써서 2형식 문장을 만든다.

- The child grew red in the face. (형용사)

  그 아이는 얼굴이 빨개졌다.
- His hair turned grey. (형용사)

  그는 백발이 되었다.
- They became life-long friends. (명사)

  그들은 평생 친구가 되었다.

(3) 판단 · 입증 동사: seem, appear, prove, turn out

형용사, 분사, 부정사 등을 주격 보어로 사용하여 2형식 문장을 만든다.

- She appeared disappointed. (분사)

  그녀는 실망한 듯했다.
- He seems (to be) very proud of himself. (형용사)

  그는 자신에 대해 자부심이 강해 보인다.
- The house proved (to be) unfeasible. (형용사)

  그 집은 사용 불가능한 것으로 드러났다.

(4) 유지 · 계속 동사: keep, stay, remain, continue

형용사, 분사 등을 사용하여 주격 보어로 2형식 문장을 만든다.

- She remained unchanged for over 5 years. (분사)

  그녀는 5년 동안 바뀌지 않았다.
- You should keep calm even in face of danger. (형용사)

  너는 위험에 직면해도 침착해야 한다.
- She stayed single for a long time. (형용사)

  그녀는 오랫동안 독신으로 지냈다.

(5) 감각 동사: feel, look, taste, smell, sound

형용사, 분사, 부정사 등을 주격 보어로 사용하여 2형식 문장을 만든다.

- His story sounds absolutely true. (형용사)

  그의 이야기는 완전 사실인 것처럼 들린다.
- I felt a little dizzy. (형용사)

  나는 약간 현기증을 느꼈다.
- The butter smells good. (형용사)

  그 버터는 향이 좋다.

3 유사보어를 취하는 동사 (S + V + 유사보어)

live, die, go, marry, stand + 유사보어(명사, 형용사, 현재분사, 과거분사)
- He died a beggar. = He was a beggar when he died.

  그는 거지 상태로 죽었다.

- He sat reading the novel.

  그는 그 소설을 읽으면서 앉아 있었다.

- He stood leaning against the gate.

  그는 문에 기댄 채로 서 있었다.

- The old man sat surrounded by the children.

  그 노인은 어린이들에게 둘러싸인 채 앉아 있었다.

- She went home satisfied with the result.

  그녀는 결과에 만족한 채로 집에 돌아왔다.

4 주의해야 할 형용사 (보어 역할)

friendly, lovely, cowardly, manly, womanly ⇨ 불완전 자동사의 보어 역할을 한다.

- She looks lovely in a yellow dress.
  S   V   C

  노란 옷을 입은 그녀는 사랑스러워 보인다.

- It is cowardly of you to avoid him.
  S V   C

  당신이 그를 피하는 것은 소심한 짓이다.

- She is friendly towards me.
  S   V   C

  그녀는 나에게 친절하다.

03 완전 타동사 (3형식)

완전 타동사는 동작이나 행위의 대상인 목적어를 필요로 하지만 보어는 필요 없는 동사로 3형식 문장을 만든다.

1 구조: S + 완전 타동사(V) + O

- They agree that she is pretty.
  S   V   O

  그들은 그녀가 예쁘다는 사실에 동의한다.

- I explained the project to her.
  S   V   O

  나는 그녀에게 그 프로젝트를 설명해 주었다.

- I have finished writing my composition.
  S   V   O

  나는 작문하는 것을 마쳤다.

2 자동사로 착각하기 쉬운 타동사

inhabit ~에서 살다	await ~을 기다리다	address ~에게 말을 걸다
attend ~에 출석하다	become ~에 어울리다	approach ~에 다가가다
resemble ~와 닮다	marry ~와 결혼하다	mention ~을 언급하다
greet ~에게 인사하다	resist ~에 저항하다	enter (건물 등에) 들어가다
consider ~을 숙고하다	discuss ~에 관해 토의하다	answer 대답하다 (reply to)
accompany 동반하다	approve 승인하다	reach 도달하다 (arrive at)

- She resembles her mother. (○)
  * She resembles with her mother. (×)
  그녀는 그녀의 어머니를 닮았다.
- She married the rich merchant.
  그녀는 부유한 상인과 결혼했다.
- His wife accompanied him on his trip to London.
  그의 아내는 런던 여행에 그를 동반했다.
- He mentioned it frankly.
  그는 솔직하게 말했다.

3 전치사 붙은 구를 수반하는 타동사

(1) 공급 동사 + 사람 + with + 사물 = 공급 동사 + 사물 + for[to] + 사람

'~에게 …을 공급하다'라는 의미로 provide, supply, furnish, present, endow, equip, replenish 등이 전치사 with를 수반한다.
- He provided us with food.
  ⇨ He provided food for[to] us.
  그는 우리에게 음식을 제공했다.
- They presented him with a digital clock.
  ⇨ They presented a digital clock to him.
  그들은 그에게 디지털 시계를 선사했다.

(2) 제거 · 박탈 동사 + 사람 + of + 사물

'~에게서 …을 빼앗다'라는 의미로 rob, deprive, rid, clear, cure, relieve, strip, ease 등이 전치사 of를 수반한다.
- Sickness deprived me of the pleasure of seeing you.
  병으로 인해 뵙지 못했습니다.
- This medicine will cure you of your headache.
  이 약은 당신의 두통을 없애 줄 것이다.

- He relieved me of my anxiety.

  그는 나의 불안을 덜어 줬다.

(3) 확신 · 통보 동사 + 사람 + of + 사물(내용)

inform, warn, accuse, remind, convince, assure 등의 경우는 통보 · 확신 · 고발 등 동사의 목적어로 통보 · 확신 · 고발되는 주체를 쓰고, 통보 · 확신 · 고발되는 내용은 of 다음에 쓴다.

- They informed me of her success.

  그들은 나에게 그녀의 성공을 통보해 주었다.

- This photograph reminds me of her.

  이 사진은 나에게 그녀를 상기시켜 준다.

- I convinced him of his fault.

  나는 그에게 그의 잘못을 납득시켰다.

- The Coast Guard warned all ships of the hurricane.

  연안 경비대는 모든 선박에 허리케인 내습을 경고했다.

- We accused him of taking bribes.

  우리는 그가 뇌물을 받았다고 비난했다.

(4) 방해 · 금지 동사 + 사람 + from + 사물(동명사)

'~에게 …하지 못하게 하다'의 뜻으로 4형식으로 혼동하면 안 된다. prevent, keep, stop, discourage, hinder, restrain, prohibit, dissuade, deter, ban 등이 여기에 해당한다.

- The heavy rain kept us from *going* out.

  비가 많이 와서 우리는 외출할 수가 없었다.

- Business prohibited him from *going*.

  사업 때문에 그는 갈 수 없었다.

- My illness prevents me from *attending* the meeting.

  나는 아파서 그 모임에 참석할 수 없다.

- She dissuaded her son from *going* abroad alone.

  그녀는 그녀의 아들 혼자 외국에 나가겠다는 것을 단념시켰다.

  주의 forbid 동사는 예외적으로 목적격 보어에 'to V'가 온다.

- They forbade him *to go* to the party yesterday.

  그들은 어제 파티에 그를 오지 못하게 했다.

(5) 칭찬 · 감사/비난 · 처벌 의미의 동사 + 사람 + for + 사물(내용)

praise, reward, thank, blame, scold, criticize, punish, reprimand 등의 동사가 여기에 해당한다.

- They praised the boy for his bravery.

  그들은 그 소년에게 그의 용맹성을 칭찬했다.

- He thanked those present for coming.

  그는 참석자들에게 와 준 것에 대해 감사함을 표현했다.

- Mom scolded me for making fun of them.

  어머니는 내가 그들을 놀려 준 것을 꾸짖으셨다.

- We blamed him for the fault.
  = We blamed the fault on him.
  우리는 그의 잘못을 비난했다.

(6) 수여동사로 착각하기 쉬운 타동사

explain, admit, suggest, announce, propose, describe, introduce 등은 수여동사로 착각하기 쉬운 타동사이므로 주의를 요한다.

- I explained the fact to her. (O)
  * I explained her the fact. (×)
  나는 그녀에게 그 사실을 설명해 주었다.
- Dr. Jenkins suggested the solution to me. (O)
  * Dr. Jenkins suggested me the solution. (×)
  Jenkins 박사는 나에게 해결책을 제시했다.
- He announced his engagement to us. (O)
  * He announced us his engagement. (×)
  그는 자신의 약혼을 우리에게 공표했다.
- James suggested to her that they go to the beach. (O)
  * James suggested her that they go to the beach. (×)
  James는 그녀에게 해변에 가자고 제안했다.

04 수여동사 (4형식)

목적어를 필요로 하는 타동사 중에서 목적어를 두 개 필요로 하는 경우이다. 주로 '~에게 …을 해 주다'라는 의미를 나타내기 때문에 수여동사라 칭한다. 이런 4형식 문장은 간접목적어를 전치사와 함께 직접목적어 뒤로 보낼 수가 있는데, 이렇게 해서 3형식 문장으로 전환할 수 있다.

1 구조: S + 수여동사(V) + I.O + D.O

- John bought his daughter a pink dress.
    S   V   I.O   D.O
  John은 그의 딸에게 분홍색 옷을 사 주었다.
- I paid him the money.
  S V I.O   D.O
  나는 그에게 그 돈을 지불했다.

2 수여동사의 종류

4형식을 3형식으로 전환할 때 전치사를 동반한다.

(1) to를 사용하는 동사: give, bring, send, pass, show, deny, sell, lend, own, teach 등

- He sent me this letter.
  ⇨ He sent this letter to me.

  그가 나에게 이 편지를 보냈다.
- She gave her kid a cell phone.
  ⇨ She gave a cell phone to her kid.

  그녀는 자신의 아이에게 휴대전화를 주었다.

(2) for를 사용하는 동사: make, buy, get, sing, do, choose, order, build, call, find 등

- Could you do me a favor?
  ⇨ Could you do a favor for me?

  부탁 하나 들어줄래요?
- He bought his son a computer.
  ⇨ He bought a computer for his son.

  그는 아들에게 컴퓨터를 사 주었다.

(3) of를 사용하는 동사: ask

- He asked me a question.
  ⇨ He asked a question of me.

  그는 나에게 한 가지 질문을 했다.

(4) on을 사용하는 동사: play

- He played me a trick.
  ⇨ He played a trick on me.

  그는 나에게 속임수를 썼다.

3 3형식으로 전환이 불가능한 동사

envy 부러워하다	answer 대답하다	cost 비용이 들다
forgive 용서하다	save 덜어 주다	

- Forgive me my sin. (○) (4형식)
  * Forgive my sin to me. (×) (3형식)

  저의 죄를 용서하세요.

- I <u>envy</u> you your fortune. (○) (4형식)
  * I envy your fortune for you. (×) (3형식)
  너의 행운이 부럽다.
- You <u>have saved</u> me a disappointment. (○) (4형식)
  * You have saved a disappointment for me. (×) (3형식)
  네 덕택으로 내가 실망하지 않았다.

05 불완전 타동사 (5형식)

행위의 대상인 목적어뿐만 아니라 그 목적어를 설명해 주는 목적격 보어가 필요한 동사를 불완전 타동사라고 한다. 불완전 타동사는 5형식 문장을 이루며, 5형식 문장에서 목적어와 목적격 보어의 관계는 주어와 술어의 관계이다.

1 구조: S + 불완전 타동사(V) + O + O.C

- <u>They</u> <u>judged</u> <u>him</u> <u>innocent</u>.
    S   V   O   O.C
  그들은 그가 무죄라고 판단했다.
- <u>We</u> <u>elected</u> <u>him</u> <u>president</u>.
   S   V   O   O.C
  우리는 그를 대통령으로 선출했다.

2 목적격 보어를 취하는 동사

(1) S + V + O + to be + 명사/형용사

believe	imagine	consider	suppose	think
deem	discover	know		

- People would <u>think</u> the man <u>guilty</u> of treason.
  사람들은 그가 반역죄를 저질렀다고 생각한다.
- The majority of the students <u>believe</u> him <u>to be</u> <u>innocent</u>.
  대다수의 학생들은 그가 무고하다고 생각한다.

(2) S + V + O + as + 명사/형용사

regard	view	think of	look on (upon)
refer to	describe	acknowledge	

- The natives regarded Dr. Schweitzer as their god.

  원주민들은 슈바이처 박사를 그들의 신처럼 생각했다.

- People today think of monarchy as an old-fashioned institution.

  오늘날 사람들은 군주정치를 구식 제도라고 생각한다.

- I do not look on the matter as a calamity.

  나는 그 일을 재난으로 보지 않는다.

(3) S + V + O + 명사

call	name

- They called their daughter Stella.

  그들은 그의 딸을 Stella라고 불렀다.

- They named her son Johnny.

  그들은 그녀의 아들을 Johnny라 이름 붙였다.

(4) S + V + O + to부정사

like	want	wish	desire
ask	expect	allow	permit
force	compel	oblige	persuade
advise	urge	encourage	enable
intend	order	forbid	warn

- I want you to come tomorrow.

  나는 네가 내일 와 주기를 바란다.

- We forced him to sign a paper.

  우리는 그에게 서류에 서명을 하도록 강요했다.

- She advised her son to turn off the television.

  그녀는 그녀의 아들에게 텔레비전을 끄라고 충고했다.

- The boss ordered me to finish the work right now.

  상관은 나에게 그 일을 지금 즉시 끝내라고 하였다.

- The law obliges parents to send their children to school.

  법에 의거해서 부모는 자녀를 학교에 보내지 않으면 안 된다.

- Dr. Jenkins persuaded them to study hard.

  Jenkins 박사는 그들에게 열심히 공부하라고 설득했다.

(5) S + V(사역동사) + O + O.C(동사 원형)

다른 사람에게 일을 시키는 동사의 부류를 의미한다.

구분	목적어와 목적격 보어와의 관계	
	능동	수동
have(사역)	동사 원형 / -ing	과거분사
make(강요)	동사 원형	과거분사
let(허가)	동사 원형	be p.p.
get(설득)	to V	과거분사

① have(요청)

• I had her go back home.

　나는 그녀를 집에 돌아가게 하였다.

• She had her servant clean the room.

　그녀는 하인에게 방 청소를 시켰다.

• She had her temperature taken in the hospital.

　그녀는 병원에서 체온을 쟀다.

• He really had me worried when he said he had lost the keys.

　그가 열쇠를 잃어버렸다고 말했을 때 난 정말로 걱정이 되었다.

have 동사가 사역동사로 쓰일 경우는 '~을 시작하도록 만들다', '~하도록 설득하다'라는 의미이며, 부정문에서 '~하도록 허락하다'라는 뜻으로 사용될 경우에는 'have + O + -ing' 형태를 취한다.

• She had me doing all kinds of jobs for her.

　그녀는 자신을 위해 모든 일을 하도록 나를 설득했다.

• I won't have my students arriving late for class.

　나는 학생들이 수업시간에 지각하도록 내버려 두지 않겠다.

② make(강요)

• Why did you make the baby cry?

　왜 너는 그 아이를 울렸니?

• I made him go at once.

　나는 그를 즉시 가도록 했다.

• I made the project finished by six.

　6시까지 그 프로젝트를 완료했다.

• She made herself understood in French.

　그녀는 불어로 의사소통을 했다.

③ let(허가)

• They let their children play in the street.

　그들은 거리에서 아이들을 놀게 했다.

• I will never let this insult be forgotten.

　난 이 치욕을 결코 잊지 않겠다.

④ get(설득)

- She got me to carry her bag.

  그녀는 나에게 그녀의 가방을 들도록 했다.

- He got the box carried to his house.

  그는 그 상자를 자기 집으로 운반시켰다.

⑤ 준사역동사: help, bid

목적격 보어로 동사 원형이나 to부정사를 취하기 때문에 준사역동사라고 한다.

- The teacher helped his students (to) solve the problem.

  선생님은 그의 학생들이 문제를 풀도록 도와주었다.

- I bade him (to) go.

  나는 그를 가도록 했다.

- She helped her mother (to) wash the dishes.

  그녀는 그녀의 어머니가 설거지를 하시는 것을 도와드렸다.

(6) S + V(지각동사) + O + 동사 원형 / 현재분사 / 과거분사

see, watch, notice, perceive, look at, observe, find, hear, listen to, feel, smell

> S + V (지각동사) + O + 동사 원형 / 현재분사 ⇨ 능동, 진행의 의미
>
> S + V (지각동사) + O + 과거분사 ⇨ 수동, 완료의 의미

목적어와 보어의 관계가 능동이면 목적격 보어로 동사 원형(단순한 사실이나 상태)이나 현재분사(동작의 계속)를 쓰고, 수동이면 과거분사를 쓴다.

- She felt someone touch her face.

  그녀는 누군가가 그녀의 얼굴을 만지는 것을 느낄 수 있었다.

- I saw the man crossing the road.

  나는 그 남자가 도로를 건너는 것을 보았다.

- We saw the suspect leave the building and get into his car.

  우리는 용의자가 건물을 나가서 자신의 차를 타는 것을 보았다.

- He saw the car across the road colliding with a bus.

  그는 도로 맞은편의 차가 버스와 충돌하는 것을 보았다.

- I heard my name called behind me.

  나는 누가 내 이름을 뒤에서 부르는 것을 들었다.

(7) S + V + it(가목적어) + O.C + 목적어

가목적어 it을 취하고 목적어가 후치되는 구조를 취하는 동사다.

> S + make, believe, consider, find, think + it + O.C + (for 목적격) + to V
>
> S + make, believe, consider, find, think + it + O.C + that + S′ + V′ ∼
>
> S + make, believe, consider, find, think + O.C + 긴 명사구

- I think it wrong to tell a lie.

  나는 거짓말하는 것은 나쁘다고 생각한다.

- I found it difficult to persuade Mr. Hong.

  나는 홍 씨를 설득하는 것이 어렵다는 것을 알았다.
- I thought it possible that I could teach English well.

  나는 내가 영어를 잘 가르칠 수 있는 것이 가능하다고 생각했다.
- Sometimes this helps to make visible details of structures that are not visible otherwise.

  (긴 명사구가 목적어로 올 경우에는 가목적어 it을 쓰지 않는다.)

  때때로 이것은 다른 방법으로는 보이지 않는 구조들의 세부적인 모습을 보이게 도움을 준다.

  주의 가목적어 it의 자리에 to부정사의 목적어를 옮겨서 쓸 수 있다.
- They found it easy to understand the process.

  ⇨ They found the process easy to understand.

  그들은 그 과정을 이해하는 것이 쉽다는 것을 알게 되었다.

06 혼동하기 쉬운 동사

1 혼동하기 쉬운 동사

(1) find vs. found

┌ find – found – found (찾아내다)
└ found – founded – founded (설립하다)

- She found herself pregnant.

  그녀는 자신이 임신한 것을 알게 되었다.
- The company was founded in 1955.

  그 회사는 1955년에 설립되었다.

(2) lie vs. lie vs. lay

┌ lie – lied – lied – lying (거짓말하다)
├ lie – lay – lain – lying (vi. 눕다, 놓여 있다)
└ lay – laid – laid – laying (vt. 눕히다, 놓다)

- My sister lied to me for twenty years.

  내 여동생은 내게 20년 동안 거짓말을 했다.
- A broken ladder lies on the ground.

  부서진 사다리가 땅 위에 놓여 있다.
- She laid the baby in his crib.

  그녀는 그 아기를 유아용 침대에 눕혔다.

(3) fall vs. fell

┌ fall – fell – fallen (떨어지다)
└ fell – felled – felled (vt. 넘어뜨리다)

- The missile fell in a remote area.

  미사일은 먼 지역에 떨어졌다.

- He felled his opponent with a single blow.

  그는 상대방을 한 방에 쓰러뜨렸다.

(4) affect vs. effect

- affect – affected – affected (vt. 영향을 미치다)
- effect – effected – effected (vt. 초래하다, 달성하다)

- Cannabis is a drug that can affect your mind and body.

  마리화나는 당신의 정신과 육체에 영향을 미치는 마약이다.

- A doctor cannot effect the cure and restore unknown diseases.

  의사는 미지의 병을 치료하고 회복시킬 수 없다.

(5) set vs. sit vs. seat

- set – set – set (vt. 놓다)
- sit – sat – sat (vi. 앉다)
- seat – seated – seated (vt. 앉히다)

- She set a tray on the table.

  그녀는 쟁반을 테이블 위에 놓았다.

- He sat down by the riverbank.

  그는 강둑에 앉았다.

- Please be seated.

  앉으세요.

(6) rise vs. raise vs. arise

- rise – rose – risen (vi. 솟아오르다, 일어나다)
- raise – raised – raised (vt. 들어올리다)
- arise – arose – arisen (vi. (사건 등이) 발생하다)

- A big cloud of dust rose from the mattress.

  매트리스에서 엄청난 먼지가 일어났다.

- Raise your hand if you have a question.

  질문 있으면 손을 들어라.

- A sharp disagreement arose between them.

  그들 사이에 극명한 불화가 일어났다.

2 say, tell, talk, speak 구별

(1) say

3형식으로 쓰이며, 목적어로 전달하고자 하는 내용이 나온다.

- He said that she didn't go there.

  그는 그녀가 그곳에 가지 않았다고 말했다.

- He didn't say a word.

  그는 아무 말도 하지 않았다.

- She said goodbye to me.

  그녀는 내게 안녕이라고 말했다.

(2) tell

3, 4, 5형식으로 쓰인다. '~에게 전달하다'의 의미를 가진다.

- Tell me about it. (3형식)
- They told me that he was happy. (4형식)
- He told me to be quiet. (5형식)

(3) talk

'대화를 하다'의 의미를 가지며 주로 1형식으로 많이 쓰이며 3형식 용법으로도 쓰이는 경우가 있다.

- Let's talk over a cup of coffee.

  커피 한잔하면서 대화를 합시다.

- A stranger talked to me at the station.

  낯선 사람이 역에서 나에게 말을 걸었다.

- We talked him into lending her his car.

  우리는 그를 설득해서 그녀에게 그의 차를 빌려주도록 했다.

(4) speak

'언어를 말하다'의 의미로 쓰이며, 1형식과 3형식으로 쓰인다.

- I can speak French fluently.

  나는 불어를 유창하게 말할 수 있다.

- A stranger spoke to me at the station.

  낯선 사람이 역에서 나에게 말을 걸었다.

Choose the one that could best complete each of the following sentences.

01 They have been _____ the question for several months.

① considering

② considering about

③ discussing about

④ mentioning about

02 Among the problems that those involved in international marriages encounter _____ problems of loneliness, miscommunication, and differences in expectations.

① is

② there are

③ are

④ is there

03 The professor explained _____ that the French scientists set up the new theory about genetics.

① for us

② at us

③ us

④ to us

04 We had the thrill of seeing three Olympic records _____ by our own athletes.

① break

② to break

③ be broken

④ broken

05   It is heartening to see millions on the earth who had nothing but a record of misery and hunger _____ to improve their life.

① had the chance

② to have the chance

③ have the chance

④ who have the chance

06   Since this room is air-conditioned, we must keep _____.

① the closed windows

② closed the windows

③ the windows closed

④ close the windows

07   • Did you get the picture _____?

       • She couldn't help _____ tears at the news.

① finish – shed

② to finish – shed

③ finished – shedding

④ finishing – shedding

08   Did you notice the young man _____ away?

① took the jewel and ran

② taken the jewel and run

③ taking the jewel and run

④ take the jewel and run

Choose the one that makes the sentence grammatically INCORRECT.

09~18

09 Please do not feel ① badly about the outcome; we all know that circumstances ② beyond your control made it ③ difficult ④ for you to do your best.

10 ① Most people know what it is like ② to have their blood ③ pressure take, but few understand the meaning of the numbers ④ used to record blood pressure.

11 Bears will not usually ① attack to a man ② unless provoked, but a she-bear with cubs is not ③ afraid of ④ anyone.

12 The reason is ① that the boy feels ② very pleased ③ to see the wheels ④ turned around.

13 ① Despite Martha's attempts ② to rise her test score, she did not receive ③ a high enough score ④ to be accepted by the law school.

14 The director encouraged them ① work in the committee ② to plan ③ a more effective advertising campaign ④ for the new product.

15 Jason's professor had him ① to rewrite his thesis ② many times before ③ allowing him to present ④ it to the committee.

16 Thousands of children ① <u>die in</u> car accidents every year. In most cases, the children were not using child safety seats. Even though child safety seats ② <u>are required</u> by law, many parents ③ <u>neglect easily</u>. The only solution is to educate parents ④ <u>on how</u> the seats can save lives.

17 Computer virus infection can be prevented. Business users ① <u>should be banned</u> ② <u>to use</u> anything other than commercial software. Home computer users, meanwhile, should never copy a noncommercial program ③ <u>onto</u> a hard disk without ④ <u>testing it</u> first.

18 In Rome, Italy, a store burglary suspect, when ① <u>caught in a store after closing hours</u>, ② <u>explained the police</u> that he suffered from a desire to sleep constantly and had fallen asleep inside the store. ③ <u>To prove his point</u>, he ④ <u>kept falling asleep</u> during police questioning.

19 **Choose the one that is grammatically NOT correct.**

① Have you considered becoming a police officer?
② My parents have made me what I am.
③ My brother wants to marry with a rich woman.
④ The house cost him a great deal of money.

20 **Choose the one that is grammatically correct.**

① She complained to me about his bad manners.
② I resemble with my mother in appearance.
③ Meat readily goes badly in close and hot weather.
④ Many children are entering into the gymnasium.

03 | 시제

상태나 동작이 언제 일어났는지에 대한 시간적인 관계를 나타내는 동사의 어형 변화를 시제라고 한다. 기본적으로 과거, 현재, 미래 시제가 있고, 단순 시제, 완료 시제, 진행시제, 완료진행 시제 등 총 12가지의 시제가 있다.

각 시제에 따른 동사의 형태

시제의 종류	동사의 형태
현재	She plays the piano in the room.
과거	She played the piano in the room.
미래	She will play the piano in the room.
현재완료	She has played the piano in the room.
과거완료	She had played the piano in the room.
미래완료	She will have played the piano in the room.
현재진행	She is playing the piano in the room.
과거진행	She was playing the piano in the room.
미래진행	She will be playing the piano in the room.
현재완료진행	She has been playing the piano in the room.
과거완료진행	She had been playing the piano in the room.
미래완료진행	She will have been playing the piano in the room.

01 현재

현재 일어나고 있는 동작은 물론, 현재를 중심으로 한 지속적인 성질이나 상태도 나타낸다. 형태는 동사의 원형을 쓰며, 3인칭 단수일 때는 동사 원형에 -(e)s를 붙인다.

1 현재의 습관 · 반복적 행위

- I usually get up early, but on Sunday I get up late.
  나는 보통 일찍 일어나지만, 일요일에는 늦게 일어난다.
- He goes to church every Sunday.
  그는 일요일마다 교회에 다닌다.
- She passes my house every morning.
  그녀는 매일 아침 내 집 앞을 지나간다.

2 현재의 사실 · 동작 · 상태

- I wash my hands before meals.
  나는 식사 전에는 손을 씻는다.
- They go to school everyday.
  그들은 매일 학교에 간다.
- Here comes the bus.
  버스가 온다.

3 불변의 진리 · 과학적 사실

- The earth moves round the sun.
  지구는 태양 주위를 돈다.
- The sun rises in the east.
  태양은 동쪽에서 뜬다.
- Honesty is the best policy.
  정직은 최선의 방책이다.
- Water freezes at 0°C and boils at 100°C.
  물은 0°C에서 얼고 100°C에서 끓는다.

4 미래 시제의 대용

(1) 왕래발착동사 + 미래표시 부사구

come, go, arrive, leave, depart, return, start 등 왕래발착동사가 미래를 표시하는 부사구와 함께 쓰일 경우 현재 시제가 미래 시제를 대신한다.

- He arrives (= will arrive = is arriving) here tomorrow.
  그는 내일 이곳에 도착할 것이다.
- He returns (= will return = is returning) home next Sunday.
  그는 다음 주 일요일 집에 돌아올 것이다.
- The school begins (= will begin) next Monday.
  수업은 다음 주 월요일에 시작된다.

(2) 시간 · 조건의 부사절

- I'll tell you *as soon as* I go there.
  * I'll tell you *as soon as* I'll go there. (×)
  내가 거기에 도착하자마자 너에게 말을 하겠다.

- I'll be back *before* you <u>have</u> left.
  * I'll be back *before* you'll have left. (×)

  네가 떠나기 전에 돌아올 것이다.

- Don't come *unless* I <u>call</u>.

  부르지 않으면 와서는 안 된다.

- *In case* the house <u>burns down</u>, we will get an insurance money.

  만일 집이 불타 소실된다면, 우리는 보험금을 탈 것입니다.

(3) 시간 · 조건의 명사절이나 형용사절

그렇지만 시간 · 조건의 명사절이나 형용사절에서는 현재 시제가 미래 시제를 대신하지 않는다.

- I don't know *when* the rain <u>will let up</u>.

  나는 비가 언제 그칠지 모른다.

- I will let you know *when* he <u>will arrive</u>.

  그가 언제 도착할지 너에게 시간을 알려 주겠다.

- I doubt *if* it <u>will be</u> fine tomorrow.

  내일은 날씨가 좋을지 궁금하다.

- Do you know *the exact time when* he <u>will arrive</u>? (형용사절)

  그가 도착할 정확한 시간을 아십니까?

- *The time* will come *when* he <u>will regret</u> this. (형용사절)

  그가 이것을 후회할 때가 올 것이다.

02 과거

과거 시제는 동사 원형 뒤에 -(e)d를 붙여 나타내며, 불규칙한 형태도 있다.

1 과거의 사실 · 동작 · 상태

- I <u>bought</u> this car in Montreal. (과거의 사실)

  나는 몬트리올에서 이 차를 샀다.

- I <u>bought</u> the book yesterday. (과거의 동작)

  나는 어제 그 책을 샀다.

- My father <u>was</u> a poor poet. (과거의 상태)

  나의 아버지는 가난한 시인이었다.

2 과거의 습관

- He <u>took a walk</u> in the park before breakfast.
  그는 아침 식사 전에 공원에서 산책했다.
- I <u>got up</u> early every morning.
  나는 매일 아침 일찍 일어났다.
- They often <u>went</u> skating in winter.
  그들은 겨울에 자주 스케이트를 타러 갔다.
- She <u>would</u> often <u>come</u> to see me. (과거의 불규칙적인 습관)
  그녀는 종종 나를 보러 오곤 했다.
- She <u>used to swim</u> in the afternoon. (과거의 규칙적인 습관)
  그녀는 오후에 수영을 하곤 했다.

3 역사적 사실

- Columbus <u>discovered</u> America in 1492.
  콜럼버스는 1492년에 아메리카를 발견했다.
- She said that the Korean War <u>broke out</u> in 1950.
  그녀는 한국 전쟁이 1950년에 발발했다고 말했다.
- The Civil War <u>broke out</u> in 1861 and ended in 1865.
  남북전쟁은 1861년에 발발해 1865년에 끝이 났다.

4 과거시제와 함께 쓰이는 부사(구)

yesterday	ago	last + 시간을 나타내는 명사
in the past	at that time	just now(방금 전)

- He <u>met</u> her last week and they <u>fell in love</u> at first sight.
  그는 그녀를 지난주에 만났고, 그들은 첫눈에 사랑에 빠져 버렸다.
- They <u>immigrated</u> to this country *fifty years ago*.
  그들은 50년 전에 이 나라로 이민을 왔다.
- I <u>have just finished</u> it. (just: 막 → 현재완료)
  나는 이것을 막 끝냈다.
- I <u>finished</u> it *just now*. (just now: 방금 전 → 과거)
  나는 이것을 방금 전에 끝냈다.
- She <u>arrived</u> at the party *three hours ago*. (숫자 + ago → 과거)
  그녀는 세 시간 전에 파티에 도착했다.

- She had arrived at the party *three hours before*. (숫자 + before → 과거완료)

  그녀는 세 시간 전에 파티에 도착했다.

5 과거형이 과거완료를 대신하는 경우

시간의 전후 관계가 명확한 접속사를 사용할 때 과거형이 과거완료를 대신한다.

- When I finished(= had finished) the work, I went out.

  나는 그 일을 끝냈을 때 나갔다.

- My bus left(= had left) before I got to the terminal.

  내가 타야 할 버스가 내가 터미널에 도착하기 전에 떠났다.

- They shouted(= had shouted) until they became hoarse.

  그들은 목이 쉴 때까지 소리를 질렀다.

03 미래

문의 종류	단순미래		화자의 의지	청자의 의지
	평서문	의문문	평서문	의문문
1인칭	shall	shall	will	shall
2인칭	will	shall	shall	will
3인칭	will	will	shall	shall

1 단순미래와 의지미래

(1) 단순미래

자신의 의지와는 관계없이 일어나는 상황, 나이, 날씨 등을 나타내는 경우를 단순미래라 한다.

- I shall be twenty next month.

  나는 다음 달에 20살이 될 것이다.

- You will win the prize this time.

  너는 이번에 상을 받을 것이다.

- He will be a first grade next year.

  그는 다음 해에 1학년이 될 것이다.

(2) 의지미래

의지미래에서는 평서문에서는 말하는 사람의 의지를, 의문문에서는 듣는 사람의 의지를 나타낸다.

- You shall have this book.
  - = I will let you have this book.
  - = I will give you this book.

  네가 이 책을 갖게 할 것이다.

- He shall take part in the conference.
  - = I will have him take part in the conference.

  나는 그를 회의에 참석하도록 하겠다.

2 미래를 나타내는 주요 용법

be going to V ~할 것이다	be about to V 막 ~하려 하다
be planning to V ~할 작정이다	be to V ~할 예정이다
be due to V ~할 예정이다	be supposed to V ~하기로 되어 있다
be on the point of -ing 막 ~하려 하다	

(1) be going to + 동사 원형

- They're going to get married in June.

  그들은 6월에 결혼할 것이다.

- It is going to rain tomorrow.

  내일 비가 올 것이다.

- I am going to have cress soup and steak.

  나는 냉이 수프와 스테이크를 먹을 것이다.

(2) be about to + 동사 원형

- We are about to leave when it starts to snow.

  우리는 눈이 내리기 시작할 때 떠나려고 한다.

- I am about to go to the movies.

  나는 영화 보러 갈 것이다.

(3) be + 형용사(likely, sure, willing, supposed, certain) + to부정사

- She is likely to come back home.

  그녀는 아마 집에 돌아올 것이다.

- My sister is sure to succeed.

  내 여동생은 확실히 성공할 것이다.

(4) be to부정사 용법 중 예정을 나타내는 경우

- We are to meet there at 7.

  우리는 거기서 7시에 만나기로 되어 있다.

- The Party Convention is to be held in July.

  당 대회는 7월에 개최될 예정이다.

(5) 왕래 · 발착 · 개시 · 종료를 나타내는 동사의 현재(현재진행)

- We will leave for Seoul tonight.

  ⇨ We are leaving for Seoul tonight.

  ⇨ We leave for Seoul tonight.

  우리는 오늘 밤 서울로 떠날 것이다.

(6) 기타

- I am planning to consent.

  나는 찬성할 작정이다.

- He is coming to see me tomorrow.

  그는 내일 나를 만나러 올 것이다.

- He is supposed to arrive at six.

  그는 6시에 도착하기로 되어 있다.

- She is on the point of crying.

  그녀는 당장 울 것 같다.

04 현재완료

과거에 일어난 일이 현재까지 영향을 미칠 때 쓴다. 'have + p.p.' 형태를 취한다.

1 현재완료의 용법

(1) 완료

- My wife has just cleaned the table.

  아내는 방금 식탁을 치웠다.

- He has already finished his work.

  그는 자기의 일을 이미 끝냈다.

- I have not finished it yet.

  나는 아직도 그것을 끝내지 못했다.

(2) 결과

'~해 버렸다'는 의미로 과거에 행한 동작의 결과가 현재에 나타날 때 쓴다.

- She has lost her eyesight. (= So now she can't see.)

  그녀는 실명했다. (그래서 지금 눈이 보이지 않는다.)

- Winter has gone. (= It is not winter now.)

  겨울이 가 버렸다.

- I have lost my watch. (= I lost my watch and do not have it now.)

  나는 내 시계를 잃어버렸다.

(3) 경험

'~한 적이 있다'는 의미로 ever, never, before, once, twice, many times 등과 함께 쓰여 경험을 나타낸다.

- Have you ever seen an elephant?

  당신은 코끼리를 본 적이 있습니까?

- I have been to Seoul three times.

  나는 서울에 3번이나 갔다 왔다.

(4) 계속

'~해 오고 있다'라는 의미로 for, since, lately, during 등과 같이 사용한다.

- How long have you been in Korea?

  얼마나 오랫동안 한국에 머물렀습니까?

- She has lived in Seoul for ten years.

  그녀는 10년 동안 서울에서 살고 있다.

- She has been dead for ten years.

  = Ten years have passed since she died.

  = It is(= has been) ten years since she died.

  = She died ten years ago.

  그녀가 죽은 지 10년이 되었다.

2 주의해야 할 현재완료

(1) 현재완료 have been to / have been in / have gone to의 차이점

① have been to + 장소: ~에 간 적이 있다 / ~에 갔다 왔다

- He has been to America. (경험)

  그는 미국에 갔다 온 적이 있다.

② have been in + 장소: ~에 있어 왔다 / ~한 적이 있다

- He has been in America. (경험)

  그는 미국에서 산 적이 있다.

③ have gone to + 장소: ~에 가 버렸다(그 결과 여기 없다) (이 경우 1인칭, 2인칭은 주어로 사용할 수 없다.)

• He <u>has gone to</u> America. (결과)

　그는 미국에 가 버렸다.

(2) 현재완료와 함께 쓸 수 없는 어휘들 (명백한 과거 표시 어구들)

yesterday	ago
when	just now
last + 시간 명사	의문부사 when
then	

• She <u>arrived</u> here *yesterday*. (○)

　그녀는 어제 여기에 도착했다.

주의 명백한 시간을 물어보는 의문사 when과 현재완료는 같이 쓸 수 없다.

* When has she gone downtown? (×)

⇨ When did she go downtown?

　그녀는 언제 시내에 갔습니까?

(3) the first time, the only, 최상급 뒤나 since 앞에는 현재완료형

• It's <u>the only thing</u> I have ever regretted.

　그것이 내가 후회하는 유일한 일이야.

05 과거완료

과거의 이야기보다 더 먼저 일어난 과거의 일(대과거)을 나타낸다. 'had + p.p.'를 취한다.

1 과거완료의 용법

• I <u>had lived</u> there for three years before I moved to Taipei. (계속)

　내가 타이베이로 이사 가기 전에 나는 거기서 3년을 살았었다.

• I recognized her, for I <u>had seen</u> her before. (경험)

　나는 그녀를 전에 본 적이 있기 때문에 나는 그녀를 알아봤다.

• I <u>had finished</u> my homework by 12 o'clock last night. (완료)

　나는 지난밤 12시에 숙제를 끝마쳤다.

• The train <u>had left</u> when she reached the station. (결과)

　그녀가 역에 도착했을 때 기차는 이미 떠났었다.

2 대과거 시제

과거의 어느 시점보다 앞서는 동작이나 상태로 'had+p.p.' 형태로 나타낸다.

- He lost the purse that he <u>had bought</u> at the store. (잃어버리기 전의 대과거)
  그는 상점에서 샀던 그 지갑을 잃어버렸다.
- I saw the girl again whom I <u>had met</u> in the park the other day.
  나는 저번에 공원에서 만났던 소녀를 또 만났다.

3 주의해야 할 과거완료

(1) '~하자마자' 구문

- *As soon as* I heard the news, I hastened to the spot.
  = I hastened to the spot, <u>as soon as</u> I heard the news.
  = I <u>had no sooner heard</u> the news <u>than</u> I hastened to the spot.
  = I <u>had scarcely heard</u> the news <u>before[when]</u> I hastened to the spot.
  = I <u>had hardly heard</u> the news <u>before[when]</u> I hastened to the spot.
  = <u>No sooner had I heard</u> the news <u>than</u> I hastened to the spot.
  = <u>Hardly had I heard</u> the news <u>before[when]</u> I hastened to the spot.
  = <u>Scarcely had I heard</u> the news <u>before[when]</u> I hastened to the spot.
  = <u>The moment[The instant / Directly]</u> I heard the news, I hastened to the spot.
  = <u>On[Upon] hearing</u> the news, I hastened to the spot.
  그 소식을 듣자마자 나는 현장에 달려갔다.

(2) '미처 ~하기도 전에 …했다' 구문

'과거완료 부정 구문 + before[when] + S + 과거동사'의 형식을 쓴다.

- I <u>had not gone</u> a mile <u>when[before]</u> it began to rain.
  1마일도 안 가서 비가 오기 시작했다.
- He <u>had not been</u> a week at school <u>when</u> he grew homesick.
  학교에 와서 일주일도 되기 전에 그는 집이 그리워졌다.
- I <u>had not gone</u> a mile <u>when</u> I was caught in a shower.
  1마일도 가기 전에 나는 소나기를 만났다.

06 미래완료

미래의 주어진 시간 전에 일어날 사건이나 종료될 사건을 나타내며, 함께 쓰는 'by+미래 표시 어구'가 중요하다. 'will have p.p.' 형태를 취한다.

> by + next year, the end of next month, the time, tomorrow …

- By the end of next month he will have been here for ten years.
  다음 달 말이 되면 그는 여기서 10년 동안 있어 온 셈이 된다.

주의 시간 · 조건의 부사절에서는 현재완료가 미래완료를 대신한다.

- She will leave when she has finished this project. (○)
  * She will leave when she will have finished this project. (×)
  이번 프로젝트를 마치면 그녀는 떠날 것이다.

07 진행형 시제

과거, 현재, 미래를 중심으로 진행되고 있는 일시적 현상이나 활동을 나타낸다.

1 현재진행형: be동사 현재형 + -ing

- He is running through the woods.
  그는 숲을 가로질러 달리고 있다.
- I'm watching the big soccer game.
  나는 대단한 축구경기를 보고 있다.

2 과거진행형: be동사 과거형 + -ing

- He was reading a novel when I entered the room.
  내가 방에 들어갔을 때 그는 소설을 읽고 있었다.
- I dropped my wife's smartphone while we were talking.
  우리가 이야기를 하고 있는 동안 나는 아내의 스마트폰을 떨어뜨렸다.

3 미래진행형: will/shall + be + -ing

- He will be staying in Seoul next Sunday.
  그는 다음 주 일요일에 서울에 머무를 것이다.
- He will be reading a novel when we go to bed.
  우리가 자러 갈 때쯤이면 그는 소설을 읽고 있을 것이다.

4 완료시제의 진행형

- He has been carrying out research into acid rain until now. (현재완료진행)
  그는 산성비에 대한 연구를 지금까지 수행해 오고 있다.
- She had been waiting for me for 4 hours when I got there. (과거완료진행)
  내가 그곳에 도착했을 때 그녀는 나를 4시간째 기다리고 있었다.
- I will have been working for him for 10 years next May. (미래완료진행)
  돌아오는 5월이면 난 그 밑에서 10년째 일하고 있는 것이 될 것이다.

5 진행형으로 쓸 수 없는 동사

(1) 상태 동사

① 감정의 상태: like, love, prefer, hate, need, want
- I like this wine very much. (○)
  * I am liking this wine very much. (×)
  나는 이 와인을 매우 좋아한다.
- What she wants for her birthday is a new bike. (○)
  * What she is wanting for her birthday is a new bike. (×)
  그녀가 생일 선물로 원하는 것은 새 자전거이다.

② 인식의 상태: see, know, believe, consider, think 등
- I know the girl well. (○)
  * I am knowing the girl well. (×)
  나는 그 소녀를 잘 알고 있다.
- We don't know what to do. (○)
  * We are not knowing what to do. (×)
  우리는 무엇을 해야 할지 모르겠다.

③ 존재, 소유, 기타: be(~이다), exist, have(가지고 있다), own, possess, resemble, belong, seem, appear
- He resembles his father closely. (○)
  * He is resembling his father closely. (×)

그는 그의 아버지를 꼭 닮았다.

- These birds <u>belong to</u> my brother. (○)

  * These birds are belonging to my brother. (×)

  이 새들은 나의 형의 소유이다.

(2) 무의지 지각동사

> see, hear, smell, taste, feel

- The garden <u>smells</u> of lilacs. (○)

  * The garden is smelling of lilacs. (×)

  뜰에는 라일락꽃 향기가 풍긴다.

  주의 have, hear, see, think 등과 같은 동사가 본래의 뜻으로 쓰이지 않은 경우에는 진행형이 가능하다.

- We <u>are seeing</u> the sights.

  우리는 경치를 구경하고 있다.

- They <u>are hearing</u> lectures.

  그들은 강의를 듣고 있다.

- You <u>are having</u> a good time.

  여러분들은 유쾌히 지내고 있다.

- She <u>is having</u> a rest now.

  그녀는 지금 휴식을 취하고 있다.

01~08 Choose the one that could best complete each of the following sentences.

01   Only three or four minutes _____ after the patient's arrival in the emergency room when Dr. Kennedy took charge of his case.

① had passed
② were passing
③ have passed
④ had been passed

02   I have _____ *Interstellar*, but I can fully expect it to be my favorite film.

① seen yet
② not already seen
③ not yet seen
④ already seen

03   The university _____ eagerly searching for a competent replacement for Professor Davis for two years before finally giving up last year.

① was
② have been
③ were
④ had been

04   _____ reached the shelter when the storm broke.

① Hardly they
② Hardly they had
③ Hardly had they
④ They hardly have

05   Under the restructuring requested by the International Monetary Fund (IMF), more than 1,000,000 people _____ their jobs since the beginning of this year.

① lost
② had lost
③ have lost
④ will be lost

06   Many older institutions _____ major building programs in the past several years.

① have been undergoing
② underwent
③ ongoing
④ undertaking

07   I had scarcely locked the door when the key _____.

① breaks
② was breaking
③ broke
④ had broken

08   The Paris plane has not yet arrived, and I wonder when _____.

① it will come
② it will be coming
③ it has come
④ it comes

09~18 **Choose the one that makes the sentence grammatically INCORRECT.**

09   ① By the early 1960s ② thanks to the work of American and Russian ③ physicists laser light ④ has become a reality.

10   ① The year that James Smithson died, he ② was leaving a half million dollars to the government ③ to found ④ the Smithsonian Institute.

11   I ① listened very carefully to the president's ② saying, but I still ③ couldn't understand exactly what he ④ meant.

12   In ① just the ② last few years, football ③ had become more popular than baseball in ④ that country.

13   The doctor ① told Mr. Johnson that, ② because of his severe cold, he should ③ lay in bed ④ for a few days.

14   Tana lives on a buffalo ranch in Indiana. He ① began raising buffaloes eight years ago. He ② did not eat any other kind of meat since then. "I think someday everyone ③ will be eating exotic kinds of meats ④ like buffalo and ostrich."

15   ① The world is a very pleasant place ② to live in as soon as we ③ will accept the fact that other people have a right to live ④ as well as ourselves.

16   ① Genetic engineering ② has already made vast progress ③ even though Crick and Watson ④ had discovered DNA's "double helix" conformation only a relatively short time ago.

17   ① Since the Renaissance and Reformation, the Western world ② almost continuously lived ③ in fear or expectation ④ of some kind of revolution.

18   John was going steady with Jane and ① was thinking of ② marrying her. He wanted to know what kinds of girls her sisters were, ③ what her father was like, and how long ④ did her mother die.

19   **Choose the one that is grammatically NOT correct.**

     ① Are you believing in God?
     ② The football game starts at 6:00 p.m.
     ③ The woman was a complete stranger to me. I had never seen her before.
     ④ The train leaves Seoul at 8:00 a.m. and arrives in Busan at 2:30 p.m.

20   **Choose the one that is grammatically correct.**

     ① This house is belonging to Mr. Smith.
     ② I was hearing a lecture on English history.
     ③ He is remaining faithful to the last.
     ④ I am having a good idea.

04 | 수동태

01 능동태와 수동태

1 능동태와 수동태

(1) 능동태

주어가 동작을 행하여 '(S가) V하다'라는 능동의 의미를 갖는다.

- My uncle fixed my computer.

  나의 삼촌이 내 컴퓨터를 수리했다.

(2) 수동태

'be + p.p.' 형태로 주어가 동작을 받는 경우에 쓰인다.

- The poet is respected by all the people in the world.

  그 시인은 세상 모든 사람들로부터 존경받는다.

2 태의 전환 기본

능동태의 목적어가 수동태의 주어가 되고, 능동태의 주어는 수동태에서 by 이하의 목적어가 된다. 그리고 동사는 수동태에서 'be + p.p.'를 취한다.

능동태: 주어 + 타동사 + 목적어

수동태: 주어 + be동사 + 과거분사 + by + 목적어

① 능동태의 목적어가 수동태의 주어가 된다.
② 동사는 'be + 과거분사'가 된다.
③ 능동태의 주어가 by 뒤에 와서 부사구를 이룬다.
④ 조동사는 그대로 둔다(단, will, shall은 주어의 인칭에 맞춘다).
⑤ 시제는 능동태일 때와 같다.

(1) 능동태 문장의 목적어가 주어

- Columbus discovered America.

  ⇨ America was discovered by Columbus.

  콜럼버스는 미주대륙을 발견했다.

(2) 'by + 능동태 주어'에서 행위자 표시가 생략되는 경우

① 행위자가 일반인일 경우

• Both French and English are spoken in Canada.

캐나다에서는 프랑스어와 영어를 둘 다 사용한다.

② 행위자가 불특정인이거나 확실하지 않을 경우

• My father was killed in the Vietnam War.

나의 아버지는 베트남 전쟁에서 돌아가셨다.

③ 행위자를 밝힐 필요가 없을 경우

• The vase was broken (by Mary).

그 꽃병은 (Mary에 의해) 깨졌다.

02 수동태를 쓰는 경우

1 능동태의 주어 불분명할 경우

• He was killed in World War II.

그는 제2차 세계 대전 중 전사했다.

• My car was stolen last night.

어젯밤에 내 차가 도난당했다.

2 능동태의 주어를 드러낼 필요 없는 경우

• The criminal has been caught.

범인은 체포되었다.

• Butter is sold by the pound.

버터는 파운드 단위로 판다.

3 수동태의 주어를 강조하는 경우

• He was run over by a car.

그는 차에 치였다.

• John's house was struck by lightning.

John의 집이 벼락을 맞았다.

4 수동의 의미 없이 자동사로 느껴지는 경우

- She was born in 1990.
  그녀는 1990년에 태어났다.
- I am tired with writing.
  나는 글쓰기에 지쳤다.

5 감정, 심리 상태 등을 드러내는 경우

(1) 기쁨 · 슬픔 · 놀람 등의 감정동사: 보통 수동태로 쓰며 at이나 with를 동반한다.

- We are delighted at his success.
  우리는 그의 성공을 기뻐하고 있다.
- I was disappointed with him.
  나는 그에게 실망했다.

(2) 종사 · 위치 · 열중의 경우

- Seoul Olympic Games were held in 1988.
  서울 올림픽은 1988년에 개최되었다.
- She was all dressed up in her new mink coat.
  그녀는 새 밍크코트를 빼입고 있었다.
- He is engaged in foreign trade.
  그는 외국 무역에 종사하고 있다.

(3) 신체 변화 및 손상의 경우

- He was born in Seoul in 2000.
  그는 2000년 서울에서 태어났다.
- He was injured in a hit-and-run accident.
  그는 뺑소니 사고에서 부상을 입었다.

03 수동태의 시제

시제에 따른 동사의 형태

시제	능동태	수동태
현재	He writes the letter.	The letter is written by him.
과거	He wrote the letter.	The letter was written by him.
미래	He will write the letter.	The letter will be written by him.
현재완료	He has written the letter.	The letter has been written by him.
과거완료	He had written the letter.	The letter had been written by him.
미래완료	He will have written the letter.	The letter will have been written by him.
현재진행	He is writing the letter.	The letter is being written by him.
과거진행	He was writing the letter.	The letter was being written by him.
미래진행	He will be writing the letter.	The letter will be being written by him.
현재완료진행	He has been writing the letter.	The letter has been being written by him.
과거완료진행	He had been writing the letter	The letter had been being written by him.

1 단순형의 수동태

수동태의 be동사는 능동태의 시제와 일치시킨다(수 · 인칭은 새로운 주어에 일치).

현재	am[are/is] + p.p.
과거	was[were] + p.p.
미래	will be + p.p.

- She is praised by her teacher.

  그녀는 그녀의 선생님께 칭찬받는다.
- She was praised by her teacher.

  그녀는 그녀의 선생님께 칭찬받았다.
- She will be praised by her teacher.

  그녀는 그녀의 선생님께 칭찬받을 것이다.

2 완료형의 수동태

완료형의 수동태는 'have[has/had/will have] been + p.p.'의 형태를 취한다.

- A French lady has taught her lessons in piano.

  = She <u>has been taught</u> lessons in piano by a French lady.

  프랑스 아가씨가 그녀에게 피아노 교습을 시켰다.

- He had asked me to come and visit him.

  = I <u>had been asked</u> to come and visit him.

  그는 나에게 자기를 찾아와 방문해 달라고 부탁했다.

- I shall have finished this work before my father comes back.

  = This work <u>will have been finished</u> by me before my father comes back.

  나는 아버지가 돌아오시기 전에 이 일을 끝마쳐 버리게 될 것이다.

3 진행형의 수동태

진행형의 수동태는 'be동사 + being + p.p.'의 형식을 취한다.

- He is reading an interesting book.

  = An interesting book <u>is being read</u> by him.

  그는 재미있는 책을 읽고 있는 중이다.

- He was writing a long letter.

  = A long letter <u>was being written</u> by him.

  그는 장문의 편지를 쓰고 있었다.

4 조동사가 있는 수동태

조동사가 있는 문장의 수동태는 '조동사 + be + p.p.' 형태를 취한다.

- You must keep the door open.

  = The door <u>must be kept</u> open by you.

  너는 문을 열어 놓아야 한다.

- We can reach London in about four hours.

  = London <u>can be reached</u> in about four hours.

  우리는 약 4시간 후에는 런던에 도착할 수 있다.

- You ought not to rely on him.

  = He <u>ought not to be relied on</u> (by you).

  너는 그를 의지해서는 안 된다.

04 문장 형식과 태의 전환

1 3형식 문장의 전환

목적어가 명사절인 경우, 명사절 전체가 수동문의 주어가 되거나 가주어 it을 사용한다. 또한 종속절의 주어가 수동문의 주어가 될 수 있다.

(1) 타동사의 목적어가 절인 경우

- Everybody admitted that she sang well.
  ⇨ That she sang well was admitted (by everybody).
  ⇨ *It* was admitted (by everybody) that she sang well. 〈일반적〉
  그녀가 노래를 잘했다는 것을 모든 사람이 인정했다.
- Everyone expected that Mary would marry John.
  ⇨ *It* was expected by everyone that Mary would marry John. (○)
  * Mary was expected by everyone would marry John. (×)
  모든 사람은 Mary가 John과 결혼할 거라고 기대했다.

(2) think, believe, suppose, assume, intend, order 등의 동사가 명사절을 취하는 경우 종속절을 '목적어 + 목적격 보어'로 고친 후 그 목적어를 수동문의 주어로 한다.

- John believed that the stranger was a policeman.
  ⇨ John believed the stranger to be a policeman.
  ⇨ The stranger was believed to be a policeman.
  John은 그 낯선 사람이 경찰이라고 생각했다.
- John thought that Mary was exceptionally clever.
  ⇨ John thought Mary (to be) exceptionally clever.
  ⇨ Mary was thought exceptionally clever.
  John은 Mary가 무척 똑똑하다고 생각했다.

2 4형식 문장의 전환

(1) 목적어가 두 개 있으므로 두 가지 수동태로 전환이 가능

- They offered him a good position.
  = He was offered a good position.
  = A good position was offered (to) him.
  그들은 그에게 좋은 자리를 제공했다.
- My aunt gave me this watch.
  = I was given this watch by my aunt.
  = This watch was given (to) me by my aunt.
  나의 이모가 이 시계를 나에게 주었다.

(2) 간접목적어만 수동태 주어로 쓰는 경우

kiss	call	save	envy	deny
refuse	answer	spare	forgive	

- They envied him his luck.
  - ⇨ He was envied his luck. (○)
  - * His luck was envied him by them. (×)
  - 그들은 그의 행운을 부러워했다.
- This machine will spare you a lot of trouble.
  - = You will be spared a lot of trouble by this machine.
  - 이 기계 덕으로 당신은 수고를 많이 덜게 될 것이다.
- He kissed her goodnight.
  - = She was kissed goodnight by him.
  - 그는 그녀에게 잘 자라는 키스를 했다.

(3) 직접목적어를 주어로 쓰는 경우

read	write	make	bring
carry	throw	pass	sing

- I wrote him a letter.
  - ⇨ A letter was written to him by me. (○)
  - * He was written a letter by me. (×)
  - 나는 그에게 편지를 썼다.
- My mother made me a doll.
  - ⇨ A doll was made for me by my mother. (○)
  - * I was made a doll by my mother. (×)
  - 어머니는 나에게 인형을 만들어 주셨다.
- He bought me the book.
  - ⇨ The book was bought for me by him. (○)
  - * I was bought the book by him. (×)
  - 그는 나에게 그 책을 사 주었다.

3 5형식 문장의 전환

(1) 5형식의 목적어는 수동태의 주어로 만들 수 있으나 보어는 수동태의 주어로 만들 수 없다. 목적격 보어는 그대로 남겨 두면 된다. 이 목적격 보어가 수동태에서는 주격 보어가 된다.

- He made his son a dentist.
  ⇨ His son was made a dentist by him.

  그는 아들을 치과 의사로 만들었다.

- We considered the accident a pity.
  ⇨ The accident was considered a pity.

  우리는 그 사건을 애석하게 여겼다.

- They made her happy.
  ⇨ She was made happy by them.

  그들은 그녀를 행복하게 했다.

(2) 지각동사 · 사역동사는 목적격 보어로 사용된 동사 원형을 to부정사로 바꾼다. 사역동사 let을 수동문에 쓸 경우에는 be allowed to V 또는 be permitted to V로 쓰고, have는 be asked to V의 형태로 쓴다.

> 지각동사: hear, feel, watch, notice
> 사역동사: make, let

- We saw the old man cross the road.
  ⇨ The old man was seen to cross the road.

  우리는 노인이 도로를 횡단하는 것을 보았다.

- She made me wash the dishes after dinner.
  ⇨ I was made to wash the dishes after dinner.

  그녀는 식사 후 나에게 설거지를 시켰다.

4 수동태로 쓸 수 없는 동사

have 가지고 있다	let ~을 허락하다
resemble ~을 닮다	meet ~을 만나다
cost ~의 비용이 들다	become ~에 어울리다
suit ~에 어울리다	lack ~이 없다
escape ~을 모면하다	remain ~ 상태로 남아 있다
appear 나타나다	disappear 사라지다
consist of 구성되다	suffer from 고통받다
belong to ~에 속하다	happen, occur, arise, take place 발생하다

04

- He <u>resembles</u> his father. (○)
 * His father is resembled by him. (×)
 그는 그의 아버지를 닮았다.
- This blue dress <u>becomes</u> her. (○)
 * She is became by this blue dress. (×)
 이 푸른 옷은 그녀에게 어울린다.
- We can't <u>let</u> you smoke. (○)
 * You can't be let to smoke. (×)
 우리는 네가 담배 피우는 것을 허락할 수 없다.

05 문장 구조와 태의 전환

구분	주요 예문
의문문	Did you plant this tree? ⇨ Was this tree planted by you?
명령문	Don't forget it. ⇨ Don't let it be forgotten. ⇨ Let it not be forgotten.
진행형	He was playing the piano. ⇨ The piano was being played by him.
부정문	No one has ever solved the problem. ⇨ The problem has never been solved by anyone.
They say ~ 구문 (복문)	They say that he was honest. ⇨ That he was honest is said (by them). ⇨ It is said (by them) that he was honest. ⇨ He is said to have been honest (by them).

1 의문문의 수동태

(1) 의문사 없는 의문문

Be + S + p.p. ~?

- Did he make the boxes?
 ⇨ <u>Were</u> the boxes <u>made</u> by him?
 그가 그 상자들을 만들었니?

- Did they elect him chairman?

  ⇨ Was he elected chairman by them?

  그들은 그를 의장으로 선출했니?

(2) 의문사 있는 의문문

> 의문사 + be동사 + p.p. ~? (의문사가 주어인 경우)
>
> 의문사 + be동사 + S + p.p. ~? (의문사가 주어가 아닌 경우)

- What does he do?

  ⇨ What is done by him?

  그는 무엇을 하니?

- Who stole the apple?

  ⇨ By whom was the apple stolen?

  누가 사과를 훔쳤지?

- What do you call the cat?

  ⇨ What is the cat called (by you)?

  그 고양이를 무엇이라고 부르니?

2 명령문의 수동태

(1) 명령문의 수동태

> 긍정문: Let + O + be + p.p. ~ (O가 ~되게 하라)
>
> 부정문: Don't let + O + be p.p. ~ (O가 ~되지 않게 하라)
>
>   = Let + O + not + be + p.p. ~
>
> 긍정문: Let + O + be + p.p. ~ by … (O가 …에 의해 ~되게 하라)
>
> 부정문: Don't let + O + be + p.p. ~ by … (O가 …에 의해 ~되지 않게 하라)
>
>   = Let + O + not + be + p.p. ~ by …

- Do it at once.

  = Let it be done at once.

  당장에 그것을 하라.

- Don't forget this proverb.

  = Don't let this proverb be forgotten.

  = Let this proverb not be forgotten.

  이 격언을 잊지 마라.

- Let him do it at once.

  = Let it be done by him at once.

  그로 하여금 즉시 그것을 하도록 해라.

- Let us do away with all ceremony.

  = <u>Let</u> all ceremony <u>be done away</u> with (by us).

  모든 의식을 없애자.

(2) 부정 명령문: Let 앞에 don't를 놓거나 be동사 앞에 not을 붙인다.

> Don't let + 목적어 + be p.p. ~
>
> Let + 목적어 + not be p.p. ~

- Don't speak it aloud.

  = Don't let it <u>be spoken</u> aloud.

  = Let it not <u>be spoken</u> aloud.

  큰 소리로 말하지 마시오.

- Don't close the door.

  = Don't let the door <u>be closed</u>.

  = Let the door not <u>be closed</u>.

  문을 닫지 마시오.

3 진행형의 수동태

'be동사 + being + p.p.'가 골격이며 be동사의 시제로 구분한다.

- He is writing a letter.

  = A letter <u>is being written</u> by him.

  그는 편지를 쓰고 있다.

4 부정문의 수동태

부정문의 수동태는 Nothing · Nobody가 능동태의 주어인 경우, not ~ by anything, not ~ by anybody로 한다.

- Nobody thanked me.

  ⇨ I was not thanked <u>by anybody</u>. (○)

  * I was thanked by nobody. (×)

  아무도 나에게 감사하지 않았다.

- Nothing pleases him.

  ⇨ He is not pleased <u>with anything</u>. (○)

  * He is pleased with nothing. (×)

  아무것도 그를 기쁘게 하지 않는다.

- Did nobody ever teach you how to behave?

  ⇨ Weren't you taught how to behave <u>by anybody</u>?

  너는 바르게 행동하는 법을 어느 누구에게서도 배우지 않았니?

5 복문의 수동태

They say ~ 구문(복문)의 수동태는 'It＋be p.p.＋that S'＋V'' 또는 'S＋be p.p.＋to V' 또는 'S＋be p.p.＋ to have p.p.'의 형태를 취한다.

- They say that he is rich.
  - ⇨ That he is rich <u>is said</u> (by them).
  - ⇨ *It* <u>is said</u> (by them) that he is rich.
  - ⇨ *He* <u>is said</u> to be rich.

  그들은 그가 부자라고 말한다.

- They say that he can buy everything.
  - ⇨ *It* <u>is said</u> that he can buy everything.
  - ⇨ *He* <u>is said</u> to be able to buy everything.

  그는 모든 것을 살 수 있다고 사람들은 말한다.

- People believe that he was ill in bed last week.
  - ⇨ *It* <u>is believed</u> that he was ill in bed last week.
  - ⇨ *He* <u>is believed</u> to have been ill in bed last week.

  사람들은 그가 지난주에 몸져누워 있었다고 믿고 있다.

06 수동태의 주의할 구문

1 '자동사 + (부사) + 전치사'의 수동태

'be동사＋p.p.＋ (부사) ＋ 전치사 ＋ by ＋ S'의 형태로 나타낸다.

laugh at ～을 비웃다	ask for ～에게 요청하다	attend to ～에 유의하다
look into ～을 조사하다	think of ～을 숙고하다	depend on ～에 의존하다
put up with ～을 참다	do away with ～을 없애다	run over 차가 ～을 치다
account for ～을 설명하다	catch up with ～을 따라잡다	speak ill of ～을 욕하다
look down on ～을 경멸하다	speak well of ～을 칭찬하다	look up to ～을 존경하다

- They laughed at her because her clothes were too old.
  - ⇨ She <u>was laughed at</u> by them because her clothes were too old.

  그들은 그녀의 옷이 너무도 낡았기 때문에 그녀를 비웃었다.

- You must attend to your own business.
  - ⇨ Your own business <u>must be attended to</u> (by you).

  너는 너 자신의 일에 유의해야 한다.

- The car ran over a boy.
  - ⇨ A boy <u>was run over</u> by the car.

  그 차는 한 소년을 치었다.

- His neighbors speak well of him.
  ⇨ He is well spoken of by his neighbors.
  그의 이웃들은 그를 칭찬한다.

2 '타동사 + 명사 + 전치사'의 수동태

take care of ~을 돌보다	make use of ~을 이용하다
take advantage of ~을 이용하다	find fault with ~을 비난하다
pay attention to ~에 주의를 기울이다	take notice of ~에 주의를 기울이다

- She took good care of the baby.
  ⇨ The baby was taken good care of by her.
  ⇨ Good care was taken of the baby by her.
  그녀는 그 아기를 잘 돌봤다.
- Today we will pay special attention to preschool education.
  ⇨ Today preschool education will be paid special attention to by us.
  ⇨ Today special attention will be paid to preschool education by us.
  오늘 우리는 유아교육 문제에 특별히 유의하도록 하겠습니다.

3 by 이외의 전치사를 쓰는 수동태

(1) 감정을 나타내는 수동태

be delighted at[with] ~에 기뻐하다
be disappointed at[in] ~에 실망하다
be satisfied[contented/pleased] with ~에 만족하다
be surprised[astonished/amazed/startled] at ~에 놀라다

- We were amazed at how quickly the kids learned.
  우리는 그 아이들이 빨리 배우는 것에 놀랐다.
- She was pleased with their new house.
  그녀는 그들의 새집을 보고 만족했다.

(2) 생활 · 습관을 나타내는 수동태

be accustomed to ~에 익숙해지다
be devoted to ~에 헌신하다
be located in[at/on] ~에 위치하다
be married to ~와 결혼하다

- Your parents <u>are</u> completely <u>devoted to</u> each other.

  네 부모님은 서로에게 전적으로 헌신적이다.

- The newest branch of the library <u>is located in</u> Los Angeles.

  그 도서관의 최신 분점은 LA에 위치하고 있다.

(3) 그 밖의 표현들

> be attributed[ascribed/assigned] to ~ 탓으로 돌려지다
>
> be covered with ~로 덮여 있다
>
> be filled with ~로 가득 채워져 있다
>
> be interested in ~에 관심이 있다
>
> be surrounded with (by) ~로 둘러싸이다

- The room <u>was filled with</u> smoke.

  방이 연기로 가득 차 있었다.

- My neighbor <u>is interested in</u> astronomy.

  내 이웃은 천문학에 관심이 있다.

(4) 전치사에 따라 의미가 달라지는 경우

> be concerned about ~에 대해 걱정하다
>
> be concerned with ~에 관련되다
>
> be known to ~에게 알려지다
>
> be known as ~로서 알려지다
>
> be known for ~로 유명하다
>
> be known by ~에 의해 알 수 있다[판단되다]
>
> be possessed of (ability, talent 등 추상적인 자질을) 소유하다
>
> be possessed with[by] ~에 사로잡히다[홀리다]

- Some people <u>are</u> more <u>concerned with</u> just making money.

  어떤 사람들은 단지 돈을 버는 것에만 관여한다.

- He <u>is concerned about</u> what other people think of him.

  그는 다른 사람들이 그를 어떻게 생각하는지에 대해 걱정한다.

- A man <u>is known by</u> the company he keeps. (판단의 근거)

  친구를 보면 그 사람을 알 수 있다.

- London <u>is known for</u> its fog. (원인, 이유)

  런던은 안개로 유명하다.

- He <u>is known as</u> a lawyer. (자격)

  그는 변호사로서 알려져 있다.

- The fact <u>is known to</u> everybody. (대상)

  그 사실은 모든 사람에게 알려져 있다.

4 기타

(1) 형태는 능동태이면서 수동의 의미를 갖는 동사들 (1형식)

read, say ~라고 쓰여 있다	sell 팔리다	cut 잘리다
open 열리다	wash 씻기다	fill 채워지다

- These blouses here <u>sell</u> well.
  * These blouses here are sold well. (×)
  여기 있는 이 블라우스가 잘 팔려요.

(2) 동작 수동태(get p.p.)와 상태 수동태(be p.p.)

동작을 나타내는 경우 be동사 대신 become, get, grow 등의 동사를, 상태를 나타내는 경우 be동사 대신 remain, feel, stand 등을 쓰기도 한다.

- Our house <u>gets painted</u> every year. (동작)
  우리 집은 매년 페인트가 칠해진다.
- They <u>got married</u>, and the first few years went well. (동작)
  그들은 결혼했고, 처음 몇 년은 사이가 좋았다.
- Our house <u>is painted</u> green. (상태)
  우리 집은 초록색으로 칠해져 있다.
- The problem <u>remains unsolved</u>. (상태)
  그 문제는 해결되지 않은 상태로 남아 있다.

Choose the one that could best complete each of the following sentences.

01   My daughter _____ in 1980.

    ① did marriage

    ② was married

    ③ married

    ④ got married

02   In the last three years many questions _____ as to why such a large enterprise suddenly went bankrupt.

    ① has raised

    ② will have raised

    ③ was raising

    ④ have been raised

03   Write nothing but the address on this side.

    = Let nothing but _____ on this side.

    ① the address be written

    ② the address to be written

    ③ the address have written

    ④ the address has written

04   _____ that people should learn to drive a car when they grow up.

    ① Believing

    ② To believe

    ③ It is believed

    ④ They are believed

05   Taekwondo is _____ one of the most popular forms of Eastern exercise in the West these days.

① referred

② referring

③ referred to

④ referred to as

06   Philip Morrison a professor at MIT, _____ as one of America's greatest teachers of science.

① has acknowledgement

② is acknowledged

③ acknowledges

④ acknowledged

07   Aspirin _____ from the bark of willow trees.

① was first extracted

② it was first extracted

③ extracted

④ first extracted

08   A scientific process _____ to turn natural gas into animal feed.

① have been developed

② it has been developed

③ have developed

④ has been developed

Choose the one that makes the sentence grammatically INCORRECT.

09 We should ① have been informed Janis ② about the change in plans ③ regarding our ④ week-end trip to the mountains.

10 The students ① from Thailand ② sounded noisy at the party last night, but they ③ were proved very polite and ④ respectful to their elders.

11 She ① felt like crying because she ② was laughed by ③ most of the boys ④ in the class.

12 William Shakespeare is ① generally ② considers one of ③ the greatest playwriters ④ in the world.

13 At the office, I ① am perfectly satisfied with the present state of affairs. I ② assist two secretaries and two computers. I always ③ find them very ④ helpful.

14 ① Starting up a store requires as much as $300,000. Raising that kind of money is difficult ② for someone without a business record because the flow of venture capital has dried up. In 2019 the amount of venture capital ③ fell 9% from the previous year, to $113 billion. This year the numbers ④ expect to show a steeper decline.

15 You may remember that we ① moved to a different hotel on the morning of the 29th ② because the ③ accommodation and service ④ offering at your hotel weren't that good.

16 Evidence ① has been put forward ② showing that astronauts ③ exposed to long periods of weightlessness ④ have affected quite severely.

17 He often yawned and talked angrily ① to himself. ② Books he did not read. Sometimes he ③ would write something all night, only to tear it up in the morning. More than once he was heard ④ weep.

18 Though a dolphin lives in the sea, it is not a fish. It is a mammal ① whose way of life is like ours in some point. Scientists ② have been discovered that dolphins have a kind of language. They are able to talk to ③ one another. Therefore, it may be possible for man to learn ④ how to talk to dolphins.

19 **Choose the one that is grammatically NOT correct.**

① Let the meat not be kept in normal temperature.
② His novel is being printed now.
③ Such a thing wouldn't be done by anybody.
④ This dog was taken care by everyone in my family.

20 **Choose the one that is grammatically correct.**

① He is resembled by his father.
② The machine is said to have been invented by him.
③ The burglar frightened away by the barking of the dog.
④ The two boys who injured yesterday were my friends.

05 | 조동사

01 be, have, do

1 be

be는 현재분사와 함께 진행형을, 과거분사와 함께 수동태를 만든다.

- She is coming. She was coming. She will be coming.

  그녀가 오고 있다. 그녀가 왔었다. 그녀가 올 것이다.

- The letter is written. The letter will be written. The letter has been written.

  그 편지가 쓰였다. 그 편지가 쓰일 것이다. 그 편지가 쓰여 왔다.

2 do

do는 일반 동사와 함께 의문문·부정문을 만든다.

- Does this device emit a high-pitched noise?

  이 장치는 고음의 소리를 냅니까?

- This device does not emit a high-pitched noise.

  이 장치는 고음의 소리를 내지 않는다.

3 have

have는 과거분사와 함께 완료형을 만든다.

- Have you ever played golf?

  골프를 친 적이 있습니까?

- He has come too early.

  그는 너무 일찍 왔다.

- I had finished the task before he came.

  나는 그가 오기 전에 일을 끝냈다.

02 can, could

1 능력 · 가능

can = be able to + 동사 원형, be capable of -ing : ～할 수 있다

• Can you speak English?

당신은 영어로 말할 수 있나요??

• Can you wait till tomorrow?

당신은 내일까지 기다릴 수 있나요?

• Our team can easily beat your team.

우리 팀은 쉽게 너희 팀을 이길 수 있다.

주의 미래형은 will be able to V이고, be able to V는 사람을 주어로 쓰는 것이 원칙이다.

• I will be able to work out the problem.

나는 그 문제를 해결할 수 있을 것이다.

2 추측(부정적 추측)

의문문에서는 '과연 ～일까?'라는 뜻으로, 부정문에서는 '～일 리가 없다'라는 뜻으로 쓰인다.

• Can the rumor be true? (의혹)

그 소문은 과연 사실일까? (그럴 리가 없는데.)

– No, it cannot be true. (부정적 추측)

아니야, 그것은 사실일 리가 없어.

– Yes, it must be true. (긍정적 추측)

응, 그것은 사실임이 틀림없어.

• He cannot be an honest man.

= It is impossible that he is an honest man.

그는 정직한 사람일 리가 없다.

• Can she have said such a thing?

그녀가 과연 그런 말을 했을까?

– No, she cannot have said such a thing.

아니, 그녀가 그런 말을 했을 리가 없어.

– Yes, she must have said such a thing.

응, 그녀가 그런 말을 했음이 틀림없어.

3 허가

- Can(= May) I go home now? (허가)

  지금 집에 가도 됩니까?

  – No, you cannot(= must not) go home now. (금지)

  아니요, 지금 가서는 안 됩니다.

- Children, you cannot play in the street.

  애들아, 거리에서 놀아서는 안 된다.

- Can(= May) I stay here?

  여기 머물러도 됩니까?

  – No, you cannot. Nobody can stay here.

  아니요, 안 돼요. 여기는 누구도 머무를 수 없습니다.

4 정중한 의뢰 · 부탁

- Could you speak more slowly?

  더 천천히 말씀해 주시겠습니까?

- Could you do me a favor?

  부탁 하나 드려도 됩니까?

- Could I see you again?

  또 만나 뵐 수 있을까요?

5 관용 표현

(1) cannot but + 동사 원형: ~하지 않을 수 없다

> cannot but + 동사 원형
> = cannot help + -ing
> = cannot help[choose] but + 동사 원형
> = have no choice[alternative] but + to 동사 원형

- I cannot but smile at the child.

  = I cannot help smiling at the child.

  = I cannot choose but smile at the child.

  = I have no choice but to smile at the child.

  나는 그 아이에게 미소 짓지 않을 수 없다.

(2) cannot ~ too much[enough / excess]: 아무리 ~해도 지나치지 않다
   = It is impossible to + over + V = S can't over V ~

- I cannot thank you too much.
  = I cannot thank you enough.
  = I cannot thank you sufficiently.
  당신에게 아무리 감사해도 지나치지 않다.
- We can't emphasize the importance of our health too much.
  = We can't overemphasize the importance of our health.
  건강의 중요성은 아무리 강조해도 지나치지 않다.

(3) cannot V ~ without ...: ~하면 반드시 …하다

> S + not[never] + V ~ + without + 명사/동명사 ... (~하면 반드시 …하다)
> = S + not[never] + V ~ + but + S + V ... (…하지 않고는 ~할 수 없다)
> = Every time S + V ~, S + V ...
> = When + S + V, S + always + V ... (~하면 반드시 …하다)
> = Whenever + S + V, S + V

- I cannot see him without thinking of his father.
  = I cannot see him but I think of his father.
  = Every time I see him, I think of his father.
  = When I see him, I always think of his father.
  = Whenever I see him, I think of his father.
  그를 보기만 하면 나는 그의 아버지 생각이 난다.
- There can be no sunshine without shadow.
  햇빛이 있으면 그늘이 있기 마련이다.

03 may, might

1 허가

(1) 허가를 뜻하는 may는 현재형인데, may의 과거형 · 미래형 · 완료형 등은 be allowed to V와 be permitted to V를 활용해서 나타낼 수 있다.

- You are allowed to take this magazine home.
  너는 이 잡지를 집으로 가져가도 좋다.
- He was allowed to go.
  그는 가는 것이 허가되었다.
- She was not allowed to go out alone after dark.
  그녀는 어두워진 후에 홀로 외출하는 것이 금지되었다.

- He <u>will be permitted to go</u> fishing.

  그는 낚시질하러 가는 것이 허가될 것이다.

(2) 부정을 할 때 must not은 금지, may not은 불허가의 의미로 쓰임에 주의한다.

- You <u>may not</u> go into the garden.

  정원 안으로 들어가면 안 됩니다.

- You <u>must not</u> smoke here.

  당신은 여기서 금연해야만 한다.

2 추측

(1) '~일지도 모른다'는 뜻으로, 부정의 표현은 'may not'을 쓴다.

- She <u>may</u> be at home now.

  그녀는 지금 집에 있을지 모른다.

- She <u>may</u> go, or she <u>may not</u>.

  그녀는 갈 수도 있고, 안 갈 수도 있다.

(2) 과거에 대한 추측 may[might] have p.p.: ~이었을지도 모른다

- The man <u>may have missed</u> the train.

  ⇨ It is possible that the man missed the train.

  그 남자는 기차를 놓쳤을지도 모른다.

- She <u>may have met</u> him last night.

  ⇨ It is possible that she met him last night.

  지난밤 그녀는 그를 만났을지도 모른다.

3 기원

- <u>May</u> you live long!

  만수무강하소서!

- <u>May</u> you always be happy and healthy!

  언제나 행복하고 건강하시길 바랍니다!

4 목적

'~하기 위하여'라는 뜻으로 'so that + S + may + V ~', 'in order that + S + may + V ~'의 구문으로 쓰인다.

- I work hard <u>so that</u> I <u>may</u> succeed.

  = I work hard in order that I may succeed.

  = I work hard so as to succeed.

= I work hard in order to succeed.

나는 성공하기 위해서 열심히 일한다.

5 관용 표현

(1) may[might] as well + 동사 원형 ~ as + 동사 원형 ...: ···하는 것보다 차라리 ~하는 것이 낫다

- You may as well not know a thing at all as know it imperfectly.

  그것을 불완전하게 아느니 차라리 전혀 모르는 게 낫겠다.

- You might as well persuade a wolf as persuade him.

  그를 설득하느니 차라리 늑대를 설득하는 게 낫겠다.

(2) may[might] as well + 동사 원형: ~하는 것이 낫다

= had better + 동사 원형 = It would be better for ~ to + 동사 원형

- I may as well go.

  나는 가는 게 좋겠다.

- You may as well attend the meeting.

  당신은 그 모임에 참석하는 편이 낫다.

- He will come by the next bus. You may as well wait here.

  그는 다음 버스로 올 것이다. 너는 여기서 기다리는 편이 낫다.

- You may as well begin at once.

  너는 즉시 시작하는 편이 낫겠다.

(3) may well + 동사 원형: ~하는 것도 당연하다 (= have good reason to V)

- You may well think so.

  네가 그렇게 생각하는 것도 당연하다.

- He may well be proud of his daughter.

  그가 그의 딸을 자랑스러워하는 것은 당연하다.

> S + may well + V ~
> = S + have good reason to V ~
> = It is natural that + S + (should) V ~

- You may well say so.

  = You have a good reason to say so.

  = It is natural that you should say so.

  = It is no wonder that you should say so.

  = It is not surprising that you should say so.

  = It is a matter of course that you should say so.

  = I take it for granted that you say so.

  네가 그렇게 말하는 것도 당연하다.

04 must

1 필요 · 의무 (= have to)

(1) '～해야 한다'는 뜻으로 쓰인다.

- You <u>must</u> do as you are told.
  당신은 지시받은 대로 해야 한다.
- You <u>must</u> keep your promise.
  당신은 당신의 약속을 지켜야 한다.

(2) must의 부정의 형태

① must not: ～해서는 안 된다 (금지)
- You <u>must not</u> tell a lie.
  너는 거짓말을 해서는 안 된다.

② need not, have not to, don't have to: ～할 필요가 없다 (불필요)
- <u>Must</u> you go now?
  너 지금 가야 하니?
  – Yes, I must. / No, I <u>don't have to</u>. (= need not)
  응, 가야 해. / 아니, 갈 필요 없어.

2 강한 추측

(1) '～임이 틀림없다'라는 뜻으로 쓴다. 부정의 형태는 'cannot ～'이다.

- He <u>must be</u> honest.
  그는 정직함이 틀림없다.
- He <u>must be</u> there.
  그는 그곳에 있음이 틀림없다.
- He <u>cannot be</u> honest.
  그는 정직할 리가 없다.

(2) 과거에 대한 강한 추측: must have p.p. (～이었음이 틀림없다)

- She <u>must have been</u> beautiful when she was young.
  그녀는 젊었을 때 아름다웠음이 틀림없다.
- He <u>must have been</u> wrong.
  = I am sure that he was wrong.
  그가 잘못했음이 틀림없다.
- He <u>must have forgotten</u> the promise.
  = It is almost certain that he forgot the promise.
  그는 그 약속을 잊어버린 것이 틀림없다.

05 will, would

1 will

(1) 현재의 습성 · 경향

- Money will come and go.

  돈은 돌고 돈다.

- I have come to realize one thing in my life: accidents will happen.

  나는 인생에서 한 가지를 깨닫게 되었다. 사고는 일어나기 마련이다.

(2) 고집 · 의지

- I will go to Ecuador for volunteering.

  나는 자원봉사하려고 반드시 에콰도르에 갈 것이다.

- If your car won't start, the problem most likely lies with the battery.

  만약 네 차가 시동이 걸리지 않으면, 문제는 배터리일 확률이 높다.

2 would

(1) will의 과거형

시제 일치 또는 과거의 고집이나 불규칙적인 습관을 나타낸다.

- Did you know when he would come?

  너는 그가 언제 올 줄 알았니?

- He would not go out. (과거의 고집)

  그는 나가지 않으려 했다.

- He would sit for hours, doing nothing. (과거의 불규칙적 습관)

  그는 아무 일도 없이 여러 시간씩 앉아 있곤 했다.

(2) 공손한 표현

'~하시겠습니까?'의 뜻으로 'Will ~?'보다 공손한 표현

- Would you please shut the door?

  문을 좀 닫아 주시겠습니까?

- Would you mind if I open the window?

  창문을 열어도 좋을까요?

(3) 소망 (= wish to)

- Do to others as you would be dealt with.

  당신이 대접받고 싶은 대로 남들에게 하라.

06 shall, should, ought to

1 shall

(1) 의문문에서 1인칭과 함께 쓰여 상대방의 의지를 묻는 데 사용

- Shall I close the door?

  문을 닫을까요?

- Shall we dance?

  우리 춤출까요?

- Shall we go out for dinner tonight?

  우리 오늘 저녁에 외식할까?

(2) 규칙 · 법령

- All visitors shall observe the following rules.

  모든 방문자들은 다음 규칙을 준수해야 한다.

- All taxes shall be due and payable on November 1 of each year.

  모든 세금은 매년 기한인 11월 1일까지 납부해야 한다.

2 should

(1) shall의 과거형: 시제 일치를 적용

- I told him that I should be at home that evening.

  나는 그에게 내가 저녁에 집에 있을 것이라고 말했다.

(2) 의무 · 당연: '~해야 한다'는 뜻으로 충고 · 권고를 나타낼 때

- You should not go there.

  너는 거기에 가지 말야야 한다.

- You should obey traffic regulations while driving.

  당신은 운전하면서 교통 법규를 지켜야만 한다.

(3) 추측

- She should be at home with her family.

  그녀는 가족들과 함께 집에 있을 것이다.

- If you leave now, you should arrive there by 5 o'clock.

  네가 지금 출발하면 5시면 거기에 도착할 것이다.

(4) 관용 표현

lest ~ (should) 동사 원형 ⋯: ~이 ⋯하지 않도록
= for fear (that) + 주어 + (should) 동사 원형

- He ran fast <u>lest</u> he (should) be caught in a shower.

  = He ran fast <u>for fear that</u> he (should) be caught in a shower.

  그는 소낙비를 흠뻑 맞지 않기 위하여 빨리 달렸다.

(5) 감정적 판단의 형용사

'It be + 감정적 판단의 형용사 + that + S + should V ~'의 형식으로 쓴다.

strange	alarming	odd	depressing
grateful	wonderful	upset	curious
silly	surprising	hopeful	

- It is <u>strange</u> that he should say so.

  그가 그런 말을 하다니 이상하다.

- It is <u>surprising</u> that he should get the prize.

  그가 상을 받다니 참 놀랍다.

(6) 이성적 판단의 형용사

'It be + 이성적 판단의 형용사 + that + S + (should) V ~'의 형식으로 쓴다.

important	compulsory	necessary	crucial
proper	no wonder	natural	vital
right	well	fit	essential
imperative	obligatory		

- It is <u>natural</u> that he (should) not understand it.

  그가 그것을 이해하지 못한 것도 당연하다.

- It is <u>right</u> that you (should) decline his proposal.

  네가 그의 제안을 거절하는 것은 바람직하다.

- It is <u>necessary</u> that she (should) work out the solution.

  그녀가 그 문제를 해결하는 것이 필요하다.

(7) 주장 · 요구 · 제안 · 권고 · 명령

주어 + '주장 · 요구 · 제안 · 권고 · 명령'의 의미의 V + that + S + (should) V ~의 형식으로 쓴다.

주장(insist, persist)	요구(demand, require)	제안(suggest, propose)
권고(advise, recommend)	명령(order, command)	

- The doctor <u>suggested</u> that the patient (should) stop smoking.

  의사는 그 환자가 담배를 끊을 것을 권고했다.

- He <u>insisted</u> that the budget (should) be discussed at the next meeting.

  그는 그 예산을 다음 회의에서 토론할 것을 고집했다.

- The committee <u>recommends</u> that the plan (should) be put into practice.

  그 위원회는 그 계획을 실천할 것을 권유한다.

3 ought to

(1) 의무

'～해야 한다'는 뜻으로 쓴다. 부정은 'ought not to'로 쓴다.

- It ought to be allowed.

  그것은 허용되는 것이 마땅하다.

- You ought to be kind to others.

  너는 다른 사람들에게 친절해야 한다.

- I ought not to care about time and not to hurry.

  나는 시간을 신경 써서도, 서둘러서도 안 된다.

(2) ought to have p.p. (= should have p.p.)

과거에 이루지 못한 일에 대한 후회 · 비난 · 유감을 표시한다.

- He ought to have finished it by this time.

  지금쯤 그 일을 끝냈어야 하는데(끝내지 못했다).

- He thought, "They ought to have treated me better."

  = He thought that they ought to have treated him better.

  그들이 그를 좀 더 우대했어야 했다고 그는 생각했다.

07 기타 조동사

1 used to

'used to + 동사 원형'은 과거의 규칙적인 습관 · 행태를 나타낸다. 부정형은 'used not to V', 'didn't use to V'로 표현한다.

- Mother used to tell us not to envy others.

  어머니는 늘 우리에게 남을 질투하지 말라고 말씀하셨다.

- He works harder than he used to.

  그는 과거 어느 때보다 더 열심히 공부한다.

2 had better

had better + 동사 원형: '～하는 것이 낫다'라는 뜻으로 부정형은 'had better not V'의 형식으로 쓴다.

- You had better mind your own business.

  네 일이나 걱정하는 게 좋겠다. (즉, 남의 일에 참견하지 마라.)

- You had better not lock the door.

  문을 잠그지 않는 편이 좋겠다.

3 need, dare

need(~할 필요가 있다), dare(감히 ~하다)는 부정문, 의문문에서는 조동사와 본동사 역할을 하고, 긍정문에서는 to부정사를 이끄는 본동사 역할을 한다.

- He <u>need not</u> give up the plan. (조동사)
  He <u>does not need to</u> give up the plan. (본동사)
  그는 그 계획을 단념할 필요가 없다.
- Why <u>need</u> your wife work? (조동사)
  Why does your wife <u>need to</u> work? (본동사)
  왜 자네 부인이 일할 필요가 있는가?
- He <u>needs to do</u> it in haste. (본동사)
  그는 그것을 서둘러 해야 할 필요가 있다.

08 조동사 + have + p.p.

1 cannot have p.p.: ~이었을 리가 없다

- She <u>cannot have said</u> such a thing.
  그녀가 그렇게 말했을 리가 없다.
- The Pope certainly <u>cannot have said</u> anything heretical in the area.
  교황이 그곳에서 그렇게 이단적인 것을 말했을 리가 없다.

2 must have p.p.: ~이었음이 틀림없다 (강한 추측)

- Jung-hyun <u>must have been</u> in unbearable pain.
  정현은 말할 수 없는 통증이 있었음이 틀림없다.
- He <u>must have forgotten</u> his phone at home again.
  그는 집에 전화기를 또 놓고 왔음이 틀림없다.

3 may have p.p.: ~이었을지 모른다, ~이었을 수도 있다 (약한 추측)

- The competition <u>may have finished</u>, but you can keep on benefiting.
  경쟁은 끝났을 수 있지만, 너는 계속 혜택을 볼 수 있다.
- The audience <u>may not have felt</u> it was right.
  대중은 그것이 옳다고 느끼지 않았을 수도 있다.

4 should have p.p.: ~했어야 했다 (후회, 비난)

- Jane should have arrived by now; she must have missed the bus.
  Jane은 지금쯤은 도착했어야 한다. 그녀가 버스를 놓쳤음이 틀림없다.
- Apple Inc. should have bought mobile-mapping application developer Waze Ltd.
  애플은 모바일 지도 앱 개발회사인 Waze를 인수했어야 했다.

5 ought to have p.p.: ~했어야 했는데 (후회, 연민)

- They ought to have kept silence, but they didn't.
  그들은 침묵을 유지했어야 했는데, 그렇게 하지 못했다.
- He ought to have finished the job by 5 p.m.
  그는 그 일을 5시까지 끝냈어야 하는데 그렇게 하지 못했다.

6 would have p.p.: ~했을 텐데, ~할 생각이었는데, ~하고 싶었는데

- If I had been you, I would have told the chairman to keep his mouth shut.
  내가 너였더라면 나는 회장에게 조용히 하라고 얘기했었을 것이다.
- Without this software, the mission would have failed.
  그 소프트웨어가 없었더라면 그 임무는 실패했을 것이다.

7 could have p.p.: ~할 수도 있었다

- He could have sent me a text message or might have phoned the restaurant.
  그는 나에게 문자 메시지를 보내거나 식당에 전화를 할 수도 있었다.
- Having enjoyed everyone at the party, I could have felt satisfied.
  파티에서 모두 즐겁게 즐겼기에 나는 만족할 수도 있었다.

01~08 Choose the one that could best complete each of the following sentences.

01 That was very kind of you, but you _____ have done it.

① need not

② may

③ cannot

④ had better

02 A: Would you join us for dinner?

B: If you don't mind, _____. I've got a bit of headache.

① I'd rather not

② I'd love to

③ I'd rather go

④ I'd like to very much

03 From the standpoint of the long-term strategic interest of the West it is imperative that _____.

① their territorial unity being safeguarded

② their unity is a territorial safeguard

③ they're a territorial safeguard

④ their territorial unity be safeguarded

04 You might _____ give up your fortune as spend it in gambling.

① as good

② as well as

③ well

④ as well

05   We didn't study French last night, but we _____.

① had studied

② could

③ could have

④ should

06   A: Where do you think they are?

B: I think they _____ out.

① can have gone

② must have gone

③ need have gone

④ should have gone

07   It is necessary _____ that he is better off than his neighbors.

① for him to believe

② his believing

③ to him believe

④ what he believes

08   Former Defense Secretary Robert McNamara has broken a 27 year silence about the U.S. slide into the Vietnam War and his central role in it, saying _____ as early as 1963.

① Vietnam had to be pulled out of their conflict

② America should have pulled out of Vietnam

③ America had to pull out of the Vietnam War

④ U.N. should involve into the Vietnam War

Choose the one that makes the sentence grammatically INCORRECT.

09 Carbon-14 analysis ① is not able to be used ② to date such inorganic materials as pottery shards ③ or rock and metal artifacts, ④ often the only traces of early man.

10 If ① it rains, we ② had to ③ cancel ④ the picnic scheduled for today.

11 The soldier said ① firmly that he would ② rather kill himself ③ than ④ surrendering to the enemy.

12 Psychologists and psychiatrists ① will tell us that it is of utmost importance that a ② disturbed child ③ receives professional attention ④ as soon as possible.

13 It is difficult ① to be objective about events in which one is ② personally ③ involved — you cannot help ④ have a subjective view.

14 Tone ① often wore a ② heavy coat because he was not used ③ to live in ④ such a cold climate.

15 Identity theft is ① soaring. How can you ② prevent yourself? The identity theft research center suggests that everyone ③ checks their credit ratings annually from the credit reporting bureaus. Don't write your Social Security or driver's license number on checks, don't ④ respond to suspicious e-mail requests.

16 As they ① had no choice but obey, they ② followed the customs officer into the gate, where he asked them to show him their permit ③ for departure and ④ closely examined them all.

17 Any device that ① is used to ② stopping a moving wheel or vehicle is called a brake. Brakes ③ are also used on many cases to keep a stopped vehicle from moving. These devices work ④ by transforming the energy of motion onto heat.

18 With no son ① to inherit, my parents eagerly wanted a boy. They ② must be disappointed very much when the baby ③ turned out to be a girl. They, ④ however, did not say a single word of disappointment.

19 **Choose the one that is grammatically NOT correct.**

① She may well complain about the noise of traffic.

② He must have been over forty when he got married.

③ You ought to not have refused his offer.

④ We could not but weep at the sad news.

20 **Choose the one that is grammatically correct.**

① It needs hardly be said that health is above wealth.

② You had not better call her up at this time of night.

③ It is quite natural that such a man should succeed.

④ He told me that I may go out.

06 | 부정사

부정사(不定詞)는 'to + 동사 원형'의 형태를 취하며, 동사가 동작의 의미를 지니지만 서술어로 쓰이지 않고 다른 품사의 기능을 하는 경우를 의미한다. 어떤 품사로 쓰일지 정해지지 않았다는 의미에서 부정사라고 한다.

01 부정사의 용법

1 명사적 용법

(1) 주어로서의 역할

- To know oneself is a difficult thing.
  = It is a difficult thing to know oneself.
  자기 자신을 아는 것은 어려운 일이다.

- To read a history novel is different to acknowledge history.
  역사소설을 읽는 것은 역사를 이해하는 것과는 다르다.

- It is wise not to put all your eggs in one basket.
  모든 계란을 한 바구니에 담지 않는 것이 현명하다.

(2) 목적어로서의 역할

- I didn't mean to hurt your feeling.
  당신의 기분을 상하게 할 생각은 없었다.

- We have decided not to go.
  우리는 가지 않기로 결정했다.

- Teachers found it difficult to pinpoint her difficulties.
  선생님들은 그녀의 어려움을 콕 집어내기가 어려웠다.

(3) 보어로서의 역할

- My ambition is to be a great scholar.
  나의 야심은 위대한 학자가 되는 것이다.

- To have something precious to you is to be strong.
  네게 무언가 소중한 것이 있다는 것은 강해지는 것이다.

- The aim of that group is to conceal the truth.
  그 집단의 목표는 진실을 은폐하는 것이다.

(4) 부정사를 목적어로 취하는 동사 (미래지향적, 희망, 소망 동사)

wish	hope	expect	choose	intend	promise
refuse	offer	decide	fail	plan	pretend
resolve	seek	endeavor	agree	consent	manage

- I hope to see you again. (○)
  * I hope seeing you again. (×)
  나는 너를 다시 보게 되기를 희망한다.
- We can't afford to buy a sports car.
  우리는 스포츠카를 살 여유가 없다.
- I don't consent to have her come home.
  나는 그녀가 집에 오는 데 동의하지 않는다.

(5) 주의해야 할 명사적 용법

① 의문사 + to부정사: 의문의 뜻을 명확하게 하기 위해 의문사와 부정사를 같이 쓴다. 이때, know, learn, understand, see, explain, show, discover, wonder 등의 동사가 '의문사 + to부정사'를 목적어로 취한다.

- I don't know what to do. (= what I should do)
  내가 무엇을 해야 할지 모르겠다.
- I don't know how to do it. (= how I should do it)
  나는 그것을 어떻게 해야 할지 모르겠다.
  * I don't know to do it. (×)

② 5형식에서 목적격 보어로 to부정사를 쓰는 경우

advise	ask	require	force	encourage
compel	allow	permit	urge	expect

- This legacy enabled him to pursue his study.
  이 유산이 그가 공부를 계속하도록 할 수 있게 했다.
- We expect you to finish the work.
  우리는 당신이 일을 끝내기를 기대한다.

2 형용사적 용법

(1) 한정 용법 (명사 + to부정사)

① 명사를 수식하여 '~할, ~하기 위한' 등의 뜻으로 사용한다.

- There is one more river to cross.
  건너야 하는 강이 하나 더 있다.

- There was <u>nothing</u> to lose.

    잃을 것이 없었다.

- He has the <u>ability</u> to concentrate on one thing.

    그는 한 가지 일에 집중할 수 있는 능력이 있다.

② 부정사에 쓰인 동사가 자동사인 경우에는 반드시 전치사가 뒤따라야 한다.

- There is no <u>chair</u> to sit on.

    앉을 의자가 없다.

- He has sufficient <u>income</u> to live on.

    그는 살아갈 충분한 수입이 있다.

- He has no <u>pen</u> to write with.

    그는 쓸 펜이 없다.

(2) 서술용법

be to부정사는 명사를 수식하는 한정용법이 아니라 서술어의 기능을 하며, 대개의 경우 사람이 주어가 된다.

S + be to	예정: ~할 것이다 ⇨ will(shall) ~, be going to ~
	가능: ~할 수 있다 ⇨ can ~, be able to ~
	의무·당연: ~해야 하다 ⇨ ought to ~, should ~, must ~
	운명: ~할 운명이다 ⇨ be destined[doomed] to ~
	의도: ~하기를 원하다 ⇨ intent to ~, want to ~

① be to 용법

ⓐ 예정(= be due to, be scheduled to): 일반적으로 미래 표시 부사(구)를 수반한다.

- He <u>is to make</u> a speech tomorrow.

    그는 내일 연설할 예정이다.

ⓑ 의무(= must, should)

- You <u>are</u> always <u>to knock</u> before you come in.

    너는 안으로 들어오기 전에 언제나 노크를 해야 한다.

ⓒ 가능(= can): 주로 수동태, 부정문, 의문문에서 사용된다.

- No star <u>is to be seen</u> in the daytime.

    낮에는 어떤 별도 볼 수 없다.

ⓓ 의도(= intend to)

- If you <u>are to succeed</u>, you must work hard.

    성공하려면 열심히 일해야 한다.

ⓔ 운명(= be destined to, be doomed to)

- He <u>was never to see</u> his native country again.

    그는 다시는 고국을 볼 수 없었다.

② 형용사적 용법의 to부정사

S +	appear: ~인 듯하다	seem: ~인 것 같다
	be likely: ~할 것 같다	come: ~하게 되다
	learn: ~하게 되다	grow: 서서히 ~하게 되다
	chance: 우연히 ~하다	begin: ~하게 되다
	prove: ~임이 판명되다	turn out: ~임이 판명되다
	get: ~하게 되다	happen: 우연히 ~하다

- He appears to be a wise man.
  = It appears that he is a wise man.
  그는 현명한 사람인 것 같다.
- He seems to have much money.
  = It seems that he has much money.
  그는 돈을 많이 가지고 있는 것 같다.
- He is likely to succeed.
  = It is likely that he will succeed.
  그는 성공할 것 같다.

3 부사적 용법

동사, 형용사, 다른 부사를 수식하며 목적, 원인, 판단의 근거, 결과, 정도를 나타낸다.

(1) 목적: ~하기 위해서

- To pass the exam, he would sit up late.
  시험에 합격하기 위하여, 그는 밤을 지새우곤 했다.
- You'd better repeat them every day (in order) to remember them.
  그것들을 기억할 수 있도록 매일 되풀이하는 것이 좋을 것이다.
- I shall go on working late today (so as) to be free tomorrow.
  내일 쉴 수 있도록 나는 오늘 늦게까지 계속해서 일할 것이다.

(2) 원인: ~해서, ~하니

감정을 나타내는 형용사(glad, happy, sorry, surprised 등) 뒤에 쓰여 그 형용사를 수식한다.

- I am really happy to announce this news.
  이 소식을 알리게 되어 정말 행복합니다.
- Everybody was surprised to hear the news of his death.
  그의 죽음에 관한 소식을 듣고 모두가 다 놀랐다.

(3) 판단의 근거: ~하는 것을 보니

- He must be foolish to say like that.
  그렇게 말하는 걸 보니 그는 어리석음이 틀림없다.

(4) 결과: ～해서 …하다 (술부 동사를 먼저 해석한다)

- He got up <u>so</u> early <u>as to be</u> in time for the first train.

  그는 일찍 일어나서 첫 기차 시간에 닿았다.

- He <u>awoke to find</u> the house on fire.

  그가 깨어나 보니 집에 불이 붙고 있었다.

- She left home <u>only to find</u> life more difficult.

  그 여자는 가출을 하고 보니 살기가 더 힘이 드는 것을 알게 되었다.

- He <u>grew up to be</u> a doctor.

  그는 자라서 의사가 되었다.

- He left his home, <u>never to return</u>.

  그는 그의 집을 떠나서 다시는 돌아오지 않았다.

(5) 정도: ～할 만큼 (형용사 · 부사를 수식한다)

- This book is difficult <u>to read</u>.

  이 책은 읽기에 어렵다.

- Composition is really hard <u>to write</u> without mistakes.

  작문이란 오류 없이 쓰기에는 정말 어렵다.

(6) 조건 가정: ～한다면

조건을 나타낼 때: 주절에 may, will, must 등이 쓰인다.

가정을 나타낼 때: 주절에 would, should, could 등이 쓰인다.

- You would make a great mistake <u>to accept his proposition</u>.

  당신이 그의 건의를 받아들인다면 커다란 실수를 하는 것입니다.

- You would be bankrupt <u>to waste your money</u>.

  돈을 그렇게 낭비하면 파산할 것이다.

- <u>To hear him talk</u>, one would take him for a fool.

  그가 말하는 것을 듣는다면 누구나 그를 어리석은 자로 여길 것이다.

(7) 양보: 비록 ～이지만

- <u>To do his best</u>, he could not succeed in it.

  = Though he did his best, he could not succeed in it.

  그는 최선을 다했지만 그것을 성공할 수 없었다.

02 원형부정사

원형부정사란 'to + 동사 원형'의 부정사 형식에서 to가 생략되고 동사 원형만 쓰는 경우를 말한다. 원형부정사가 쓰이는 경우로는 조동사 뒤, 지각동사나 사역동사의 목적격 보어로 쓰이는 경우, 관용어구(had better, would rather, had rather, cannot but 등), All, The best, The only로 시작하는 주어에 대한 보어로 쓰이는 경우 등이 있다.

1 지각동사의 목적격 보어

'지각동사 + 목적어 + 원형부정사'의 형태를 취한다.

see	watch	hear	feel	notice	observe	smell

- He *saw* her <u>swim</u> in the river.
  그는 그녀가 강에서 수영하는 것을 보았다.
- We *heard* the little boy <u>sing</u> by the gate.
  우리는 그 작은 소년이 그 문 옆에서 노래하는 것을 들었다.

2 사역동사의 목적격 보어

'사역동사 + 목적어 + 원형부정사'의 형태를 취한다.

let	make	have

- *Let* me <u>introduce</u> myself.
  제 소개를 하겠습니다.
- My mother *made* me <u>go</u> home with them.
  = My mother wanted me to go home with them.
  내 어머니는 나를 그들과 함께 가게 했다.

3 all / the best / the only / what ~ do

all이 유도하는 명사절이 주어로 사용될 경우에 be동사의 보어로는 원형부정사가 올 수 있으며, 명사절 동사는 반드시 일반 동사 do가 쓰인다.

- *The best* way to know what to do is <u>know</u> yourself.
  무엇을 해야 할지 아는 가장 좋은 방법은 너 자신을 아는 것이다.
- *All* you have to *do* is <u>believe</u> in Jesus and you'll be saved.
  네가 해야 할 일은 예수를 믿고 구원받는 것이다.

4 관용적 표현

(1) had better V = would rather V: ~하는 편이 낫다

- You <u>had better</u> apologize to her for your bad conduct.

  너는 그녀에게 너의 잘못된 행동에 대해 사과하는 게 낫다.

(2) would rather V₁ than V₂ = would sooner V₁ than V₂: V₂ 하느니 차라리 V₁ 하고 싶다

- He <u>would rather</u> die <u>than</u> disgrace himself.

  = He <u>would sooner</u> die <u>than</u> disgrace himself.

  = He <u>prefer to</u> die <u>rather than</u> disgrace himself.

  그는 망신을 당하느니 차라리 죽는 편이 낫다고 생각한다.

(3) do nothing but V: 단지 ~하기만 하다

- He <u>does nothing but</u> play all day long.

  그는 하루 종일 놀기만 한다.

(4) cannot but V = cannot help[choose] but V: ~하지 않을 수 없다

- You <u>cannot help but</u> fall in love with Vienna on first sight.

  너는 오스트리아의 빈을 처음 본 순간 사랑에 빠지지 않을 수 없다.

---

03 부정사의 시제, 태(態)

1 단순부정사

'to+동사 원형'을 단순부정사라고 하며, 이는 주절의 본동사와 동일한 시제이거나 미래를 나타낸다. 본문의 동사가 현재라면 'to+동사 원형'을 현재로, 본문의 동사가 과거라면 'to+동사 원형'을 과거로 고친다.

- I expect you <u>to do</u> the right thing.

  = I expect that you will do the right thing.

  나는 네가 올바른 일을 할 거라 기대한다.

- She seems <u>to be</u> always in distress.

  = It seems that she is always in distress.

  그녀는 항상 곤경에 처한 것처럼 보인다.

- I happened <u>to be</u> out when she called last Sunday.

  = It happened that I was out when she called last Sunday.

  그녀가 지난 일요일에 전화했을 때 공교롭게도 나는 외출 중이었다.

2 완료부정사

완료부정사는 'to have+p.p.'의 형태로 쓰인다.

(1) 부정사의 동사가 본동사 시제보다 앞설 때

- He seemed to have been rich.

  = It seemed that he had been rich.

  그는 부자였던 것 같았다.

- He is said to have been sentenced to four years' imprisonment.

  = It is said that he was sentenced to four years' imprisonment.

  그는 징역 4년형을 받았다고 한다.

- He pretended not to have noticed me.

  그는 나를 알아보지 못한 척했다.

- She is assumed to have met the K-pop star, Bae Suzy.

  그녀는 K-pop 스타 배수지를 만났던 것으로 추정된다.

(2) 소망 · 희망 동사의 경우

wish, want, hope, expect, intend, promise 등의 소망 · 희망 동사의 과거형이 완료부정사와 결합하면 과거에 이루지 못한 일을 나타낸다.

> S + had + 희망 동사의 p.p. + 단순부정사
> S + 희망 동사의 과거형 + 완료부정사

- She intended to have seen the movie.

  = She had intended to see the movie.

  = She intended to see the movie, but she couldn't.

  그녀는 그 영화를 보려고 의도했으나 보지 못했다.

3 부정사의 태

to be + p.p. / to have been + p.p. 형태로 부정사의 동사가 수동의 뜻일 때 사용된다.

- I didn't expect to be invited.

  나는 초대받기를 기대하지 않았다.

- He is said to have been killed in the Korean war.

  그는 한국 전쟁 때 전사했다고 한다.

- The team seems to have been recruited straight from the government.

  그 팀이 정부로부터 직접 신규 채용되었던 것 같다.

04 의미상 주어

1 필요한 경우

(1) 의미상 주어를 'for+목적격'으로 나타내는 경우

일반적으로 부정사의 의미상 주어가 문장의 주어나 목적어와 일치하지 않는 경우 'for+목적격'으로 나타낸다.

- It is difficult for you to read through this book within a week.

  당신이 이 책을 일주일 내에 다 읽기는 어렵다.

- There are no rivers here for children to bathe in.

  여기에는 어린이들이 목욕할 수 있는 강들이 없다.

- The rule was for women and men to sit apart.

  규칙은 남녀가 따로 떨어져 앉는 것이었다.

- She longed for him to say something.

  그녀는 그가 무슨 말을 하기를 갈망했다.

(2) 의미상 주어를 'of+목적격'으로 나타내는 경우

부정사 앞에 사람의 성질을 나타내는 형용사가 쓰이면 'of+목적격'으로 의미상 주어를 나타낸다.

careful	kind	clever	wise	foolish	stupid
nice	polite	cruel	cowardly	intelligent	

- It is very cruel of him to do such a thing.

  그런 짓을 하다니 그는 아주 잔인하다.

- It is careless of you to make such a mistake.

  = You are careless to make such a mistake.

  네가 그런 실수를 범하다니 조심성이 없구나.

- It is kind of you to do so.

  = You are kind to do so.

  그렇게 하다니 당신은 정말 친절하네요.

2 생략하는 경우

(1) 부정사의 의미상 주어가 주절의 주어와 일치하는 경우

- *I* expect to be in time for the first train.

  = I expect that I shall be in time for the first train.

  나는 첫 기차 시간에 맞출 수 있기를 기대한다.

- *He* seems to be angry with her.

  = It seems that he is angry with her.

  그는 그녀에게 화가 난 것 같다.

- *They* hope to pass the examination.
  = They hope that they shall pass the examination.
  그들은 시험에 합격하기를 바란다.

(2) 문장의 목적어가 부정사의 의미상 주어의 경우

- I expect *him* to pass the test. (목적어 'him'이 목적어이며 부정사구의 의미상 주어)
  = I expect that he will pass the test.
  나는 그가 그 시험에 합격할 것이라 기대한다.
- I think *it* to be a mistake. (목적어 'it'이 가목적어이며 부정사구의 의미상 주어)
  = I think that it is a mistake.
  나는 그것이 실수라고 생각한다.

(3) 의미상 주어가 일반인을 나타낼 때

- It is wrong to scold children.
  = It is wrong that *we* should scold children.
  어린이들을 꾸짖는 것은 잘못이다.
- It is hard to master English in a few years.
  = It is hard (for people) to master English in a few years.
  영어를 2~3년 내에 터득하기란 힘든 일이다.
- It is good (for us) to get up early.
  일찍 일어나는 것은 좋다.

05 부정사의 중요사항

1 대(代)부정사

to부정사에서 같은 동사의 반복을 피하기 위하여 동사의 원형은 생략하고 to만 쓴다. 같은 동사가 반복해서 사용되는 것을 피하기 위해서이다.

- You may *go* if you want to.
  가고 싶으면 가도 좋다.
- He *opened* the door though I told him not to.
  나는 그에게 열지 말라고 말했으나 그는 문을 열었다.
- I meant to *call on you*, but had no time to.
  나는 너를 방문할 생각이었으나 방문할 시간이 없었다.

2 분리부정사

'to＋부사＋동사 원형'의 형태를 띠며, 부사가 원형동사를 수식한다는 것을 명백히 하기 위해서 사용하는 것이다.

- She told me to *carefully* drive.

  그녀는 내게 조심해서 운전하라고 말했다.
- She will never be able to *completely* forget her nightmare.

  그녀는 악몽을 완전히 잊지 못할 것이다.

  참고 부사의 위치에 주목하라.
- The manager told me to *politely* attend to the customer.

  매니저는 고객을 공손하게 보살피라고 나에게 말했다.
- The manager told me *politely* to attend to the customer.

  매니저는 고객을 보살피라고 나에게 공손하게 말했다.

3 독립부정사

독립적인 의미를 가지고 문장 전체를 수식하는 to부정사다.

to tell the truth 사실대로 말하면	to begin with 우선
strange to say 이상한 이야기지만	not to speak of ~은 말할 것도 없이
to make matters worse 설상가상으로	to be frank with you 솔직히 말하면
so to speak 말하자면	to sum up 요약하면
to be brief 간단히 말하면	needless to say 말할 필요도 없이

- He knows French, not to speak of English.

  그는 영어는 말할 것도 없고 불어도 안다.
- To be frank with you, she was my ex-girlfriend.

  솔직히 말하면, 그녀는 내 여자친구였다.
- Our life is, so to speak, a morning dew.

  우리의 인생이란, 말하자면 아침 이슬과 같은 것이다.
- Needless to say, smoking does great harm to the health.

  말할 필요도 없이, 흡연은 건강에 크게 해가 된다.

4 부정사의 부정형

부정부사 not to V 또는 never to V의 형태로 쓴다.
- I make it a rule never to eat between meals.

  나는 간식을 먹지 않는 것을 규칙으로 삼고 있다.
- You should write it down in order not to forget.

  너는 그것을 잊지 않도록 적어 놓아야 한다.

06 부정사의 관용 표현

1 too ~ to부정사 용법

(1) 너무 ~해서 …할 수 없다 (= so + 형용사 또는 부사 + that + S + cannot ...)

- She is <u>too</u> young <u>to read</u> a newspaper.

  = She is <u>so</u> young <u>that</u> she <u>cannot read</u> a newspaper.

  그녀는 너무 어려서 신문을 읽을 수 없다.

- A lot of people are <u>too</u> narrow minded <u>to understand</u> other cultures.

  많은 사람들은 너무 편협해서 다른 문화를 이해할 수 없다.

(2) not too ~ to V (= not so ~ that + S + cannot ...)

- 30 is <u>not too</u> old <u>to study</u> math and be successful.

  = 30 is <u>not so</u> old <u>that</u> he <u>cannot study</u> math and be successful.

  30살은 수학을 공부하고 성공하기에 늦은 나이가 아니다.

- March is <u>not too</u> early <u>to plant</u> a garden.

  3월은 정원을 가꾸기에 이른 때는 아니다.

(3) 부정사의 의미상 목적어가 문장 앞에 있으면 to부정사 자체의 목적어 탈락

- This book is <u>too</u> difficult for me to read. (read의 목적어가 This book)

  = This book is <u>so</u> difficult <u>that</u> I <u>can't read</u> it.

  이 책은 너무 어려워서 나는 읽을 수 없다.

2 enough to부정사 용법

(1) …할 만큼 ~하다 (= so + 형용사 또는 부사 + that + S + (can))

- He is old <u>enough</u> <u>to realize</u> what was happening.

  = He is <u>so</u> old <u>that</u> he <u>can</u> realize what was happening.

  그는 무슨 일이 생겼는지를 이해할 만큼 충분히 나이가 들었다.

- She was kind <u>enough</u> <u>to show</u> me the way to the station.

  = She was <u>so</u> kind <u>that</u> she <u>showed</u> me the way to the station.

  그녀는 친절하게도 정거장으로 가는 길을 나에게 가르쳐 주었다.

(2) 부정사의 의미상 목적어가 문장 앞에 있을 경우 to부정사 자체의 목적어 탈락

- This book is easy <u>enough</u> for me to read. (read의 목적어가 This book)

- = This book is <u>so</u> easy <u>that</u> I <u>can read</u> it.

  이 책은 내가 읽기에 너무나 쉽다.

3 기타 관용 표현

(1) never fail to V: 반드시 ～하다

- Usually, most consumers never fail to read customer reviews.
  일반적으로 대부분의 고객들은 리뷰를 읽는다.

(2) can('t) afford to V: ～할 여유가 있다(없다)

- Who can afford to buy a house in London, then?
  그렇다면, 누가 런던에 집을 살 여력이 있는가?
- If you can't afford to drink in bars you can buy some booze at CVS.
  네가 술집에서 술을 마실 여유가 없다면 편의점에서 술을 살 수 있다.

(5) manage to V: 그럭저럭 ～하다, 간신히 ～하다

- Congress managed to pass two bills before adjourning for the day.
  의회는 휴회하기 전 두 개의 법안을 가까스로 통과시켰다.
- In spite of these insults, he managed to keep his temper.
  이런 모욕에도 불구하고 그는 간신히 자제했었다.

01~08 Choose the one that could best complete each of the following sentences.

01   _____ you to master English conversation, it is important to _____ use of opportunities of talking with foreigners _____ English.

① For – make – in
② For – take – with
③ Of – make – in
④ Of – take – with

02   The purpose of this survey is _____ the residents know about the budget of their government.

① finding out how much of
② how much to find out
③ to find how to discover
④ to find out how much

03   It would be wise _____ you to see her mother first.

① if
② of
③ that
④ for

04   A: Are you going to be busy this afternoon?
B: No. All I have to do is _____ a letter.

① is to writing
② writing
③ write
④ will write

05   The scientist was happy to find that his student managed _____.

① revealing the secret

② that he did not reveal the secret

③ not to reveal the secret

④ why he revealed the secret

06   He hoped to see the show, but he couldn't.

= He hoped _____ the show.

= He _____ to see the show.

① to have seen – had hoped

② having seen – hoped

③ to see – has hoped

④ to see – had hoped

07   I was too bewildered by all the noble staff _____ refuse anything.

① by

② or

③ so

④ to

08   The most effective way to lose weight is to stay on a balanced diet. If you want to diet, you should consult a physician because it is difficult _____ a proper diet.

① for him to select

② to have you selected

③ for his selecting

④ to select for yourself

Choose the one that makes the sentence grammatically INCORRECT.

09   Graham Marshall's ① musical radio broadcasts led the local government ② open the first ③ licensed commercial broadcasting system in California ④ on November 2, 1937.

10   The gift package ① includes passes for balcony seats ② for to see the opera *La Boheme*, ③ which will be ④ showing this summer.

11   When ① I heard that my colleagues ② were coming to dinner, ③ I did my best ④ to have prepared the meal as quickly as possible.

12   The fellow ① recommending Hi-Tech Pen said he found ② it really handy, and that he always had something ③ to write ④ since he'd started carrying this pen.

13   I had hoped ① to have learned French before my trip to Paris, but I ② did not have any ③ extra money ④ for a course.

14   Historians ① find useful to distinguish ② between distant and immediate causes ③ for the outbreak ④ of the First World War.

15   For Vancouver-area residents under 35, ① the only place in British Columbia ② in which they want to live is the Lower Mainland, and most ③ would rather to move to another province than live ④ in another part of BC.

16 David ① <u>will never be able to</u> completely forget his traumatic start to life but he now has ② <u>friends</u>, who love and care for him and is able ③ <u>to participate fully</u> in education and ④ <u>be valued by</u> his friends and teachers.

17 Baby ducks learn ① <u>being survived</u> by imitating their mothers. Learning through imitation is basic to many species, including men. ② <u>As we grow older</u>, we have a peculiar profit. We can choose ③ <u>whom to imitate</u>. We can also choose new models ④ <u>to substitute the unnecessary ones</u>.

18 ① <u>Once trained</u>, a machine learning algorithm ② <u>is capable to sort</u> brand new inputs through the network ③ <u>with great speed</u> and accuracy in real time. This ④ <u>makes it</u> an essential technology for voice recognition, language processing, and scientific research projects.

19 **Choose the one that is grammatically NOT correct.**

① The house is much too small to live.

② He is to blame for the accident.

③ I believed him to have a talent for music.

④ He cannot be a gentleman to do such a thing.

20 **Choose the one that is grammatically correct.**

① She allowed herself to kiss by him.

② I got him take my child to the public amusement park.

③ You had better not to go such a place.

④ He is reported to have been killed in the war.

07 | 동명사

동명사는 '동사＋-ing' 형태를 취하며, 동사의 성질과 기능을 유지한 채로 문장 내에서 명사가 하는 역할을 수행한다.

01 명사적 용법

1 주어 역할

- Reading a book is like going on a great journey.
  책을 읽는다는 것은 위대한 여정을 떠나는 것과 마찬가지이다.
- Taking a walk is a good exercise.
  산책하는 것은 좋은 운동이다.
- Keeping a diary means a lot to me.
  일기를 쓰는 것은 나에게 많은 것을 의미한다.

2 보어 역할

- The chief cause of overweight is eating too much.
  체중 초과의 주원인은 과식이다.
- My hobby is collecting old coins.
  나의 취미는 옛날 동전을 수집하는 것이다.
- The heart of our mission is teaching students to love each other.
  우리 임무 중 핵심은 서로 사랑하도록 학생들을 가르치는 것이다.

3 목적어 역할

(1) 타동사의 목적어

- Does she *enjoy* living in Paris?
  그 여자는 파리에서 즐겁게 살고 있니?
- I *considered* buying a car.
  차를 한 대 살 것을 고려해 보았다.
- I *have avoided* meeting him so far.
  나는 여태까지 그를 만나는 것을 피해 왔다.

(2) 전치사의 목적어

- We are anxious *about* speaking to a large audience.

  우리는 많은 청중 앞에서 연설하는 것이 걱정된다.

- I am sorry *for* shouting at you yesterday.

  어제 너에게 소리쳐서 미안해.

- He objected *to* living in the suburbs.

  그는 교외에서 사는 것을 반대했다.

4 동명사와 현재분사의 구분

동명사: -ing + 명사 ⇨ ~하기 위한	현재분사: -ing + 명사 ⇨ ~하고 있는
sleeping car 침대차	sleeping baby 잠자고 있는 아기
the dining room 식당	the dining guests 식사 중인 손님들
swimming suit 수영복	swimming boy 수영하고 있는 소년
dancing room 무도장	dancing girl 춤추고 있는 소녀

- We got a sleeping car for the overnight portion of our trip. (동명사)

  우리는 우리 여행에서 하룻밤 묵는 부분을 위해 침대차를 구했다.

- The old adage says "don't disturb a sleeping baby." (현재분사)

  '잠자고 있는 아기를 방해하지 말라'는 옛 속담이 있다.

- We ate in the dining room every night with no problem. (동명사)

  우리는 식당에서 매일 저녁 아무 문제 없이 식사를 했다.

- The dining guests are undoubtedly marveling at their hospitality. (현재분사)

  식사 중인 손님들은 틀림없이 그들의 환대에 감탄하고 있다.

02 동사적 기능

1 동명사의 시제

(1) 단순동명사

'동사 원형+-ing' 형태로 주절의 시제와 일치하거나 미래를 표시

- She is proud of being rich.

  = She is proud that she is rich.

  그녀는 부자라는 것을 자랑스러워한다.

- I am sure of his coming.

  = I am sure that he will come.

  나는 그가 오리라는 것을 확신한다.

- There is no hope of his recovering soon.

  = There is no hope that he will recover soon.

  그가 곧 회복하리라는 희망이 없다.

(2) 완료동명사

'having+p.p.' 형태로 주절의 시제보다 한 시제 앞선 시제를 표시

- I am ashamed of his having been poor.

  = I am ashamed that he was[has been] poor.

  나는 그가 가난했었다는 것을 부끄럽게 여긴다.

- I insisted on his having killed the animal.

  = I insisted that he had killed the animal.

  나는 그가 그 동물을 죽였다고 주장했다.

- I am sure of your having said such a thing.

  = I am sure that you said[have said] such a thing.

  나는 당신이 그런 것을 말했다는 것을 확신합니다.

2 동명사의 태

(1) 능동형의 동명사

V-ing / Having p.p. – 동명사의 주체가 행하는 입장

- She enjoyed watching the game.

  그녀는 그 경기를 보는 것을 즐겼다.

- He regretted having said so.

  그는 그렇게 말한 것을 후회했다.

(2) 수동형의 동명사

being+p.p. / having been p.p. – 동명사의 주체가 당하는 입장

- She is ashamed of being criticized for the failure.

  그녀는 그 실패에 대해 비난받는 것을 부끄러워한다.

- She resents having been given false information.

  그녀는 허위 정보를 전해 받았음을 분개한다.

(3) 주의해야 할 동명사

need, want, deserve, require + 능동 동명사

need, want, deserve, require + 수동 부정사

- That boy <u>wants washing</u>. (= to be washed)

  저 아이를 씻어 주어야겠다.

- That house <u>needs painting</u>. (= to be painted)

  저 집은 칠을 해야겠다.

- Does your suit <u>require pressing</u>, sir? (= to be pressed)

  선생님의 양복은 다리미질을 해야겠지요?

03 의미상 주어

1 필요한 경우

(1) 원칙

동명사의 의미상 주어를 소유격으로 나타내는 경우

- I am sure of <u>his</u> succeeding.

  = I am sure that he will succeed.

  나는 그가 성공할 것을 확신한다.

- I object to <u>his</u> marrying her.

  나는 그가 그녀와 결혼하는 것을 반대한다.

- They insisted on <u>my</u> paying the money.

  그들은 내가 돈을 지불해야 한다고 주장했다.

- He is proud of <u>his father('s)</u> being a millionaire.

  그는 그의 아버지가 백만장자인 것을 자랑스러워한다.

(2) 부정대명사, 무생물, 추상명사는 목적격

- I forgot <u>someone</u> calling me this morning.

  나는 오늘 아침에 누군가가 내게 전화했다는 것을 잊었다.

- We must allow for <u>the train</u> being late.

  우리는 기차가 늦을 수 있다는 것을 감안해야 한다.

2 필요 없는 경우

(1) 주절의 주어와 일치할 경우

- *She* is proud of <u>being diligent</u>.

  그녀는 부지런함을 자랑스럽게 여긴다.

- *He* succeeded in <u>solving the problem</u>.

  그는 그 문제를 해결하는 데 성공했다.

(2) 의미상 주어가 '일반인(총칭 인칭)'에 해당될 경우

- Behaving like that is foolish.

  = It's foolish behaving like that.

  그렇게 처신하는 것은 어리석다.

- Wandering about aimlessly will be of no use.

  = That you wander about aimlessly will be of no use.

  목적 없이 배회하고 돌아다니는 것은 아무런 소용이 없다.

- Deceiving others is deceiving oneself.

  남을 속이는 것은 곧 자기를 속이는 것이다.

3 동명사의 부정

동명사에는 동사의 성격이 남아 있으므로 부정형으로 나타낼 수 있다. 이때 부정어 not, never를 동명사 바로 앞에 위치시킨다.

- Most women worry about *not* looking young.

  대부분의 여자들은 젊어 보이지 않는 것에 대해 걱정한다.

- Excuse me for *not* answering your letter sooner.

  네 편지에 바로 답장하지 못해 미안하다.

04 동명사와 부정사의 의미상 차이

1 동명사만을 목적어로 취하는 경우

동명사만을 목적어로 취하는 동사 (과거 지향적, 후회 · 유감 동사가 주류)

mind 꺼리다	avoid 피하다	escape 도망하다
suggest 제의하다	admit 허락하다	mention 언급하다
consider 고려하다	miss 놓치다	finish 끝나다
imagine 상상하다	anticipate 기대하다	favor 찬성하다
enjoy 즐기다	deny 부인하다	forgive 용서하다
postpone 연기하다	stand 참다	prohibit 금지하다
resist 저항하다	appreciate 고맙게 여기다	

- We suggest going to the movies. (○)

  * We suggest to go to the movies. (×)

  우리는 영화 보러 갈 것을 제안한다.

- I tried to avoid seeing him. (○)
  * I tried to avoid to see him. (×)
  나는 그를 만나는 것을 피하려고 했다.
- I'm considering writing to my lover. (○)
  * I'm considering to write to my lover. (×)
  나는 애인에게 편지를 쓸지에 대해 생각하고 있다.

2 부정사만을 목적어로 취하는 경우

부정사만을 목적어로 취하는 동사 (미래 지향적, 희망 · 소망 동사가 주류)

wish 바라다	hope 희망하다	care 좋아하다
pretend ~인 체하다	mean 의도하다	hesitate 주저하다
agree 동의하다	promise 약속하다	seek 노력하다
claim 청구하다	expect 기대하다	decide 결정하다
fail ~하지 못하다	long 열망하다	demand 요구하다
attempt 시도하다	plan 계획하다	afford ~할 여유가 있다
refuse 거절하다	manage 어떻게든 해서 ~하다	

- We hope to see you again. (○)
  * We hope seeing you again. (×)
  우리는 너를 다시 보기를 희망한다.
- Would you care to read this book? (○)
  * Would you care reading this book? (×)
  이 책 읽고 싶니?
- He promised to be there at nine. (○)
  * He promised being there at nine. (×)
  그는 9시에 그곳에 있겠다고 약속했다.

3 동명사, 부정사 모두 취하며 의미상의 차이 없는 경우

start	begin	continue	cease
hate	commence	neglect	

- He neglected writing a letter.
  = He neglected to write a letter.
  그는 편지 쓰는 것을 소홀히 여겼다.

- The traffic <u>continued moving</u> slowly.
= The traffic <u>continued to move</u> slowly.

차량이 천천히 계속 움직였다.

4 동명사, 부정사 모두 취하며 의미상의 차이 있는 경우

(1) 부정사는 미래의 의미, 동명사는 과거의 의미: forget, remember

- I <u>remember posting</u> his letter.

나는 그의 편지를 부친 기억이 있다.

- I <u>remember to post</u> his letter.

나는 그의 편지를 부칠 것을 기억하고 있다.

- I will never <u>forget seeing</u> her at the party.

나는 파티에서 그녀를 만났던 것을 결코 잊지 않을 것이다.

- Don't <u>forget to see</u> her tomorrow in the morning.

내일 아침 그녀를 만나기로 한 것 잊지 마라.

(2) 특수한 경우

구분	to부정사	동명사
stop	~하기 위해 멈추다	~하는 것을 그만두다
try	~하려고 애쓰다[노력하다]	시험 삼아 ~해 보다
regret	~이 유감이다	~을 후회하다
mean	~을 의도하다	~을 의미하다

- She <u>stopped</u> *to smoke*.

그녀는 담배를 피우기 위해서 멈췄다.

- She <u>stopped</u> *smoking*.

그녀는 금연했다.

- He <u>tried</u> *to move* the piano.

그는 피아노를 옮기려고 애썼다.

- He <u>tried</u> *moving* the piano.

그는 시험 삼아 피아노를 옮겨 보려고 했다.

- I <u>regret</u> *to say* that John stole it.

John이 그것을 훔쳤다고 말하게 되어 유감입니다.

- I <u>regret</u> *telling* you that John stole it.

John이 그것을 훔쳤다고 말한 것을 후회한다.

- Missing the bus <u>means</u> *waiting* for an hour.

그 버스를 놓친다는 건 한 시간을 기다려야 함을 뜻한다.

- I didn't <u>mean</u> *to ignore* messages and comments.

당신의 메시지와 코멘트를 무시하려는 의도는 아니었다.

05 관용적 표현

1 동명사 관련 주요 표현

(1) go -ing: ~하러 가다

- We are going to go shopping for children.

  우리는 아이들을 위해 쇼핑 갈 예정이다.

(2) There is no + -ing: ~할 수 없다

- There is no knowing what may happen.

  = It is impossible to know what may happen.

  = We cannot know what may happen.

  무슨 일이 일어날지 알 수 없다.

(3) It is no use + -ing: ~해도 소용없다

- It is no use[good] crying over spilt milk.

  = It is of no use to cry over spilt milk.

  = It is useless to cry over spilt milk.

  = There is no use (in) crying over spilt milk.

  = What is the use (the point) of crying over spilt milk?

  우유를 쏟고 울어 봐야 아무 소용없다.

(4) feel like + -ing = feel inclined + to V: ~하고 싶은 생각이 나다

- I felt like having a cup of French Vanilla Cappuccino.

  = I felt inclined to have a cup of French Vanilla Cappuccino.

  = I would like to have a cup of French Vanilla Cappuccino.

  = I have a mind to have a cup of French Vanilla Cappuccino.

  = I am disposed to have a cup of French Vanilla Cappuccino.

  나는 프렌치 바닐라 카푸치노가 마시고 싶다.

(5) It goes without saying that ~: ~은 말할 나위도 없다

- It goes without saying that health is above wealth.

  = It is needless to say that health is above wealth.

  = It is a matter of course that health is above wealth.

  = It is not too much to say that health is above wealth.

  건강이 부보다 중요하다는 것은 두말할 필요가 없다.

(6) cannot help -ing: ~하지 않을 수 없다

- I cannot help admiring his courage.

  = I cannot but admire his courage.

  나는 그의 용기를 칭찬하지 않을 수 없다.

(7) on + -ing = as soon as ~ : ∿하자마자

= the moment[the minute / the instant] + S + V = directly, immediately

- On receiving the letter, he turned pale.

  = As soon as he received the letter he turned pale.

  = He had no sooner[scarcely/hardly] received the letter than[when/before] he turned pale.

  = No sooner[Scarcely/Hardly] had he received the letter, than[when/before] he turned pale.

  그가 편지를 받자마자 얼굴이 창백해졌다.

(8) in + -ing : ∿할 때, 하는 데 있어서

- In driving a car, don't be a show-off or a road-hog.

  차를 운전할 때 과시하거나 난폭운전하지 마라.

(9) be worth -ing : ∿할 가치가 있다

- The book is worth reading.

  = The book is worthy of being read.

  = It is worth reading the book.

  = It is worthwhile reading the book.

  = It is worthwhile to read the book.

  그 책은 읽을 가치가 있다.

(10) What do you say to + -ing? : ∿하는 게 어때?

- What do you say to playing baseball after lunch?

  = Let's play baseball after lunch, shall we?

  = How about(What about) playing baseball after lunch?

  = Why don't you play baseball after lunch?

  = What do you think about playing baseball after lunch?

  점심 후에 야구 하는 게 어때?

(11) be busy with + 명사 / be busy (in) + -ing : ∿하는 데 분주하다[바쁘다]

- I am busy with my task.

  나는 내 일로 바쁘다.

- She was busy (in) tidying up his desk.

  그녀는 그의 책상을 치우는 데 바빴다.

(12) be on the point[verge/brink/edge] of + -ing : ∿하려는 찰나이다, 막 ∿하려고 하다

- Her desire was on the point of being realized.

  = Her desire was on the verge of being realized.

  = Her desire was on the brink of being realized.

  = Her desire was on the edge of being realized.

  그녀의 꿈이 막 실현되려는 중이었다.

(13) come near + -ing = go near + -ing = nearly escape + -ing: 하마터면 ∼할 뻔하다

- He <u>came near being</u> drowned.
  = He barely escaped being drowned.
  = He narrowly escaped being drowned.
  = He nearly escaped being drowned.
  그는 하마터면 익사할 뻔했다.

(14) make a point of -ing: ∼하는 것을 규칙으로 삼다

- I <u>make a point of studying</u> new topics for 2 hours a day.
  = I make it a point to study new topics for 2 hours a day.
  = I make it a rule to study new topics for 2 hours a day.
  = I am <u>in the habit of studying</u> new topics for 2 hours a day.
  나는 하루에 새로운 주제를 2시간씩 공부하는 것을 규칙으로 삼고 있다.

(15) above -ing: ∼할 리가 없는

- He is <u>above telling</u> a lie.
  = He is the last man to tell a lie.
  그는 결코 거짓말을 할 리가 없다.

(16) be far from -ing: 결코 ∼이 아니다

- I <u>am far from being</u> satisfied.
  나는 결코 만족하지 않는다.

(17) besides -ing: ∼뿐만 아니라 (= in addition to -ing)

- <u>Besides teaching</u> English, he is studying at law school.
  = In addition to teaching English, he is studying at law school.
  그는 영어를 가르칠 뿐만 아니라 로스쿨에서 공부하고 있다.

(18) have a hard time[trouble/difficulty] (in) -ing: ∼하는 데 어려움을 겪다

- People <u>have a hard time understanding</u> how taxes work.
  = People have trouble in understanding how taxes work.
  = People have difficulty in understanding how taxes work.
  사람들은 세제가 어떤지를 이해하는 데 어려움을 겪는다.

(19) keep (on) -ing: 계속해서 ∼하다

- It <u>kept raining</u> for a week.
  일주일간 계속해서 비가 내렸다.

(20) spend[waste] + 돈/시간 + (in) -ing: 보내다, 쓰다
    spend[waste] + 돈/시간 + on + 명사: 보내다, 쓰다

- He <u>spent</u> his time (in) reading a novel.
  그는 소설을 읽는 데 시간을 보냈다.

- Mom never <u>spends any money on</u> herself.

어머니는 절대 자신을 위해 돈을 쓰지 않는다.

2 전치사 to + 명사/동명사

(1) object to = be opposed to: ~에 반대하다

- He <u>objects to</u> *getting* married.

= He is opposed to getting married.

그는 결혼에 반대한다.

(2) attend to = heed to = pay attention to: ~에 주의를 기울이다

- You must <u>attend to</u> *taking* care of your baby.

너는 아기를 돌보는 데 주의를 기울여야 한다.

(3) contribute to = go a long way to: ~에 공헌하다

- He <u>contributes to</u> *achieving* our goal.

그는 우리의 목표를 달성하는 데 공헌한다.

(4) look forward to: ~하는 것을 고대하다

- We <u>look forward to</u> *hearing* from you soon.

우리는 당신에게 곧 소식을 듣기를 갈망한다.

(5) take to: ~에 빠지다, 정이 들다

- The baby <u>has taken to</u> *her new nursemaid*.

그 아기는 새로운 유모와 정이 들었다.

(6) fall to: ~을 시작하다

- They <u>fell to</u> *discussing* the environmental problem.

그들은 환경 문제를 논의하기 시작했다.

(7) be equal to: ~에 필적하다, ~을 감당할 능력이 있다

- I'm not <u>equal to</u> *doing* the task.

나는 이 일을 하는 것을 감당할 수 없다.

(8) devote[dedicate/apply/commit] oneself to: ~에 몰두하다, ~에 전념하다

- He <u>devoted himself to</u> *painting* a portrait.

그는 초상화를 그리는 데 전념했다.

(9) see to: 꼭 ~하다, ~에 주의를 기울이다

- See to *buying* the ticket please.

= See to it that you buy the ticket please.

입장권을 사는 것에 주의를 기울여라.

(10) be[get] used to = be accustomed to: ~하는 데 익숙해져 있다

- I am not used to *making* a speech in public.

  나는 대중 앞에서 연설하는 데 익숙하지 않다.

(11) with a view to: ~하기 위하여

- I came to Paris with a view to *studying* painting.

  나는 회화를 공부하기 위하여 파리로 왔다.

(12) when it comes to: ~에 관해서라면

- When it comes to *teaching* moral behavior, it is what you do that counts the most.

  도덕적 행위를 가르치는 것에 관해서는 네가 행하는 것이 가장 중요하다.

(13) be due to: ~ 때문이다

- The accident was due to his carelessness.

  이 사고는 그의 부주의 때문이었다.

  참고 be due to V: ~할 예정이다

- He is due to stay at home tomorrow.

  그는 내일 집에 있을 예정이다.

01~08 Choose the one that could best complete each of the following sentences.

01

A: I'm sorry about _____ you sooner, but I've been extremely busy.

B: That's OK.

① not to call

② not to have called

③ having not called

④ not having called

02

We are busy from childhood _____ mother earth.

① till

② tilling

③ tilled

④ having tilled

03

_____ readily has never been questioned by anyone.

① She laughs

② Because she laughs

③ Her laughing

④ Her to laugh

04

There was no chance of _____.

① his sending overseas for many months

② him to send overseas for many months

③ his being sent overseas for many months

④ for him to be sent overseas for many months

05   A: This carpet is quite dirty. It needs _____.

B: Actually, I think we need a new one.

① to clean

② cleaning

③ be cleaned

④ being cleaned

06   From the time of _____ the room he did not hear any sound whatever.

① that he entered

② entering of his

③ his entering

④ him entering

07   His novels are so difficult to understand that even the critics find difficulty

_____.

① to explain them

② and to explain them

③ to explaining them

④ explaining them

08   You must remember _____ yourself that defeats are predictable, at least once in

a while.

① reminded

② to remind

③ reminding

④ to be reminded of

09~18 Choose the one that makes the sentence grammatically INCORRECT.

09 The new computers ① arrived just ② in time for staff ③ to use them ④ in performance their duties.

10 A triangle is a musical instrument which ① can be made by ② to bend a steel rod into the shape of a triangle. Each of the angles of the triangle ③ used in the school orchestra ④ measures 60˚.

11 He ① says that he will not ② tolerate North Korean nukes and that he is opposed to ③ use sanctions or military force ④ to make Kim behave.

12 Some of the candidates ① share coffee and jokes after ② electing even though a few days ③ ago they may have been throwing insults ④ at each other.

13 I ① certainly appreciated ② him ③ telling us about the delay in ④ delivering the materials because we had planned to begin work tomorrow.

14 The students ① were ② interested ③ in take a field trip to Astronomy Tower of the Sorbonne, but they ④ were not able to raise enough money.

15 Unless an athlete is ① physically fit, there is no sense in ② him sacrificing ③ himself for victory ④ in any game and, therefore, facing a lifetime injury.

16   ① Having not paid the fine for the overstay in Greece may ② come to light when you return to Germany from the UK, ③ as your details may ④ be flagged at the German border.

17   At the zoo, Simba the lion was very sick. The animal doctor came and tried giving him some red meat ① full of medicine. Poor Simba did not even raise his head. Finally, Simba ② stopped to breathe. The doctor said, ③ with tears in his eyes, "I ④ regret to tell you that Simba is dead."

18   The Internet ① has become very common in these days. People ② have started to use the computer as they work and send an e-mail to a friend. If we need goods to use, we ③ are capable to order through the Internet. What is more, there is so much information available on the Internet. ④ Once we start surfing it, we are unaware of the passage of time.

19   **Choose the one that is grammatically NOT correct.**

① I never see her without being reminded of my mother.
② I just hate the thought of doing just one thing through the day.
③ It's needless to say that diligence wins in the end.
④ They were on the verge to leave the summer resort.

20   **Choose the one that is grammatically correct.**

① He refused attending the meeting.
② The boy narrowly escaped to be run over by a car.
③ I would appreciate your keeping it a secret.
④ I have delayed to write to Mr. Kim till now.

01 분사의 종류

분사는 크게 현재분사와 과거분사로 분류하는데, 현재분사는 능동과 진행의 뜻을, 과거분사는 수동과 완료의 의미를 나타낸다.

1 현재분사

현재분사는 동사 원형에 'ing'를 덧붙인다. 능동의 의미와 진행의 의미를 지닌다. '~하고 있는, ~하는'의 뜻으로 해석한다.

- a sleeping child (= a child who is sleeping)

  잠자고 있는 아이

- a crying baby (= a baby who is crying)

  울고 있는 아기

- A crying baby is frustrating for parents, when they do not know the cause.

  우는 아기는 왜 우는지 이유를 모르는 부모들에게 좌절이다.

2 과거분사

과거분사는 동사 원형의 p.p. 형태이다. 수동의 의미와 완료의 의미를 지닌다. '~된, ~되어 있는'의 뜻으로 해석한다.

- a wounded soldier (= a soldier who was wounded)

  부상당한 군인

- fallen leaves (= leaves which have fallen)

  낙엽

- A doctor and a nurse are treating a wounded soldier.

  의사와 간호사가 부상당한 군인을 치료 중이다.

3 감정동사의 분사

현재분사(능동, 진행)	과거분사(수동, 완료)
amusing 즐겁게 해 주는	amused 재미있어하는
boring 지루한, 지겨움을 주는	bored 지겨워하는, 지루함을 느끼는
confusing 혼란스럽게 만드는	confused 혼란스러운
depressing 우울하게 만드는	depressed 우울함을 느끼는
disappointing 실망시키는	disappointed 실망한
embarrassing 창피하게 하는	embarrassed 창피함을 느끼는
exciting 흥분시키는, 흥미진진한	excited 흥분한
exhausting 지치게 하는	exhausted 지친
frightening 두렵게 만드는	frightened 두려움을 느끼는
interesting 흥미를 주는, 흥미로운	interested 흥미를 느끼는
moving/touching 감동을 주는	moved/touched 감동받은
surprising 놀라게 하는, 놀라운	surprised 놀란

- The long, boring lecture is finally over.
  길고 지루했던 강의가 마침내 끝났다.
- The audience was bored by the lecture.
  청중들은 강연을 지루해했다.
- It was the most embarrassing moment of his career.
  그것은 그의 직장 경력에서 가장 당혹스러운 순간이었다.
- The poor embarrassed girl could barely speak.
  그 가련한 당혹스러움을 느낀 소녀는 거의 말을 할 수 없었다.
- There are interesting reports on their website.
  그들의 웹사이트에는 흥미로운 기사들이 있다.
- We were interested in what we read on their website.
  우리는 그들의 웹사이트에서 읽은 내용에 대해 흥미를 느꼈다.
- This movie was touching and revealed what true beauty is.
  이 영화는 감동적이었고 진정한 아름다움이 무엇인지를 보여 주었다.
- I was touched by the movie when I was a kid.
  내가 어렸을 때 나는 그 영화에 감동받았다.

02 분사의 용법

분사는 명사를 꾸며 주거나 주어나 목적어를 설명한다. 명사를 꾸며 주는 것을 한정적 용법, 주어나 목적어를 설명하는 보어로 사용하는 경우를 서술적 용법이라 한다.

1 한정적 용법

(1) 전치 수식

단독으로 명사 앞에서 수식

- a sleeping child (= a child who is sleeping)
  잠자고 있는 어린이
- a wounded soldier (= a soldier who was wounded)
  부상병
- A sleeping child was 3 times more likely to be awakened.
  자고 있는 아이가 3배는 더 깨기 쉬웠다.

(2) 후치 수식

명사 뒤에서 수식(분사가 목적어, 부사, 보어 등을 동반)

- The boy crying in the room is my brother.
  방에서 울고 있는 소년은 나의 남동생이다.
- I received a letter written in English.
  나는 영어로 쓰인 편지를 받았다.
- There were a lot of teenagers dancing to rock music.
  록 음악에 맞춰 춤추는 많은 십 대들이 있었다.
- Of those invited, all but Tom came to the party. (대명사 수식 – 후치)
  초대받은 사람들 중에서 Tom을 제외한 모든 사람들이 파티에 왔다.

2 서술적 용법

(1) 주격 보어 역할

- He stood leaning against the wall.
  그는 벽에 기대어 서 있었다.
- The teacher sat surrounded by his students.
  선생님이 학생들에 의해 둘러싸인 채 앉아 있다.
- She stood gazing at the pond.
  그녀는 연못을 응시하며 서 있었다.

(2) 목적격 보어 역할

- We found the boys playing baseball.

  우리는 소년들이 야구를 하고 있는 것을 발견했다.

- He kept her waiting in the lobby.

  그는 로비에서 그녀를 기다리게 했다.

- I heard a window broken in the living room.

  나는 응접실에서 창문 깨지는 소리를 들었다.

3 명사적 쓰임

the + -ing: ~하는 사람[것]들	the + p.p.: ~당한 사람들
the living = living men 살아 있는 사람들 the dying = dying men 죽어 가는 사람들 the missing 실종자들, 행방불명자들 the following 다음의 것들	the conquered 피정복자들 the handicapped 신체장애자들 the unemployed 실직자들 the educated 교육받은 자들 the wounded 부상자들

(1) 'the + 현재분사' ⇨ '진행'의 의미

- Attend to the living first, then the dying and the dead.

  살아 있는 사람에게 먼저 손을 쓰고, 죽어 가는 사람, 죽은 사람 순으로 하라.

(2) 'the + 과거분사' ⇨ '수동'의 의미

- The wounded should be set free right now.

  부상자들은 지금 당장 석방되어야만 한다.

- The deceased was a famous scientist.

  고인은 유명한 과학자였다.

03 분사구문

분사를 사용하여 부사절을 축약해서(복문을 단문으로 만들어) 부사절의 역할을 하는 구문이다. 분사구문은 주절의 주어와 부사절의 주어가 일치할 때 주어를 생략하고, 본동사를 분사로 전환시킨다.

1 분사구문의 의미

(1) 시간: when, before, after, as soon as, while

- Living in Seoul, I became acquainted with her.

  = While I lived in Seoul, I became acquainted with her.

  서울에 살고 있을 때 나는 그녀와 알게 되었다.

- Taking a stick in his hand, he ran after the dog.

  = As soon as he took a stick in his hand, he ran after the dog.

  막대기를 들자마자 그는 곧 개를 쫓아갔다.

- School being over, they went home.

  = When school was over, they went home.

  수업이 끝나고 그들은 집으로 돌아갔다.

(2) 원인, 이유: because, as, since

- Not knowing him, I was puzzled.

  = As I did not know him, I was puzzled.

  그를 몰랐기 때문에 나는 당황했다.

- Never having spoken in public, he got nervous.

  = As he had never spoken in public, he got nervous.

  그는 대중 앞에서 연설한 적이 없었기 때문에 침착하지 못했다.

- It being fine, old people are basking in the sun.

  = As it is fine, old people are basking in the sun.

  날씨가 좋기 때문에 노인들은 햇볕을 쬐고 있다.

(3) 양보: though, although, even if

- Living next door, I seldom see him.

  = Though I live next door, I seldom see him.

  이웃에 살고 있지만 나는 좀처럼 그를 볼 수 없다.

- Admitting what you say, I still have some doubts left.

  = Even if I admit what you say, I still have some doubts left.

  당신이 말하는 것을 용인한다 해도 내게는 아직도 좀 의문이 남아 있다.

- Sounding strange, yet it is quite true.

  = Although it may sound strange, yet it is quite true.

  이상하게 들릴지 모르지만 그것은 전적으로 사실이다.

(4) 조건: if, on condition that, in case, once

- Turning to the left, you will find the house you are looking for.

  = If you turn to the left, you will find the house you are looking for.

  왼쪽으로 돌아가면 네가 찾고 있는 집을 찾을 것이다.

- Studying hard, you will pass the entrance examination.

  = If you study hard, you will pass the entrance examination.

  열심히 공부하면 너는 입학시험에 합격할 것이다.

- Weather permitting, I shall start tomorrow.

  = If (the) weather permits, I shall start tomorrow.

  날씨가 좋으면 나는 내일 출발할 것이다.

(5) 동시상황: as, while, and

- He sat on a bench, looking out over the sea.

  = He sat on a bench, as he looked out over the sea.

  그는 바다 건너를 바라보면서 의자에 앉아 있었다.

- Crying out loudly, he jumped up and down.

  = As he cried out loudly, he jumped up and down.

  그는 큰 소리로 외치면서 위아래로 뛰었다.

- She asked me my hand, smiling brightly.

  = She asked me my hand while she smiled brightly.

  그녀는 밝은 미소를 지으면서 나에게 악수를 청했다.

2 분사구문의 시제

(1) 단순분사구문

'-ing' 형으로 주절의 시제와 일치하는 시제를 나타낸다.

- Being industrious, he is welcomed by his employer.

  = As he is industrious, he is welcomed by his employer.

  그는 근면하기 때문에 고용주에게 환영받는다.

- Seeing me approach, he came down at once.

  = When he saw me approach, he came down at once.

  내가 접근하는 것을 보았을 때 그는 당장 내려왔다.

- It being fine, we went on a picnic.

  = As it was fine, we went on a picnic.

  날씨가 좋았기 때문에 우리는 소풍을 갔다.

(2) 완료분사구문

'Having + p.p.' 형으로 주절의 시제보다 하나 앞선 시제를 나타낸다.

- **Having finished** the homework, he took a walk with her.

  = After he had finished the homework, he took a walk with her.

  그는 숙제를 끝낸 후에, 그녀와 함께 산책했다.

- **Having won** the game, he was given a medal by the college.

  = After he had won the game, he was given a medal by the college.

  그는 경기에서 이긴 후에, 대학으로부터 메달을 수여받았다.

- **(Having been) Written** in haste, the book has many mistakes.

  = As the book was written in haste, it has many mistakes.

  그 책은 급하게 쓰여서 오류가 많다.

3 태와 부정형

(1) 분사구문의 수동

부사절의 술어 동사가 수동태일 경우 이것이 분사구문이 되면 be동사는 연결동사이므로 시제만으로도 문장 구별이 가능해서 보통 being이나 having been은 생략되고 과거분사만 남는다.

- **(Being) Given** the test, he started to sweat.

  = When he was given the test, he started to sweat.

  시험지를 받을 때 그는 땀을 흘리기 시작했다.

- **(Having been) Born** and raised in a small town, she feels uncomfortable in the city.

  = As she was born and raised in a small town, she feels uncomfortable in the city.

  그녀는 작은 마을에서 나고 자랐기 때문에 도시에서는 불편해한다.

(2) 분사구문의 부정

- **Not** knowing the way, they soon got lost.

  = As they didn't know the way, they soon got lost.

  그들은 길을 몰라서 곧 길을 잃었다.

- **Not** having heard from her for a long time, I was surprised to see her.

  = As I hadn't heard from her for a long time, I was surprised to see her.

  나는 그녀에게서 오랫동안 소식을 못 들었기 때문에 그녀를 보고 놀랐다.

4 독립분사구문

분사구문의 의미상 주어와 주절의 주어가 일치하지 않는 경우, 분사 앞에 주어를 밝혀 준다.

- **It** being fine, they went hiking.

  날씨가 좋아서 그들은 하이킹을 갔다.

- His work done, Robert went out with Emily.
  일이 끝나자 Robert는 Emily와 함께 나갔다.
- Weather permitting, he'll take a walk with her.
  날씨가 좋으면 그는 그녀와 함께 산책할 것이다.
- The sun having set, we came down the hill.
  해가 지고 나서 우리는 언덕을 내려왔다.
- School (being) over, the pupils went home.
  방과 후 학생들은 집으로 갔다.
- Other things being equal, I will employ him.
  다른 것들이 동일하다면 나는 그를 고용하겠다.
- There being no bus service, we had to walk to school.
  버스 편이 없었기 때문에 우리는 학교에 걸어가야만 했다.

5 무인칭 독립분사구문

분사구문의 의미상 주어가 일반인(we, you, they 등)을 표시하기 때문에 생략되는 경우로, 주로 관용적인 표현으로 사용된다.

Frankly speaking 솔직히 말해서	Generally speaking 일반적으로 말하면
Strictly speaking 엄격히 말하면	Judging from ~로 판단하건대
Seeing that ~을 고려하면	Assuming that ~라 가정하면
Admitting that 비록 ~일지라도	Granting that 비록 ~일지라도
Allowing for ~ ~을 고려하건대	Roughly speaking 대충 말한다면
Taking all things into consideration 모든 점을 고려하면	
All things considered 모든 사실을 고려하면 (= Considering all things)	

- Generally speaking, Korea has a mild climate.
  일반적으로 말하면, 한국의 기후는 온화하다.
- Judging from his accent, he must be a foreigner.
  그의 억양으로 판단하건대, 그는 외국인임이 틀림없다.
- Seeing that it is 9 o'clock, we will wait no longer.
  9시 정각이므로 우리는 더 이상 기다릴 수 없을 것이다.
- Granting that you were drunk, you are responsible for your conduct.
  술에 취했다는 것을 인정한다 하더라도 당신은 당신의 행동에 책임을 져야 한다.

6 분사구문의 확장

(1) with 부대상황

with + O + 분사/형용사/부사/전치사 (~하면서, ~한 채로)

- He sat under the tree with his eyes closed.

  그는 눈을 감고서 나무 아래 앉아 있었다.

- With an eye bandaged, I could not see well.

  눈에 붕대를 한 채로 나는 잘 볼 수가 없었다.

- He was watching TV with his dog dozing by him.

  그는 TV를 시청하고 있었고 그 옆에서 개가 졸고 있었다.

- With night coming on, we started for home.

  밤이 되어서 우리는 집으로 향했다.

- Don't speak with your mouth full.

  입에다 가득 넣은 채 말하지 마세요.

(2) 접속사의 표시

분사구문의 뜻을 명시, 강조하기 위해 접속사를 생략하지 않을 수 있다.

- Before answering the phone, he grabbed a pen and a notepad.

  그는 전화를 받기 전에 펜과 메모장을 집었다.

- If consumed properly, Vitamin A is believed to promote the eyesight.

  비타민 A를 적당히 섭취하면, 시력을 향상시킨다고 믿어진다.

- Though left to herself, she feels tiresome by no means.

  그녀는 비록 홀로 남겨지지만 결코 지루함을 느끼지 못한다.

- If misused, nuclear energy may destroy civilization.

  만약에 핵에너지가 잘못 사용되면 문명을 파괴할 수도 있다.

01~08 **Choose the one that could best complete each of the following sentences.**

01 _____, seemingly irrational tendencies can lead even the brightest minds to make costly mistakes.

① Leaving unchecked
② Leaving unchecking
③ Left unchecked
④ Left unchecking

02 The sun _____, we stayed there for the night.

① being set
② having set
③ had set
④ having been set

03 _____ no taxi on the street, I had to go home on foot.

① There was
② As it was
③ Now that it was
④ There being

04 _____ a light lunch, the committee members resumed the discussion on food and population.

① To serve
② To have served
③ Serving
④ Served

05 Her homework _____, Robert went out with Emily.

① has been done

② was done

③ is done

④ done

06 A: They will show the painting next month.

B: Once _____, the painting will never be forgotten.

① seen

② seeing

③ having seen

④ having been seen

07 _____ all of the material, John passed the test easily.

① Having studied

② If he had studied

③ He studies

④ To study

08 A: Why are they taking all the equipment away?

B: The job _____, they are packing up to leave.

① did

② done

③ was done

④ to done

Choose the one that makes the sentence grammatically INCORRECT.

09 ① Heard this, Sherlock realised that she didn't know ② how much he loved her, and how ③ he'd always be there ④ to save her.

10 ① Standing in the driveway, the house ② appeared to be much smaller than ③ it had seemed ④ to us as children many years ago.

11 ① Looking back, the ② town seemed ③ to have been engulfed by the snow, ④ which fell faster and faster.

12 Through Pipeline, we're tackling the water crisis in a ① whole new way. It's a system of local leaders, innovative technology and ② training mechanics all working together ③ to keep water ④ flowing at charity: water projects around the world.

13 ① Having invented in China in the year 106, paper was manufactured in Baghdad and ② later in Spain four hundred ③ years before the first English paper mill ④ was founded.

14 Ugandan pop star and opposition figure Bobi Wine said ① on Monday he is ② concerning about his safety four days after ③ returning from the United States, ④ where he sought medical care for injuries sustained during alleged state torture.

15 ① Forgetting his time as ② a soldier and spy, he has reverted to his childhood dream of studying butterflies, ③ leading the neighbors to refer to him as a ④ would-be entomologist.

16   You can probably ask every single one of your friends what their most ① <u>embarrassed</u> moment is and they'll most likely think of it ② <u>in under</u> five seconds. While that awkward feeling is something no one ③ <u>ever wants</u> to experience, there are ways ④ <u>to help move</u> past the moment.

17   Worldwide, an ① <u>estimating</u> 211 million children aged under 15 work. Child labour is widespread throughout Africa, Asia, Latin America and the Caribbean, ② <u>though</u> there are also some 2.5 million ③ <u>working children</u> in developed economies. Asia has the largest number of working children, ④ <u>accounting for</u> 60 percent of the world's total.

18   One day, ① <u>while</u> deeply absorbed in trying to solve ② <u>some scientific problem</u>, he went to the courthouse to pay his taxes. He ③ <u>had to stand</u> in line for some time, and when his turn came, he actually forgot his own name. One of his neighbors, ④ <u>seen his embarrassment</u>, reminded him that his name was Thomas Edison.

19   **Choose the one that is grammatically NOT correct.**

① The kids spent the whole day running after butterflies.

② Turning to the right, you will find the post office you are looking for.

③ She had her license suspended for reckless driving.

④ Taking by surprise, she tried not to lose her presence of mind.

20   **Choose the one that is grammatically correct.**

① The teacher sat surrounding by his students.

② Of those inviting, all but Tom came to the party.

③ School over, the pupils went home.

④ While waited, I began to feel strangely nervous.

09 | 가정법

01 직설법과 명령법

1 직설법

사실 그대로를 표현하는 문장으로 평서문, 의문문, 명령문, 감탄문, 기원문이 있으며 동사는 인칭과 시제에 따라 변화한다.

- I can see myself on a large screen. (평서문)
  나는 큰 화면에서 나 자신을 볼 수 있다.
- What does your brother do? (의문문)
  네 동생의 직업은 무엇이니?
- Let me know as soon as you arrive. (명령문)
  도착하자마자 알려줘.
- What a tall building that is! (감탄문)
  정말 높은 빌딩이네.
- (May) God bless you! (기원문)
  신의 가호가 함께 하길!

2 명령법

명령, 요구, 금지, 간청 등을 나타내는 문장 형식이다.

(1) 직접 명령

2인칭(you)에 대한 명령으로 대개 주어는 생략되고, 동사 원형을 쓴다.
- (You) Open the door.
  문을 열어라.

(2) 간접 명령

1, 3인칭에 대한 명령으로 Let을 쓴다.
- Let him come at once.
  그에게 당장 오라고 해.
- Let me hear your song.
  너의 노래 좀 듣자.

(3) 부정 명령

① 2인칭: Don't 사용

- Open the door.

  문을 열어라.

  ⇨ Don't open the door.

  문을 열지 마라.

② 1인칭 복수, 3인칭: Let not, Don't let 사용

- Let me hear your song.

  네 노래 좀 듣자.

  ⇨ Don't let me hear your song.

  네 노래 좀 듣지 말자.

  = Let me not hear your song.

(4) 조건 명령

① 명령문 ~ + and ...: ~하라, 그러면 …할 것이다 (= If ~)

- Turn to the left, and you will see the convenience store.

  = If you turn to the left, you will see the convenience store.

  왼쪽으로 돌면, 편의점을 찾을 것이다.

② 명령문 ~ + or ...: ~하라, 그렇지 않으면 …할 것이다 (= If ~ not / Unless ~)

- Put your coat on, or you'll catch cold.

  = If you don't put your coat on, you'll catch cold.

  = Unless you put your coat on, you'll catch cold.

  코트를 입어라. 그렇지 않으면 감기에 걸릴 것이다.

02 가정법 현재

단순 조건절로 대체된다. 현재 또는 미래에 대한 단순 가정, 소망, 불확실한 추측을 나타낸다.

> If + S + 동사 원형[현재형], S + 조동사(will, shall, can, may) + 동사 원형

- If he be[is] a gentleman, he will keep the secret.

  그가 신사라면, 비밀을 지킬 것이다.

- If it rain[rains] tomorrow, I will not go there.

  내일 비가 온다면, 그곳에 가지 않을 것이다.

03 가정법 과거

현재에 있어서의 실현 불가능한 바람, 현재 사실과 반대되는 가정을 나타낸다.

> If + S + were / 동사 과거형, S + 조동사 과거형(would, should, could, might) + 동사 원형

- If I were rich, I could buy a car.
  만약 내가 지금 부자라면, 나는 차를 살 수 있을 텐데.
- If I knew it, I would tell you about it.
  만약 내가 그것을 알고 있다면, 너에게 말해 줄 수 있을 텐데.
- If I had enough money, I could buy a new house.
  만약 내가 돈이 충분히 있다면, 새집을 살 수 있을 텐데.

04 가정법 과거완료

과거 사실의 반대, 과거 사실에 대한 순수한 가정을 나타낸다.

> If + S + had p.p., S + 조동사 과거형(would, should, could, might) + have p.p.

- If he had not died young, he would have been a great scholar.
  만일 그가 젊은 나이에 죽지 않았다면, 그는 위대한 학자가 되었을 텐데.
- If I had had enough money, I could have helped him.
  만약 내가 돈이 충분히 있었더라면, 그를 도울 수 있었을 텐데.
- If he had not fallen ill, he might have passed the entrance examination.
  만약 병들지 않았더라면 그는 입학시험에 합격했을 텐데.
- If the weather hadn't been so bad, we would have gone out.
  만약 날씨가 그렇게 나쁘지 않았더라면, 우리는 밖에 나갈 수 있었을 텐데.

05 가정법 미래

미래에 대한 강한 의심, 의혹을 나타낸다.

1 현재, 미래의 희박한 일에 대한 가정

> If + S + should + 동사 원형, S + 조동사 현재형[과거형] + 동사 원형

- If it should be fine tomorrow, I will go on a picnic.

  (내일 날씨가 화창한 것 같지는 않지만) 만일 날씨가 좋다면 소풍을 갈 것이다.

- If it should rain tomorrow, the party would not be held.

  내일 비가 온다면 파티는 열리지 않을 것이다.

2 불가능한 일에 대한 가정

> If + S + were to + 동사 원형, S + 조동사 과거형(would, should, could, might) + 동사 원형

- If the sun were to collide with the moon, what would become of the earth?

  태양이 달과 충돌한다면 지구는 어떻게 될까?

- If the sun were to rise in the west, I would not change my mind to love you.

  해가 서쪽에서 뜨더라도 당신에 대한 나의 사랑의 마음은 변치 않을 것입니다.

3 주어의 의지 (wish to)

> If + S + would + 동사 원형, S + 조동사 현재[과거] + 동사 원형

- If you would succeed, you would have to work harder.

  만일 당신이 성공을 하고자 한다면 당신은 더 열심히 일을 해야 할 것이다.

06 혼합가정

과거 사실이 현재까지 영향을 미친다. '만약 과거에 ~했다면 (가정법 과거완료), 현재 …할 텐데 (가정법 과거)'의 형태를 취한다.

> If + S + had + p.p. ~, S + 조동사 과거형(would, should, could, might) + 동사 원형 …

- If you had not helped me, I would not be alive now.
  = As you helped me, I am alive now.
  네가 나를 돕지 않았더라면, 나는 지금 살아 있지 못할 텐데.
- If he had worked hard in his school days, he would succeed now.
  그가 학창 시절에 열심히 공부했었더라면, 지금 성공했을 텐데.

07 if 생략 도치구문

조건절(if + S + V ~)에서 if를 생략하면 동사가 문두로 나가 주어와 동사가 도치된다.
- If I were as rich as he, I would go abroad.
  = Were I as rich as he, I would go abroad.
  내가 그만큼 부자라면 외국에 나갈 텐데.
- If he had listened to me, he would not have failed.
  = Had he listened to me, he would not have failed.
  그가 내 말을 들었더라면 그는 실패하지 않았을 텐데.
- If it should rain tomorrow, the party would not be held.
  = Should it rain tomorrow, the party would not be held.
  내일 비가 온다면 파티는 열리지 않을 것이다.

08 가정법 대용표현

1 전치사

but for, without, except for는 '만약 ~이 없다면, 없었다면'의 뜻이다.
- But for[Without] the sun, nothing could live on the earth.
  = If it were not for the sun, nothing could live on the earth.
  만약 태양이 없다면 지구상에는 그 무엇도 살아남을 수 없다.

- But for water, nothing could have lived.

  = Except for water, nothing could have lived.

  = Without water, nothing could have lived.

  = If it had not been for water, nothing could have lived.

  = Had it not been for water, nothing could have lived.

  = If there had been no water, nothing could have lived.

  물이 없었다면, 그 무엇도 살아남을 수 없었을 것이다.

2 접속사

if 대용어

unless = if ~ not	provided (that) = if	providing (that) = if
on condition that = if	in case (that) = if	so long as = if only
supposing (that) = if	suppose (that) = if	granted (that) = even if (양보)
granting (that) = even if		

- You can go to the movies, providing (that) you finish your homework first.

  네가 우선 숙제를 끝낸다면 너는 영화를 보러 가도 된다.

- I will accept the position on condition that you assist me.

  당신이 만일 나를 돕는다면 나는 그 직책을 수락할 것입니다.

- Suppose you were in my place, what would you do?

  당신이 내 입장이라면 당신은 무엇을 할 것입니까?

- In case that it should rain, do not wait for me.

  만약 비가 오면 나를 기다리지 마세요.

- Granted that it is true, it does not matter to me.

  그것이 사실이더라도 나에게 중요하지 않다.

3 부사(구)

- I would not do such a thing in your place. (= in your shoes)

  = I would not do such a thing if I were in your place.

  내가 당신의 입장이라면 그런 일을 하지 않을 것이다.

- With a little more effort, this would have been a positive review.

  조금만 더 노력했다면 이것은 긍정적인 평가를 받았을 텐데.

4 명사구

- A wise man would not do such a thing.

  = If he were a wise man, he would not do such a thing.

  (만일 그가) 현명한 사람이라면 그는 그러한 일을 하지 않을 것이다.

- A true friend would have acted differently.

  = If he had been a true friend, he would have acted differently.

  진정한 친구였다면 그는 다르게 행동했을 것이다.

5 부정사

- I should be glad to go with you.

  = I should be glad if I could go with you.

  당신과 함께 간다면 기쁘겠습니다.

- To hear him speak English, you would take him for an Englishman.

  = If you heard him speak English, you would take him for an Englishman.

  그가 영어를 하는 것을 듣는다면 당신은 그를 영국인으로 여길 것이다.

6 분사

- Turning to the left, you will find the post office.

  = If you turn to the left, you will find the post office.

  왼쪽으로 돌면 당신은 우체국을 발견할 것이다.

- The same thing, happening in wartime, would amount to disaster.

  = If it should happen in wartime, the same thing would amount to disaster.

  이와 같은 일이 만약 전시에 일어난다면 큰 재난이 될 것이다.

09 관용적 용법

1 I wish 구문

I wish = would that = if only = would rather로 '~하면 좋을 텐데'라는 뜻으로 이룰 수 없는 소망을 나타낼 때 쓴다.

> I wish + S + 가정법 과거(동사의 과거형 / were): 현재 사실의 반대
>
> I wish + S + 가정법 과거완료(had p.p): 과거 사실의 반대

- I wish it were true.

  그것이 사실이면 좋겠는데.

- I wish I worked harder.

  나는 더 열심히 공부한다면 좋을 텐데.

- I wish it had been true.

  그것이 사실이었으면 좋을 텐데.

- I wish I had worked harder.

  나는 더 열심히 공부했었더라면 좋을 텐데.

- I wish you had not done such a thing.

  네가 그런 일을 하지 않았더라면 좋을 텐데.

  = I'm sorry you did such a thing.

  네가 그런 일을 하다니 유감이다.

2 as if 구문

as if, as though는 '마치 ~인 것처럼'의 뜻이다.

> 직설법 + as if[as though] S + 가정법 과거 ⇨ 앞 문장과 동일 시제 반대
>
> 직설법 + as if[as though] S + 가정법 과거완료 ⇨ 앞 문장보다 하나 앞선 시제 반대

- He talks as if he were rich. (앞 문장이 현재이므로, 현재 사실의 반대)

  그는 마치 부자인 것처럼 말한다.

- He talks as if he had been rich. (앞 문장이 현재이므로, 과거 사실의 반대)

  그는 마치 부자였던 것처럼 말한다.

- He talked as if he knew everything. (앞 문장이 과거이므로, 과거 사실의 반대)

  그는 마치 모든 것을 다 알고 있는 것처럼 말했다.

- He talked as if he had known everything. (앞 문장이 과거이므로, 대과거 사실의 반대)

  그는 마치 모든 것을 다 알고 있었던 것처럼 말했다.

3 It is time 구문

it is high time (that) ~은 '~할 시간이다'라는 뜻이다.

- It is time for you to go to bed.

  = It is time (that) you went to bed.

  = It is time (that) you should go to bed.

  이제는 네가 잠자리에 들 시간이다.

- It's (high) time you had a haircut.

  네가 머리를 깎을 때가 되었다.

4 would rather 구문

이 경우, would rather 전후에 주어가 각각 다르며, 과거동사와 과거완료를 써서 가정법 과거, 가정법 과거완료의 뜻을 내포하고 있다.

> I'd rather + S + 과거동사 ⇨ 나는 S가 ～하기 바란다
> I'd rather + S + 과거완료 ⇨ 나는 S가 ～했기 바란다

- I'd rather you went home now.
  나는 네가 지금 차라리 집에 가기를 바란다.
- I'd rather you hadn't done that.
  나는 네가 그런 일을 하지 않았기를 바란다.

5 otherwise 구문

> 직설법 현재 + otherwise + 가정법 과거
> 직설법 과거 + otherwise + 가정법 과거완료

- I am ill now, otherwise I would go there.
  나는 지금 아프다. 그렇지 않다면 거기에 갈 텐데.
- He went at once, otherwise he would have missed the train.
  = If he had not gone at once, he would have missed the train.
  그는 즉시 갔다. 그렇지 않았더라면 기차를 놓쳤을 것이다.

6 but that 구문

> 가정법 과거 + but that / except that / save that / only that + 직설법 현재
> 가정법 과거완료 + but that / except that / save that / only that + 직설법 과거

- I might employ her but (that) she does not have experience.
  그녀가 경험이 없다는 사실만 아니라면, 나는 그녀를 고용할 텐데.
- I would have fallen but that the professional mountain climber caught me.
  내가 떨어질 뻔했지만, 전문 산악인이 나를 잡아 주었다.

7 가정법 관용 어구

as it were = so to speak 말하자면	what if 만일 ~한다면
if ever + (동사) ~한다 하더라도	if any + (명사) ~있다 하더라도
if anything 어느 편인가 하면	if not all 전부는 아니지만

- He is, <u>as it were</u>, a walking dictionary.

  그는 말하자면 걸어 다니는 사전이다.

- <u>What if</u> I fail?

  만일 내가 실패를 한다면 어떻게 될까?

- He seldom, <u>if ever</u>, goes to church.

  그는 교회에 간다 하더라도 거의 가지 않는다.

- There are very few, <u>if any</u>, mistakes.

  실수가 있다 하더라도 거의 있지 않다.

- He is, <u>if anything</u>, worse today.

  그는 어떤가 하면 오늘 더 좋지 못하다.

- He spent more than half the money, <u>if not all</u>.

  그는 전부는 아니지만 돈의 반 이상은 소비했다.

09

01~08　**Choose the one that could best complete each of the following sentences.**

01　He did not help me when I needed him. A true friend _____ differently.

　① acted

　② would have acted

　③ would act

　④ had acted

02　Without oxygen, all animals _____ long ago.

　① would have disappeared

　② would disappear

　③ would be disappeared

　④ had disappeared

03　If I lost my key, I _____ able to lock the door.

　① will be

　② would be

　③ would not be

　④ would have been

04　A: Did the woman do anything suspicious?

　B: She ran off to her house _____.

　① as if escaping

　② as if she escapes

　③ as if she escaped

　④ as though she would have escaped

05   _____ for the money, I could not have bought that book.

① Had it not been

② Without

③ It had not been

④ Were it not

06   He is already on the wrong side of forty. It's about time he _____ himself a wife and settled down.

① finds

② find

③ found

④ had found

07   A: What would you wish to do if you were a college student again?

B: That's very hard to say, but I wish I _____ when I was a college student.

① has not studied psychology

② did study psychology

③ had studied psychology

④ studied psychology

08   I caught sight of her at the play and in answer to her beckoning I went over during the interval and sat down beside her. It was long since I had last seen her and if someone had not mentioned her name I hardly think I _____.

① would have recognized her

② would recognized her

③ wouldn't have recognized her

④ wouldn't recognized her

(09~18) **Choose the one that makes the sentence grammatically INCORRECT.**

09   ① <u>Had it not been for</u> the fact that his father is ② <u>on the board of</u> directors, he would ③ <u>never</u> ④ <u>have got</u> the job.

10   The city looked as if it ① <u>are afflicted</u> with some ② <u>dreadful pestilence</u>, ③ <u>so sad were</u> the inhabitants, and ④ <u>so desolate</u> the streets.

11   It is high time that people ① <u>realize</u> that being a tender, warm, loving human being ② <u>who</u> can cry ③ <u>as well as</u> laugh is ④ <u>in accord with</u> being a man.

12   ① <u>I wish</u> ② <u>I have studied</u> harder ③ <u>while</u> I was young. In other words, I regret ④ <u>not having studied harder</u>.

13   Thomas could easily ① <u>have gotten</u> a higher score ② <u>on</u> his college entrance test if he ③ <u>would have read</u> more ④ <u>in his school career</u>.

14   It is important that ① <u>every citizen</u> ② <u>takes</u> an active role ③ <u>in promoting</u> the common good by making ④ <u>informed decisions</u> about risks and benefits of the event.

15   Mr. Brown said he ① <u>would not speak</u> in the debate had it ② <u>not been for</u> some remarks ③ <u>which</u> fell from the lips of the honourable member ④ <u>for</u> Wellington Suburbs.

16 Just when he was ready to ① quit working towards his diploma, a school counselor recommended that he ② will try the Bethel Academy ③ where the hours would be flexible and he could ④ more easily attend.

17 Thomas Malthus was ① an English economist. ② His most important work, which he wrote in 1798, was called "Essay on the Principle of Population." He believed that the world's population grows faster than ③ its food supply. He also believed that if people ④ continue to have large families, hunger, disease, and war would kill off the extra population.

18 ① It is so easy to be reactive. You get caught up in the moment. You say things you don't mean. You do things you later regret. And you think, "Oh, if only I had stopped to think about it, I ② would never react that way!" Clearly, our lives ③ would be better if we acted based on our deepest values instead of ④ reacting to the feelings of the moment.

19 **Choose the one that is grammatically NOT correct.**

① But that I am sick, I could go to meet you.
② I used this instrument, otherwise I'd have taken longer.
③ It is high time you had gone to bed.
④ I would rather the government took a strong policy.

20 **Choose the one that is grammatically correct.**

① It is about time that you should go.
② I felt so boring yesterday.
③ I cannot help satisfying with my lot.
④ Written in haste, there were many mistakes in this book.

10 | 일치와 화법

01 일치

1 수의 일치 (주어와 술어)

(1) 구와 절이 수식하는 경우의 일치

- Smoking heavily is really bad for our health.
  지나친 흡연은 우리의 건강에 매우 해롭다.
- Whether he will come or not does not matter at all.
  그가 오고 안 오고는 전혀 중요한 문제가 아니다.
- How to spend money is more difficult than how to earn it.
  돈을 쓰는 방법은 돈 버는 방법보다 더 어렵다.
- To master English within a year is not easy.
  영어를 일 년 안에 완성하는 것은 쉽지 않다.

  주의 관계절 앞의 주어에 동사의 수를 일치시킨다.

- The girl who cleans the room is my sister.
  그 방을 청소하는 소녀는 내 여동생이다.
- The magazines that she bought at the store are very boring.
  그녀가 그 가게에서 산 잡지들은 매우 지루하다.

(2) 수식어를 동반하는 경우의 일치

- The bat (together with the balls) was stolen yesterday.
  어제 공과 야구 방망이를 도둑맞았다.
- A complete list (of his books) is given in the appendix.
  그의 책들의 완전한 목록은 부록에 들어 있다.

(3) 주어가 and로 연결되는 경우

① 서로가 불가분의 관계인 경우 단수로 받고, 그렇지 않을 경우 복수로 받는다.

- Curry and rice is my usual lunch.
  카레라이스가 보통 나의 점심이다.
- Early to bed and early to rise makes a man healthy.
  일찍 자고 일찍 일어나는 것은 사람을 건강하게 만든다.
- All work and no play has left him friendless.
  일만 하고 쉬지는 않는 바람에 그는 친구가 하나도 없게 되었다.
- Slow and steady wins the race.
  천천히 그리고 착실해야 경주에 이긴다.
- Tom and Mary are my best friends.
  Tom과 Mary는 나의 가장 친한 친구들이다.

② 관사 + 명사 and 명사 ⇨ 하나의 단위로 단수로 받는다.

관사 + 명사 and 관사 + 명사 ⇨ 각각의 개별적인 단위로 복수로 받는다.

- A poet and novelist is attending the meeting. (시인이자 소설가 ⇨ 단수)

  시인이자 소설가인 사람이 모임에 참석하고 있다.

- A poet and a novelist are attending the meeting. (시인과 소설가 ⇨ 복수)

  시인과 소설가가 모임에 참석하고 있다.

(4) every/each/부정대명사의 경우

- Each of us has the book on the desk.

  우리들은 각자 책상에 그 책을 가지고 있다.

- Every boy and (every) girl is eager to learn English.

  모든 소년 소녀들이 영어 공부에 열심이다.

- Everybody dresses in his or her best dresses.

  모두가 자신의 최고의 옷을 입는다.

- Somebody is looking for you.

  어떤 이가 당신을 찾고 있다.

- Either of them is aware of the truth.

  그들 중 누군가 그 사실을 알고 있다.

- Neither of them has succeeded in the test.

  그들 중 누구도 시험에 합격하지 못했다.

(5) or/nor가 문장의 주어에 있을 경우

⇨ 수 일치를 뒷부분에 맞춘다.

- *Either* he *or* I am to blame.

  그나 나나 둘 중 하나가 잘못한 것이다.

- *Neither* the students *nor* the teacher was responsible for the matter.

  학생들도 선생님도 그 문제에 책임이 없다.

(6) 상관접속사로 연결되는 경우

① not only ~ but also ... ⇨ 수 일치를 뒷부분에 맞춘다.

- Not only I but also he is in the wrong.

  나뿐만 아니라 그 또한 잘못이 있다.

② as well as ⇨ 수 일치를 앞부분에 맞춘다.

- You as well as he are to blame for the failure.

  그뿐만 아니라 당신 역시 그 실패에 대한 책임이 있다.

③ not ~ but ... ⇨ 수 일치를 뒷부분에 맞춘다.

- Not you but I am to blame for the accident.

  네가 아니라, 내가 그 사고에 대한 책임이 있다.

(7) 유도부사 구문

There, Here는 유도부사이므로 동사 뒤에 주어가 온다. 그러므로 동사 뒤에 오는 주어에 동사의 수를 일치시킨다.

- There is a book on my desk.

  내 책상 위에 책 한 권이 있다.

- There are two pictures on the table.

  테이블 위에 두 장의 사진이 있다.

- Here is the money for it.

  여기 그것에 대한 돈이 있습니다.

(8) 중요한 일치

① Many+복수 명사 ⇨ 복수 동사

　 Many+a+단수 명사 ⇨ 단수 동사

- Many men have come.

  많은 사람들이 왔다.

- Many a man has been successful.

  많은 사람들이 성공해 왔다.

② A number of ~ vs. The number of ~

　 A number of+복수 명사 ⇨ 복수 동사: '많은 ~'의 의미

　 The number of+복수 명사 ⇨ 단수 동사: '~의 수(숫자)'의 의미

- A number of students are absent from school.

  많은 학생들이 학교에 결석했다.

- The number of students is thirty.

  학생의 수는 30명이다.

③ 'More than ~'의 경우

'More than ~'의 경우는 그 뒤에 단수 명사가 오면 단수 동사로, 복수 명사가 오면 복수 동사로 받는다.

- More than a thousand inhabitants have signed the petition.

  천 명 이상의 거주민들이 그 청원서에 서명했다.

- More than one person has protested against the proposal.

  한 사람 이상이 그 제안에 항의했다.

(9) 단수 취급하는 복수 형태

① 가격 · 시간 · 거리 · 중량 ⇨ 하나의 단위로 간주되어 단수로 받는다.

- Ten dollars is all I need. (가격)

  10달러가 내가 필요한 전부이다.

- Five years is too long to wait. (시간)

  5년은 너무 긴 시간이어서 기다릴 수 없다.

- Six miles is a long distance to walk. (거리)

  6마일은 걷기에는 먼 거리이다.

② 학문 명칭 ⇨ 단수로 받는다.

- Mathematics is my major.

  수학은 나의 전공이다.

- Physics is a very complicated branch of science.

  물리학은 매우 복잡한 과학의 한 분야이다.

  주의 의미의 전용: economics(경제 상황), politics(정견), statistics(통계 자료), physics(물리적 현상)처럼 의미가 전용되는 경우는 복수로 받는다.

- Statistics show that the population of the city has increased.

  통계 자료는 그 도시의 인구가 증가해 온 것을 보여 준다.

③ 단수로 받는 주요 사항

The United States	The United Nations
Gulliver's Travels	The New York Times

- Gulliver's Travels was written by Jonathan Swift.

  '걸리버 여행기'는 조나단 스위프트에 의해 쓰였다.

- The New York Times is very popular.

  뉴욕 타임즈는 매우 인기 있다.

2 수의 일치 (주어와 목적어)

everyone, someone, anyone, no one; everything, something, anything, nothing; each, either, neither, every 등의 대명사는 단수로 받는다.

- No one could have blamed himself for that.

  아무도 그것 때문에 자신을 탓할 수 없었다.

- Every student has to make up his or her own mind.

  모든 학생이 그 자신의 마음을 결정해야 한다.

3 시제의 일치

간접 화법이나 기타 복문의 경우, 주절과 종속절의 동사 사이에 시제의 일치가 나타난다.

(1) 일반적인 원칙

주절의 동사가 현재 · 미래 · 현재완료 · 미래완료인 경우, 종속절의 동사는 어떤 시제도 취할 수 있다. 주어의 동사가 과거 · 과거완료 · 과거진행형인 경우, 종속절의 동사는 현재는 과거로, 현재완료나 과거는 과거완료로 변하여 시제의 일치를 나타낸다.

- I believe that she has made constant efforts.

  I believed that she had made constant efforts.

  그녀가 꾸준히 노력해 왔다고 나는 믿었다.

- We all <u>hope</u> that he <u>will do</u> much for our community.

  We all <u>hoped</u> that he <u>would do</u> much for our community.

  그가 우리 사회를 위하여 많은 일을 하리라고 우리 모두 희망했다.

(2) 시제의 일치에 어긋나는 경우

① 종속절의 내용이 일반적인 진리나 격언일 경우

- Galileo <u>maintained</u> that the earth <u>moves</u>.

  갈릴레오는 지구가 움직인다고 주장했다.

② 종속절의 내용이 현재의 습관 · 성질을 나타내는 경우

- He <u>asked</u> the guard what time the first train usually <u>starts</u>.

  그는 차장에게 보통 몇 시에 첫차가 출발하는지 물었다.

③ 종속절의 내용이 현재에도 사실인 경우

- He <u>gave</u> me the picture you <u>are looking at</u>.

  그는 지금 네가 보고 있는 그림을 내게 주었다.

④ 역사적인 사실에는 언제나 과거시제

- He <u>told</u> us that Lincoln <u>died</u> in 1865.

  그는 링컨이 1865년에 죽었다고 우리에게 말했다.

02 화법

타인이나 자기가 말한 것 또는 생각했던 것을 남에게 전달하는 방법을 화법이라고 한다. 화법에는 직접 화법과 간접 화법이 있다.

1 평서문의 전환

전달동사 say는 say 그대로, say to는 tell로 바꾼다. 인용부호 안의 피전달문은 that절로 바꾼다.

- He said, "You are kind to me."

  ⇨ He said that I was kind to him.

  그는 "당신은 친절하시군요."라고 말했다.

참고 부사, 지시사의 변화(전달동사가 과거)

here ⇨ there	now ⇨ then	this ⇨ that
these ⇨ those	ago ⇨ before	come ⇨ go
today ⇨ that day	tonight ⇨ that night	tomorrow ⇨ the next[following] day
yesterday ⇨ the day before / the previous day		
last night ⇨ the night before / the previous night		

2 의문문의 전환

전달동사: ask, inquire (of + 사람)
⇨ 의문사 있는 의문문: 의문사 + 주어 + 동사
⇨ 의문사 없는 의문문: if[whether] + 주어 + 동사

- He said to me, "What are you doing now?"
  ⇨ He asked me what I was doing then.
  그는 "당신은 지금 무엇을 하고 있습니까?"라고 말했다.
- He said to me "Are you fond of this movie?"
  ⇨ He asked me if[whether] I was fond of that movie.
  그는 "당신은 이 영화를 좋아하십니까?"라고 말했다.
- I said to her, "Have you ever seen a tiger?"
  ⇨ I asked her if she had ever seen a tiger.
  나는 그녀에게 "당신은 호랑이를 본 적이 있습니까?"라고 말했다.

3 명령문의 전환

동사의 변화는 ① 일반명령 ⇨ tell ② 명령 ⇨ order, command ③ 충고 ⇨ advise ④ 부탁, 의뢰 ⇨ ask, beg(please) ⑤ 제안, 제의(Let's ~) ⇨ propose, suggest + that + 주어+(should)로 한다. 인용부호는 to부정사를 사용해 전환한다.

- She said to us, "Be quiet."
  ⇨ She told us to be quiet.
  그녀는 우리에게 "조용히 해."라고 말했다.
- He said to me, "Please pass me the salt."
  ⇨ He asked me to pass the salt.
  그는 내게 "소금 좀 건네줘."라고 말했다.
- The officer said to them, "Don't move."
  ⇨ The officer ordered them not to move.
  그 장교는 그들에게 "움직이지 마."라고 말했다.
- John said to us. "Let's go on a picnic."
  ⇨ John suggested that we (should) go on a picnic.
  John은 우리에게 "소풍 가자."라고 말했다.

4 감탄문의 전환

동사 변화 ⇨ cry (out), exclaim, shout
인용부호는 감탄문은 그대로, 평서문은 very를 이용한다. 감탄사는 ① Alas! ⇨ with a sigh, with regret, in sorrow ② Ah! ⇨ with regret ③ Hurrah! ⇨ with joy, with delight ④ Bravo! ⇨ with applause 등 적절한 부사구로 전환한다.

- He said, "What a beautiful woman she is!"
  ⇨ He cried out what a beautiful woman she was.
  ⇨ He cried out that she was a very beautiful woman.
  그는 "그녀는 참 아름답습니다!"라고 말했다.
- He said, "Alas! All is over with me."
  ⇨ He cried (out) with a sigh that all was over with him.
  그는 "아 슬프구나! 만사가 다 끝났구나."라고 말했다.

5 기원문의 전환

God의 경우 pray that God may ~로 바꾸고, 사람에 대한 기원일 경우 'express one's wish that + S + may ~' 로 바꾼다.

- He said, "May you succeed!"
  ⇨ He expressed his wish that I might succeed.
  그는 "성공하세요!"라고 말했다.
- He said, "God bless me!"
  ⇨ He prayed that God might bless him.
  그는 "신이시여, 내게 축복을 내려 주소서!"라고 말했다.

6 중문과 복문의 전환

(1) 중문

and, but 다음에 that을 쓴다(단, for, as는 뒤에 that을 안 쓴다).
- She said, "I am tired, but I cannot take a rest."
  ⇨ She said that she was tired, but that she couldn't take a rest.
  그녀는 "나는 피곤하지만, 쉴 수가 없어."라고 말했다.

(2) 복문

각각 단문과 동일하게 전환한다.

(3) 혼합문

다른 종류의 피전달문이 2개 이상인 접속사로 연결하고 나머지는 평서문의 전환과 동일하다.

- He said, "I will stay at home, for it is snowing.

  ⇨ He said that he would stay at home, for it was snowing.

  그는 "나는 집에 머물러야지, 눈이 오고 있잖아."라고 말했다.

- He said, "The bicycle is very expensive, and I cannot buy it."

  ⇨ He said that the bicycle was very expensive, and that he could not buy it.

  그는 "그 자전거는 매우 비싸서 나는 그것을 살 수가 없어."라고 말했다.

Answer p.19

01~04 Choose the one that could best complete each of the following sentences.

01 She said, "God bless you!"

= She _____ that God _____ bless me.

① wanted – might

② prayed – might

③ wished – could

④ expected – should

02 He said to me, "Let's have a break."

= He _____ me that we _____ a break.

① suggested – let's have

② suggested – should have

③ suggested to – let's have

④ suggested to – should have

03 I have sent a couple of questions and so far none of them _____.

① has replied

② replied

③ replies

④ have replied

04 Every man and woman who _____ tomorrow will have a hand in the making of the United States of the future.

① vote

② voting

③ votes

④ are vote

05~08 다음 문장의 화법 전환이 올바른 것을 고르시오.

05

> He telephoned me yesterday and said to me, "It is very cloudy here today."

① He told me that it was very cloudy there today.

② He told me that it was very cloudy there yesterday.

③ He told me that it was very cloudy here today.

④ He told me that it was very cloudy here yesterday.

06

> She asked him to lend her that book.

① She said to him, "Will you borrow this book?"

② She asked him, "Will you lend her this book?"

③ She said to him, "Please lend this book to her."

④ She said to him, "Please lend me this book."

10

07

> He said to them, "Sell off all your property and join me in the city."

① He told them to sell off all your property and join me in the city.

② He asked them to sell off all your property and join him in the city.

③ He asked them to sell off all their property and join him in the city.

④ He told them to sell off all their property and join me in the city.

08

> He said to me, "I feel very sick today, would you take me to the hospital?"

① He told me that he felt very sick that day and asked me to take him to the hospital.

② He told me that he felt very sick today and if I took him to the hospital.

③ He asked me that he felt very sick that day and if I took him to the hospital.

④ He told me that he felt very sick that day and that you took me to the hospital.

Choose the one that makes the sentence grammatically INCORRECT.

09 ① Whether or not Mark's ② understanding of social ③ conflicts ④ are in anyway 'scientific' remains a question.

10 The ideals ① upon which American society ② is based ③ is primarily those of Europe and not ones ④ derived from the native Indian culture.

11 The employees ① requested that ② it would like to have the meetings ③ shortened during the summer ④ months.

12 ① Neither the sales nor the profit ② are expected ③ to increase in the ④ near future.

13 "Alphabet Blocks" ① is a ② revolutionary educational program ③ that teach your child ④ all the letters and sounds of alphabet.

14 We have ① evidence that ② the large number of people ③ carry guns even in the countries in which ④ it is prohibited by the law.

15 When I reached Paris, the taxi driver told me that all the hotels ① are full, and I ② would have a great deal of difficulty in ③ finding a room, unless I ④ went out into the suburbs.

16 ① <u>Contrary to</u> our expectations we find ② <u>ourselves</u> these days amid clouds of dense pollutants, both material and spiritual, ③ <u>which</u> ④ <u>seems</u> to injure man and deface nature.

17 The fact that someone is interested ① <u>enough to</u> give help to poor villagers ② <u>often work</u> wonders. The villagers become interested in helping themselves. They become ③ <u>less discouraged</u> when they realize that they ④ <u>themselves</u> can help make a better future.

18 Children ① <u>can't but feel disordered</u> and worried during their teen years. They ② <u>are not young any longer</u>, but they are not yet adults, either. Their lives change endlessly, but they ③ <u>don't have enough experience</u> yet to see that this is an ordinary part of life. ④ <u>All they can do was</u> to try to be patient, but impatience is the symbol of youth.

19 **Choose the one that is grammatically NOT correct.**

① The poet and the musician were present.

② The number of patients are increasing.

③ Most of his time was spent in working.

④ Many a pupil has seen the sight.

20 **Choose the one that is grammatically correct.**

① The greatest part of his life have been spent in retirement.

② How much is the population of your city?

③ Economics is the science of choice.

④ Early to bed and early to rise make a man healthy.

PART

02

품사편

01 | 명사

01 명사의 종류

사물의 이름을 나타내는 명사(名詞)는 가산명사(셀 수 있는 명사)와 불가산명사(셀 수 없는 명사)로 나뉜다.

1 가산명사의 특징

(1) 부정관사(a, an) 수사(one) 등과 함께 쓰인다.
(2) 복수형을 만들 수 있다.
(3) some, a few, few, many, a (great) number of 등과 결합한다.
(4) 보통명사와 집합명사가 여기에 속한다.

2 불가산명사의 특징

(1) 부정관사(a, an) 수사(one) 등과 함께 쓰이지 않는다.
(2) 복수형을 만들지 못한다.
(3) some, a little, little, a great deal of, a (great) amount of 등과 결합한다.
(4) 물질명사, 고유명사, 추상명사가 여기에 속한다.

02 가산명사

1 보통명사

같은 종류의 동물, 사물(완제품)에 쓰이는 명사로 대부분 일정한 형체를 갖추고 있다. 또한 형체는 없으나 횟수·종류를 셀 수 있는 것, 즉 단위(walk, inch, week, day, year)도 보통명사에 속한다. 단수와 복수로 의미를 나타낼 수 있다.

- A dog is a faithful animal.

  = The dog is a faithful animal.

  개는 충성스러운 동물이다.

2 집합명사

같은 종류의 사람 · 사물이 모여서 이루어진 집합체의 이름을 가리킨다.

(1) family형

사회의 조직을 단위로 표시할 때 쓰며, 전체를 나타낼 때는 단수, 구성원을 나타낼 때는 복수로 받는다.

> family, committee, class, audience, team, crowd, staff
> • 집합명사: 집합체를 하나의 개체로 평가(단수 취급)
> • 군집명사: 집합 구성하는 개체 중심(member of ~) (복수 취급)

- His family *is* very large. (집합명사)

  그의 가족은 대가족이다.
- His family *are* all well. (군집명사)

  그의 가족은 모두 건강하다.
- The committee *consists of* twelve persons. (집합명사)

  그 위원회는 12명으로 구성되어 있다.
- The committee *were* divided in their opinions. (군집명사)

  그 위원회 인원들은 그들의 견해에서 일치되지 않았다.

(2) The police형

사회의 일정 계층을 나타내며, 부정관사를 붙일 수 없고, 정관사 'the'를 붙여 복수 취급한다.

the police 경찰	the nobility 귀족 계급	the jury 배심원
the public 대중	the clergy 성직자	the peasantry 농민 계급

- The police *are* on the murder's track.

  경찰이 살인자의 뒤를 쫓고 있다.
- The clergy *were* assembled in the room.

  성직자들이 그 방에 모여 있었다.

  참고 개인을 지칭할 때는 부정관사를 붙여 다음과 같이 표현한다.

  a policeman(경관), a juryman(배심원), a nobleman(귀족), a peasant(농민), a clergyman(목사)

(3) people형

단순한 무리나 떼거리를 나타내며, 정관사 'the'를 사용하지 않고, 복수 취급한다.

people 사람들	cattle 소 떼	vermin 해충	poultry 가금류

- People *hate* being interrupted while speaking.

  사람들은 말할 때 누가 끼어들면 아주 싫어한다.
- Cattle *are* grazing in the pasture.

  소들이 목장에서 풀을 뜯고 있다.

- Poultry *are* scarce in these districts.

    이 지방에는 가금류가 귀하다.

03 불가산명사

1 물질명사

일정한 형태가 없는 물질(원료, 재료, 고체, 액체, 기체, 가루)을 나타내며, 셀 수 없는 명사이므로 항상 단수 취급한다.

(1) 물질명사의 수량 표시

양을 표시하는 경우 much, little, some, any 등과 같이 쓰고, 수를 표시하는 경우 '기수 + 단위명사 + of + 물질명사'로 쓴다.

a cake of soap 비누 한 장	a loaf of bread 빵 한 덩어리
a glass of water 물 한 잔	a bottle of wine 술 한 병
a shower of rain 한 차례의 비	a spoonful of sugar 설탕 한 숟가락
a sheet of paper 종이 한 장	a can of beer 맥주 한 캔

- We have much snow in this winter.

    올겨울에는 눈이 많이 온다.

- Would you bring me a glass of water?

    물 한 잔 주시겠어요?

- She bought a can of beer at the store.

    그녀는 상점에서 맥주 캔 하나를 샀다.

- Mother bought three cakes of soap.

    어머니는 비누 세 장을 샀다.

(2) 물질적 집합명사 (furniture형)

단수동사와 함께 쓰이고 부정관사를 붙이지 않는다. 양을 나타낼 때는 little, much를 쓴다.

furniture 가구	baggage 수하물 (= luggage)	machinery 기계류
equipment 장비	traffic 교통	poetry 시
jewelry 보석류		

- That's useful equipment.

    그것은 유용한 장비이다.

- There is much furniture in her room.

    그녀의 방에는 가구가 많다.

2 고유명사

특정한 사람이나 장소 또는 물건의 이름으로, 항상 대문자로 시작한다. 부정관사나 정관사를 붙이지 않는다.

① 인명 · 지명(Lincoln, Kennedy, Seoul Station, London)
② 국명 · 언어(Korea, English, Japan, Canada, Vietnam)
③ 종교(Christian, Buddhism)
④ 천체의 명칭(Venus, Jupiter)
⑤ 달 · 요일(December, Sunday)

3 추상명사

형태가 없는 추상적인 개념을 나타낸다. 셀 수 없는 명사이므로 부정관사를 쓰지 못하고, 복수형을 쓰지 않는다.

(1) 추상명사의 수량 표시

a piece of information 하나의 정보	a work of art 하나의 예술작품
a train of thought 일련의 생각	a piece of advice 하나의 조언
a little knowledge 약간의 지식	

- There's a piece of information just beyond your grasp.
  네가 이해할 수 없는 정보가 있다.
- She just couldn't maintain a train of thought.
  그녀는 일련의 생각을 유지할 수 없었다.

(2) of + 추상명사 ⇨ 형용사(구)

of use 유용한 (= useful)	of value 귀중한 (= valuable)
of help 도움이 되는 (= helpful)	of service 도움이 되는 (= serviceable)
of importance 중요한 (= important)	of no use 쓸모없는 (= useless)

- This book is of great use to me.
  이 책은 나에게 매우 유익하다.
- This is a book of no use.
  이것은 쓸모가 없는 책이다.

(3) of 이외의 전치사 + 추상명사 ⇨ 부사(구)

by intention ⇨ intentionally	by accident ⇨ accidentally
in private ⇨ privately	in haste ⇨ hastily
on purpose ⇨ purposely	on occasion ⇨ occasionally
to excess ⇨ excessively	at random ⇨ randomly
with ease ⇨ easily	with care ⇨ carefully
with confidence ⇨ confidently	with abundance ⇨ abundantly

- He can speak Russian <u>with great fluency</u>.

  그는 러시아어를 아주 유창하게 잘한다.
- I met him <u>by accident</u> in England.

  나는 영국에서 우연히 그를 만났다.
- I didn't do it <u>on purpose</u>.

  나는 일부러 그런 것이 아니다.
- He whispered to me <u>in private</u> that the patient would die.

  그 환자는 죽을 것이라고 그는 나에게 은밀히 속삭였다.

(4) 관용적 용법: have + the + 추상명사 + to V(～하게도 …하다)

- He <u>had the kindness to show</u> me the way.
- = He was so kind as to show me the way.
- = He was kind enough to show me the way.
- = He showed me the way kindly.

  그는 친절하게도 그 길을 나에게 알려 주었다.

(5) to + one's + 감정의 추상명사: 누가 ～하게도

relief 다행	joy 기쁨	astonishment 놀람
grief 슬픔 (= sorrow)	surprise 놀람	disappointment 실망

- <u>To my surprise</u>, the car was damaged.

  놀랍게도 차가 손상을 입었다.
- <u>To his joy</u>, he now gets paid.

  그가 너무나 기쁘게도 이제는 급여를 받는다.

04 명사의 전용

1 불가산명사의 가산명사화

(1) 물질명사의 보통명사화

① 제품 ⇨ He has <u>a glass</u> in his hand. (유리잔)

② 종류 ⇨ This is <u>an excellent wine</u>. (포도주)

③ 형체 ⇨ The boy picked up <u>a stone</u>. (돌 하나)

④ 사건 ⇨ There was <u>a fire</u> last night. (화재)

(2) 고유명사의 보통명사화

① ～의 가족, 부부 ⇨ His father is <u>a Stuart</u>. (스튜어트 가문)

② ～의 제품, 작품 ⇨ He bought <u>an Apple</u>. (애플사 제품 한 대)

③ ～와 같은 사람 ⇨ <u>A Newton</u> cannot become <u>a Shakespeare</u>. (뉴턴과 같은 과학자, 셰익스피어와 같은 문인)

(3) 추상명사의 보통명사화

① 구체적 행위 ➡ We had a nice talk yesterday. (좋은 대화 한 번)

② 특정한 것 ➡ She has had a good education. (훌륭한 교육)

③ 사람 ➡ She was a great beauty in her time. (미인)

④ 여러 가지 것 ➡ If you have difficulties, give me a call. (여러 가지 어려움)

2 보통명사의 추상명사화

보통명사의 추상명사화는 'the + 보통명사'의 형식을 취한다.

the pen 문(文), 언론	the sword 무력	the judge 판사의 직분
the father 부성애	the mother 모성애	the novelist 소설가적 자질
the patriot 애국심	the poet 시적 감흥	

- She felt the mother rise in her heart.

  그녀는 가슴속에 모성애가 이는 것을 느꼈다.

- He has much of the scholar in him.

  그에게는 학자풍이 많다.

- He felt the patriot rise within his breast.

  그는 가슴속에서 애국심이 솟아나는 것을 느꼈다.

05 명사의 수

1 명사의 복수형

(1) 규칙 변화

① s, ss, sh, ch, x로 끝날 때 어미에 -es를 붙인다.

glass ➡ glasses	dish ➡ dishes	church ➡ churches
box ➡ boxes	bus ➡ buses	

② 자음 + y로 끝날 때 y를 i로 고치고 -es를 붙인다.

army ➡ armies	baby ➡ babies	lady ➡ ladies
city ➡ cities	story ➡ stories	

③ 모음 + y, 고유명사의 y로 끝날 때 어미에 -s를 붙인다.

boy ⇨ boys	day ⇨ days	chimney ⇨ chimneys
monkey ⇨ monkeys	valley ⇨ valleys	

④ 자음 + o로 끝날 때 어미에 -es를 붙인다.

potato ⇨ potatoes	hero ⇨ heroes	echo ⇨ echoes
volcano ⇨ volcanoes	negro ⇨ negroes	tomato ⇨ tomatoes

예외 photos, pianos, solos, autos

⑤ -f(e)로 끝날 때 f(e)를 v로 고치고 -es를 붙인다.

half ⇨ halves	wife ⇨ wives	leaf ⇨ leaves
thief ⇨ thieves	wolf ⇨ wolves	knife ⇨ knives

예외 handkerchiefs, roofs, chiefs, safes, proofs, cliffs

(2) 불규칙 변화

① 모음의 변화

tooth ⇨ teeth	foot ⇨ feet	goose ⇨ geese
man ⇨ men	mouse ⇨ mice	

② 어미 + -(r)en

child ⇨ children	ox ⇨ oxen

③ 단 · 복수 동형

sheep 양	carp 잉어	trout 송어	salmon 연어
deer 사슴	species 종류	corps 군대	swine 돼지
fish 물고기	means 수단		

참고 Swiss, Japanese 등 어미가 [z], [s]로 끝나는 국가의 명칭은 단 · 복수 동일

④ 이중복수: 의미에 따라 복수형이 다른 것

brother ⇨ brothers 형제 / brethren 동포
cloth ⇨ cloths 천 조각 / clothes 의류

⑤ 외래어의 복수

um ⇨ a	datum ⇨ data memorandum 비망록 ⇨ memoranda
us ⇨ i	focus ⇨ foci/focuses stimulus 자극 ⇨ stimuli
sis ⇨ ses	analysis 분석 ⇨ analyses crisis 위기 ⇨ crises
a ⇨ ae/as	formula 공식 ⇨ formulas/formulae

(3) 복합명사의 복수형

① 명사를 포함하는 것은 그 명사를, 두 개 이상의 명사는 중요한 명사를 복수형으로 한다.

step-mother 계모 ⇨ step-mothers

looker-on 방관자 ⇨ lookers-on

commander-in-chief 총사령관 ⇨ commanders-in-chief

man-of-war 군함 ⇨ men-of-war

secretary-general 사무총장 ⇨ secretaries-general

② 명사를 포함하지 않는 것 뒤의 단어에 -(e)s를 붙인다.

touch-me-not 봉선화 ⇨ touch-me-nots

go-between 중개자 ⇨ go-betweens

③ man/woman + 명사: 양쪽 모두 복수형으로 한다.

man-servant 하인 ⇨ men-servants

woman-writer 여류 작가 ⇨ women-writers

2 복수형만 쓰이는 명사

(1) 단수 취급

① -ics의 학문 명칭: mathematics(수학), politics(정치학)

• Statistics *is* a required course for majors in economics.

통계학은 경제학을 전공하는 학생에게는 필수 과목이다.

② -s의 병명: measles(홍역), hiccups(딸꾹질), diabetes(당뇨병)

• Measles *causes* a fever and small red spots on the whole body.

홍역은 열을 나게 하여 온몸에 조그마한 빨간 반점이 생기게 한다.

③ -s의 게임명: checkers(서양장기), cards(카드놀이), billiards(당구)

• Cards *is* an easier game than chess.

카드게임은 서양장기보다 더 쉬운 게임이다.

CHAPTER 01 명사 • 173

④ 시간 · 거리 · 가격을 한 단위로 취급

- Thirty miles *is* a good distance.
  30마일은 상당한 거리이다.

(2) 복수 취급

① 짝으로 이루어진 것

compasses, socks, gloves, trousers, binoculars(망원경)

참고 셀 때는 pair를 사용한다. (a pair of ~, two pairs of ~)

② 기타

goods(상품), valuables(귀중품), savings(저축)

3 기타 핵심

(1) 분화복수

복수가 되면 다른 의미를 갖는 명사

air 공기 ⇨ airs 거드름	arm 팔 ⇨ arms 무기
authority 권한 ⇨ authorities 당국	custom 관습 ⇨ customs 세관
damage 손해 ⇨ damages 손해배상	good 선, 이득 ⇨ goods 상품
letter 글자, 편지 ⇨ letters 문학	manner 방식 ⇨ manners 예의
sand 모래 ⇨ sands 사막	water 물 ⇨ waters 바다
advice 충고 ⇨ advices 통지	cloth 천 ⇨ clothes 옷
color 색깔 ⇨ colors 깃발	content 만족 ⇨ contents 목차
glass 유리 ⇨ glasses 안경	labor 노동, 진통 ⇨ labors 수고

- The soldiers had plenty of arms.
  병사들은 많은 무기를 갖고 있었다.

- He has taken pains to show me how to do the work.
  그는 나에게 그 일을 하는 방법을 가르쳐 주느라고 수고했다.

(2) 상호복수

상대방의 도움으로 이루어지는 행위의 복수형

change cars 차를 갈아타다	exchange seats with ~와 자리를 바꾸다
take turns 교대하다	shake hands with ~와 악수하다
change clothes 옷을 바꿔 입다	make friends with ~와 친구가 되다
change hands 소유주가 바뀌다	be on good terms with ~와 사이가 좋다
exchange greetings 인사를 주고받다	come to terms with ~에 타협[화해]하다

- We shook hands and parted.

  우리는 악수를 하고 헤어졌다.

- We took turns cooking dinner.

  우리는 교대로 저녁밥을 지었다.

(3) 복수 어미의 생략

① 복수형 명사가 수사 다음에 와서 형용사적으로 쓰일 때 단수형을 사용한다.

- He is a three-year-old child. ⇐ The child is three years old.

  그 아이는 세 살이다.

- He is a six-foot tall player. ⇐ The player is six feet tall.

  그 선수는 키가 180센티미터이다.

② dozen, score, hundred, percent 등이 수사 다음에 올 때 단수형을 사용한다. 막연한 수를 나타낼 때는 복수형을 사용한다.

- three dozen

  3다스

- ten percent

  10%

- two hundred people

  2백 명의 사람들

- dozens of times

  수십 회

- 4 score and seven years ago

  87년 전 (= 87 years ago)

06 명사의 성(性)

명사의 성을 구별하기 위해 아래와 같이 표현한다.

(1) 다른 단어 사용

stallion 수말 – mare 암말	bachelor 미혼 남자 – spinster 미혼 여자
nephew 남자 조카 – niece 여자 조카	

(2) 어미가 변하는 경우

bride 신부 – bridegroom 신랑	widower 홀아비 – widow 미망인
hero 남자 주인공 – heroine 여자 주인공	actor 남자 배우 – actress 여자 배우

(3) 성 표시하는 단어 사용

man-servant 남자 하인	maid-servant 여자 하인
boy-friend 남자친구, 연인	girl-friend 여자친구, 연인

07 명사의 격(格)

1 주격 · 목적격 · 보격

(1) 주격

문장 내에서 주어 역할을 한다.

• <u>Tom</u> is the tallest boy in the class.

Tom은 반에서 가장 키가 큰 소년이다.

(2) 목적격

타동사 · 전치사의 목적어 역할을 한다.

• We talked with <u>Tom</u>. (전치사의 목적어)

우리는 Tom과 이야기했다.

(3) 보격

주격 보어(2형식), 목적격 보어(5형식) 역할을 한다.

• He has become <u>a scientist</u>. (주격 보어)

그는 과학자가 되었다.

• They call the boy <u>Tom</u>. (목적격 보어)

그들은 그 소년을 Tom이라 부른다.

2 소유격

(1) 소유격 만드는 방법

① 사람이나 동물의 소유, 인척 관계: 's

that lady's coat 저 여성의 코트	a cow's tail 소의 꼬리

② 무생물 명사의 소유격: of + 명사

the legs of the table 테이블의 다리	the roof of my house 우리 집 지붕
the top of the hill 언덕의 꼭대기	the Queen of England 영국 여왕

③ 가격 · 거리 · 시간 · 중량의 명사

a dollar's worth of sugar 1달러어치의 설탕

ten miles' race 10마일의 경주

a pound's weight 1파운드의 무게

today's newspaper 오늘 신문

a few minutes' walk 걸어서 2~3분 내의 거리

a couple of hours' sleep 두세 시간의 잠

④ 의인화된 무생물 명사

fortune's smile 행운의 미소   science's influence 과학의 영향

nature's law 자연의 법칙   the game's history 게임의 역사

the earth's surface 지표면

⑤ 관용적 표현

for one's sake ~을 위하여   for mercy's sake 제발

at one's finger's end ~에 정통한   be at one's wit's end 당황하다

to one's heart's 마음껏   out of harm's way 무사히

by a hair's breadth 간신히   at a stone's throw 엎어지면 코 닿을 곳에

to my heart's content 충분히, 실컷   at one's wit's(wits) end 어찌할 바를 몰라

for heaven's sake 제발   for conscience' sake 양심상

⑥ 각자 소유와 공동 소유: 각자 소유의 명사는 반드시 복수형을 취한다.

A and B's book (공동 소유) + 단수동사

A's and B's book (각자 소유) + 복수동사

- Tom and John's room is large.

  Tom과 John 공동 소유의 방은 크다.

- Tom's and John's room are large.

  Tom과 John 각각의 방은 크다.

(2) 소유격의 의미

소유격의 의미는 소유, 행위의 주체, 목적, 대상, 동격 등의 의미를 지닌다.

① 소유자

- his book ⇨ He has a book.

  그의 책(그는 책을 가지고 있다.)

② 행위의 주체

- Karl's success ⇨ Karl succeeded.

  Karl의 성공(Karl이 성공했다.)

③ 행위의 목적어

- Mozart's admirers ⇨ those who admire Mozart

  모차르트의 존경자들(모차르트를 존경하는 사람들)

④ 동격

- the city of London

  런던 도시(런던이라는 도시)

(3) 독립소유격

소유격 뒤에 명사 없이 단독으로 쓰인다.

① 소유격 + (장소, 건물: house, shop, office, store, palace)

- I have to go to the dentist's (office).

  나는 치과에 가야 한다.

- I spent my last vacation at my uncle's (house).

  나는 삼촌 댁에서 지난 방학을 보냈다.

② 명사의 반복을 피하기 위해 소유격 다음의 명사를 생략

- This *bag* is my sister's.

  이 가방은 나의 누이 것이다.

- If you need a *camera*, you can borrow Kathy's.

  네가 카메라가 필요하다면 Kathy의 카메라를 빌릴 수 있어.

01~08 Choose the one that could best complete each of the following sentences.

01 The men who had always been single were no more likely to kill themselves than
_____ who were currently married.

① a liar
② a man
③ the man
④ the men

02 Barbara and James decided to take part in a _____ race.

① ten-mile
② ten-miles
③ ten-mile's
④ ten-miles'

03 There is not _____ news in the article, though it did get a lot of coverage in and
of itself.

① a lot
② many
③ much
④ many of

04 The arthropods, including insects and spiders, are _____ economic and medical
significance.

① both great
② great
③ of great
④ still greater

05 The annual conference was a huge success, with more than six _____ attendees from colleges and universities around the world.

① thousand
② thousands
③ thousand of
④ thousands of

06 We often have people renew their membership after _____ and we continue to attract new members.

① an absence of several years
② several years' absence
③ the absence of several years
④ absence of several years'

07 Silver the whitest of all metals, reflects light better than other metals, and so is the best reflector for mirrors. In addition, silver is very easy to shape. Only gold can be worked _____.

① with greater ease
② well at ease
③ with difficulty
④ by the hands

08 A boy made _____ wearing luxury clothes and posted them on the Internet.

① his sister's friend's some pictures
② some pictures of friend of her sister
③ his sister's some pictures of friend
④ some pictures of his sister's friend

09~18 **Choose the one that makes the sentence grammatically INCORRECT.**

09 ① Although chemistry and biology were ② among my favorite subjects ③ in college, physics ④ were my least favorite.

10 ① A my neighbor doesn't introduce the person ② whom she is with when I ③ run into her ④ on the street.

11 Although ① the Jewish population of the Rocky Mountain ② regional is relatively small, ③ Hebrew is used in the region for ④ several purposes.

12 As Johnny grew up, his family never ① spoke about ② its feelings ③ because they were under the impression that emotions are solely ④ a woman's domain.

13 In the ① classic popularization of the work of British philosopher Jeremy Bentham, the business of government ② was to produce the maximum ③ happinesses for the maximum ④ number.

14 Personal loans ① cannot be transferred to another ② people, because these loans are ③ determined based on your unique credit score and your list of ④ available sources of income.

15 More than ① dozen airplanes and ships have been participating in the multinational search across ② an area of some 185,000 square miles (480,000 square kilometers), ③ which is roughly ④ the size of Spain.

16 ① <u>A few knowledge</u> of psychology ② <u>comes in handy</u> when your kid refuses to go to bed. ③ <u>Offer</u> her a choice of staying up until 8:30 with you or going upstairs and playing until 9:00. ④ <u>Since</u> she gets to make the choice, she does not feel powerless and will not resist.

17 I ① <u>love watching</u> the ② <u>leafs</u> change color and the pretty red berries appearing everywhere on ③ <u>all of the bushes</u> in my back yard. So I thought to myself, I want to use ④ <u>that beauty</u> and make something out of it.

18 When ① <u>it comes to</u> protecting your identity and avoiding legal consequences, ② <u>a few</u> hundred dollars ③ <u>are</u> a very reasonable ④ <u>price to pay</u>. Things to consider.

19 **Choose the one that is grammatically NOT correct.**

① There was a fire in the neighbor's house yesterday.

② An enormous variety of information can be obtained from a newspaper.

③ The fastest mean of travel is by plane.

④ There is not much stock in the warehouse.

20 **Choose the one that is grammatically correct.**

① I made friend with her at the party.

② Any friend of my son's is welcome.

③ I have received many kindness from him.

④ My room and my sister's faces each other.

CHAPTER

02 | 관사

01 관사의 종류

관사는 명사 앞에 사용되는 일정의 한정사로, 정관사와 부정관사가 이에 속한다.

1 부정관사

a, an으로 특정한 대상을 지칭하지 않으며, 가산명사의 단수형에 사용된다.

- I need a up-to-date computer.
  나는 최신 컴퓨터가 필요하다.

2 정관사

the로 대화 상대가 '이미 알고 있거나 이미 언급된' 것을 의미한다. 불가산명사와 가산명사, 단수와 복수 모두에 사용된다.

- Will you pass me the remote control?
  리모컨 좀 건네줄래?

02 부정관사

1 부정관사 일반

a는 발음상 자음 앞, an은 모음 앞에 사용된다.

a used car	a union	a week	a woman
a European	a university	a year	a young couple
an heir	an hour	an apple	an honest boy
an elephant	an umbrella	an MP	an X-ray

2 부정관사의 용법

(1) one: 하나의

- A bird in the hand is worth two in the bush.

  손안에 있는 한 마리의 새는 숲속에 있는 두 마리보다 낫다.

- Pope Francis didn't say a word about it.

  Francis 교황은 그것에 관해 한마디도 말하지 않았다.

(2) 대표 단수: any

- A cow is a useful animal.

  = The cow is a useful animal.

  소는 유용한 동물이다.

- A fox is a cunning animal.

  = The fox is a cunning animal.

  여우란 교활한 동물이다.

(3) a certain: 어떤

- In a sense, life is only a dream.

  어떤 의미에서 인생은 꿈에 불과하다.

- She came back on a fine morning.

  그녀는 어느 화창한 아침에 돌아왔다.

- A Mr. Brown is waiting for you.

  Brown이란 어떤 분이 당신을 기다리고 있습니다.

(4) per: 각, ~마다

- He comes here once a week.

  그는 일주일마다 한 번씩 여기에 온다.

- He was already paying his workers twelve dollars an hour.

  그는 이미 직원들에게 시간당 12달러를 지급하고 있었다.

(5) some: 약간, 얼마간

- Wait here for a while.

  여기서 잠시 동안 기다려라.

- He has a knowledge of Latin.

  그는 약간의 라틴어 지식이 있다.

- Oil paintings look better at a distance.

  유화는 약간 떨어진 곳에서 더 잘 보인다.

(6) the same: 동일한, 같은

- These shoes are of a size.

  이 신발들은 치수가 같다.

- Birds of a feather flock together.

  같은 깃털을 가진 새끼리 함께 모인다. (유유상종)

- Two of a trade seldom agree.

  같은 장사끼리는 마음이 안 맞게 마련이다.

(7) 고유명사 앞: '~라고 하는' 의미로 보통명사를 나타낸다.

- A Newton can't become a Shakespeare at will.

  뉴턴과 같은 과학자는 마음대로 셰익스피어와 같은 문학가가 될 수 없다.

3 부정관사의 관용 표현

all of a sudden 갑자기	as a rule 대체로
at a distance 약간 떨어져서	at a loss 당황한
in a hurry 급히	come to an end 끝나다
deliver a speech 연설하다	keep an eye on ~을 감시하다
for a change 기분 전환으로	make a scene 소란을 피우다
make it a rule to ~을 규칙으로 하다	as a whole 전체로서

- At last our long journey came to an end.

  마침내 우리의 긴 여행은 끝이 났다.

- I am at a loss what to do.

  나는 어찌해야 좋을지 모르겠다.

- Keep an eye on the store while I am away.

  내가 없는 사이에 가게 잘 봐.

03 정관사

명사 앞에 붙여 지시 혹은 한정의 뜻을 나타낸다. 혼동의 가능성이 없을 정도로 특정되어야 한다. 앞에 언급되었거나 이미 아는 개념이나 고유하고 유일한 것들을 정관사로 나타낸다.

1 정관사의 용법

(1) 앞에 나온 명사를 받을 때: 특정한 것, 알고 있는 것, 분명한 것을 지칭

- I bought a book at the bookstore. The book is very interesting.

  나는 서점에서 책을 한 권 샀다. 그 책은 매우 흥미롭다.

• He lost a purse and some money in it. The purse was found, but the money was gone.

그는 지갑과 그 안에 들어 있는 돈을 잃어버렸다. 그 지갑은 찾았지만 돈은 없어졌다.

(2) 한정된 수식 어구가 있을 때: 형용사구, 형용사절의 수식을 받는 경우

• He is called the Newton of Korea.

그는 한국의 뉴턴이라고 불린다.

• The books on the desk are mine.

책상 위에 있는 책들은 나의 것이다.

• The water of this swimming pool is very comfortable for human skin and eyes.

이 수영장 물은 사람의 피부와 눈에 편안하다.

(3) 고유하고 유일한 것, 방위 표시

• The earth moves round the sun.

지구는 태양 주위를 돈다.

• The sun rises in the east.

태양은 동쪽에서 뜬다.

① 복수형: the Alps, the Smiths
② 형용사로 수식: the late Mr. Brown, the Nelson of Korea
③ 강, 바다, 해협, 만: the Han River, the English Channel
④ 철도, 기차, 항공기, 선박: the Korean Air, the Saimaeul
⑤ 반도, 공공건물, 신문, 잡지: the City Hall, the New York Times

참고 역, 공항, 사원 표시 고유명사 앞 ⇨ 관사 없음

Seoul Station, Westminster Abbey

(4) 형용사의 최상급, 서수사, only, the last, the same 앞

• Seoul is the *largest* city in Korea.

서울은 한국에서 가장 큰 도시이다.

• January is the *first* month of a year.

1월은 1년 중 첫 번째 달이다.

• More than one driver can be at fault for the *same* accident.

적어도 둘 이상의 운전자가 같은 사고에 책임이 있다.

(5) 악기, 발명품

• Does the tall boy play the piano well?

저 키 큰 소년이 피아노를 잘 칩니까?

• The steam-engine was invented by James Watt.

증기기관은 James Watt에 의해서 발명되었다.

(6) 대표 단수

• The elephant is an intellectual animal.

코끼리는 지적인 동물이다.

- The brave man thinks of himself last of all.

  용감한 사람은 자기 자신을 먼저 생각하지 않는다.

(7) 추상명사: the + 단수 보통명사

- He felt the patriot rise within himself.

  그는 마음속에서 애국심이 솟아오르는 것을 느꼈다.

- The pen is mightier than the sword.

  문(文)은 무(武)보다 더 강하다.

(8) the + 형용사/분사의 용법

① 복수 보통명사를 의미하는 경우: 복수 취급

the rich 부자들	the poor 빈자들
the young 젊은이들	the old 노인들
the living 산 사람들	the wounded 부상자들
the unemployed 실업자들	the disabled 장애인들

- They are planning a special school for the deaf.

  그들은 청각 장애인들을 위한 특수학교를 계획 중이다.

- We saw the dead and the dying in the cave.

  우리는 동굴 속에서 시체들과 죽어 가는 사람들을 보았다.

② 단수 보통명사를 의미하는 경우: 단수 취급

the deceased 고인	the insured 피보험자
the condemned 사형수	

- The accused consistently denies his involvement in the crime.

  피고는 계속해서 자신의 범죄 연루를 부인하고 있다.

③ 추상명사를 의미하는 경우: 단수 취급

the beautiful 미	the true 진리
the unknown 미지의 것	the unexpected 예기치 못한 상황

- You are now asking me for the impossible.

  너는 지금 내게 불가능을 바라고 있다.

(9) the + 비교급

- Strange to say, her left eye is the larger of the two.

  이상한 말이지만 그녀의 왼쪽 눈이 둘 중에서 더 크다.

- The harder you practice English, the more fluently you will be able to speak it.

  영어를 열심히 연습하면 할수록 더욱 유창하게 말할 수 있을 것이다.

(10) 시간, 수량의 단위 표현

- Salt is sold by <u>the pound</u>.
  소금은 파운드 단위로 팔린다.
- Do you sell sugar by <u>the kilo</u>?
  설탕을 킬로그램 단위로 파나요?
- They hired a man by <u>the month</u>.
  그들은 월간 계약으로 직원을 고용했다.

(11) 신체의 일부분 표시

① catch 형의 동사

> S + V(catch, grip, seize, take, hold, pull) + 人 + by the + 신체 일부

- He <u>caught</u> me by the arm.
  그는 내 팔을 잡았다.

② strike 형의 동사

> S + V(strike, hit, pat, tap, touch, kiss, punch) + 人 + on the + 신체 일부

- He <u>struck</u> me on the ear.
  그는 내 따귀를 때렸다.

③ look 형의 동사

> S + V(look, gaze, stare) + 人 + in the + 신체 일부

- I <u>looked</u> him in the nose.
  나는 그의 코를 쳐다보았다.

2 정관사의 관용 표현

in the main 대체로	on the way 도중에
to the point 간결한, 간단명료한	in the evening 저녁에
in the country 시골에서	in the distance 멀리서
in the dark 어둠 속에서	on the whole 전적으로
on the contrary 반대로	on the spot 바로 그 자리에서

- The only light you can see is coming from a small cottage <u>in the distance</u>.
  당신이 볼 수 있는 유일한 빛은 저 멀리 작은 오두막에서 나오는 빛이다.
- Even when colleagues speak candidly, <u>on the whole</u> they like him.
  동료들이 솔직하게 말할 때에도, 전적으로 그들은 그를 좋아한다.

04 관사의 생략

1 관사의 생략 의미

(1) 불가산명사

특정적인 것이 아닐 경우 원칙적으로 관사를 안 붙인다.

- Failure is the opposite of success.

  실패는 성공의 반대이다.

(2) 전체를 지칭

'무관사 + 복수명사'로 대표단수와 같은 용법으로 쓰인다.

- Cats like to remain clean.

  고양이는 깨끗하게 지내고 싶어 한다.

2 관사 없이 사용하는 용례

(1) 국적과 언어

- In China, I never noticed I'm Chinese because everyone is Chinese.

  중국에서는 모두 중국인이기 때문에 내가 중국인인 것을 인식한 적이 없었다.

(2) 호칭, 가족 지칭

- Waiter, bring me my bill, please.

  웨이터, 계산서 좀 가져다주세요.

- Father is washing the car.

  아버지는 세차를 하고 계신다.

(3) 식사 · 질병 · 운동 · 계절 · 학과명

- He came immediately after dinner.

  그는 저녁 식사 후 즉시 왔다.

- My uncle died of cancer.

  나의 삼촌은 암으로 돌아가셨다.

- He plays tennis every weekend.

  그는 주말마다 테니스를 친다.

- Fall comes after summer.

  여름이 가면 가을이 온다.

- I major in history.

  나는 역사학을 전공한다.

참고 가벼운 병명 언급 시 관사 사용

- I have a cold.

  나는 감기에 걸렸다.

- I have a toothache.

  나는 이가 아프다.

(4) 관직, 혈통, 신분 표시어가 동격이나 보어로 쓰일 때

- He became mayor of our city. (주격 보어)

  그는 우리 시의 시장이 되었다.

- They elected him President. (목적격 보어)

  그들은 그를 대통령으로 선출했다.

- He was appointed Governor. (주격 보어)

  그는 주지사로 임명되었다.

- Elizabeth II, Queen of England, visited Korea. (동격)

  영국 여왕 Elizabeth 2세가 한국을 방문했다.

(5) a kind / sort / type of + 무관사 명사

- The pine tree is a common *kind of* tree in Korea.

  소나무는 한국에서는 흔한 종류의 나무이다.

- He is not *the sort of* man to do a cruel thing like that.

  그는 그따위 잔인한 짓을 할 종류의 사람이 아니다.

(6) 본래의 목적에 쓰여 추상적인 개념이 되는 경우

in school 재학 중	in prison 복역 중
go to church 예배 보러 가다	go to sea 선원이 되다
go to hospital 입원하다	go to prison 교도소 수감 중이다
at church 예배 중	at school 수업 중
go to court 법정에 서다	go to bed 잠자리에 들다
at table 식사 중	at work 근무 중

- He is at table.

  그는 식사 중이다.

- He is at the table.

  그는 식탁에 있다.

- He went to sea.

  그는 선원이 되었다.

- He went down to the sea.

  그는 해변으로 갔다.

(7) 교통 · 통신 수단

on foot 도보로	by parcel post 소포로
on horseback 말을 타고	by special delivery 빠른우편으로
by registration 등기로	by words of mouth 구전으로

- I went there by water and returned by land.

  나는 해로로 거기에 가서 육로로 돌아왔다.

- I informed him by telephone.

  나는 그에게 전화상으로 통지했다.

(8) 양보 구문에서 보어(명사)가 문두로 도치될 경우

- Woman as she was, she could do so heavy a task.

  = Though she was a woman, she could do so heavy a task.

  그녀는 비록 여자였지만, 그렇게 힘이 드는 일을 할 수 있었다.

- Weak boy as he was, he helped us dig up the garden.

  = Weak boy though he was, he helped us dig up the garden.

  = Though he was a weak boy, he helped us dig up the garden.

  약한 소년이었음에도 불구하고, 그는 우리가 정원을 일구는 것을 거들었다.

(9) 한 사람을 가리키거나 불가분의 관계가 있을 때의 and 다음에 사용

- A poet and novelist is my friend.

  시인이자 소설가는 내 친구다.

- The king and queen attended the party.

  국왕과 여왕은 파티에 참석했다.

(10) 관용 표현

명사가 전치사나 접속사와 연결되어 짝을 이루거나 관용적인 표현에서 관사를 생략한다.

arm in arm 팔짱을 끼고	day and night 주야로
from door to door 집집마다	knife and fork 칼과 포크
side by side 나란히	step by step 한 걸음씩

- They went begging from door to door.

  그들은 집집마다 구걸하며 다녔다.

- They walked arm in arm.

  그들은 팔짱을 끼고 걸었다.

at hand 가까이에	at home 마음 편히
by accident 우연히	on business 사업상으로
out of date 구식의	on purpose 고의로
give way 물러서다	take place 발생하다
in person 몸소	lose sight of ~을 놓치다

- Sometimes people give bad gifts <u>on purpose</u>.

  가끔씩 사람들은 고의로 안 좋은 선물을 준다.
- People should not <u>lose sight of</u> many valuable things.

  사람들은 많은 소중한 것들을 놓쳐서는 안 된다.

01 관사의 위치

원칙적으로는 '관사 + (부사) + 형용사 + 명사'의 어순을 취한다. 하지만 so나 such 등이 명사를 수식할 경우에는 어순이 변한다.

1 일반적 어순

관사는 수식어 중 가장 앞에 위치한다.
- <u>an</u> interesting English poem

  흥미로운 영시
- James is <u>a</u> very honest person and you can be frank with him.

  James는 아주 정직한 사람이므로 네가 그에게는 솔직할 수 있다.

2 예외적 경우

(1) so/as/too ... + 형용사 + 부정관사 + 명사

- He is <u>so honest a boy</u> that everybody loves him.

  그는 너무나 정직한 소년이므로 누구나 그를 좋아한다.
- He is <u>as kind a boy</u> as you are.

  그는 당신만큼 친절한 소년이다.
- That is <u>too difficult a question</u> to answer.

  그것은 너무나 어려운 질문이어서 대답할 수 없다.
- <u>How pretty a flower</u> it is!

  그것은 얼마나 예쁜 꽃인지!

- However rich a man he may be, he must not be idle.

  사람이 아무리 부자일지라도 게을러서는 안 된다.

(2) such/rather/many/quite/what(ever) + 부정관사 + 형용사 + 명사

- I have never seen such an honest man.

  나는 그렇게 정직한 사람을 본 적이 없다.

- He is quite a nice fellow.

  그는 꽤 친절한 사람이다.

(3) all/double/both/half + 정관사 + 명사

- They spent all the money.

  그들은 돈을 모두 소비했다.

- Both the boys passed the examination.

  그 소년들 둘 다 시험에 합격했다.

- He was willing to pay double the price for the book.

  그는 기꺼이 그 책의 가격을 두 배로 지불할 의사가 있었다.

01~08 Choose the one that could best complete each of the following sentences.

01 Thomas and Jane have classes on Monday, Wednesday, and Friday, three days
_____.

① until a week
② during a week
③ for a week
④ a week

02 The fires in Southern California could spread _____ toward the coast,
potentially impacting areas from Oxnard to Malibu.

① from the east to the west
② from the east to west
③ from eastern to western
④ from east to west

03 Workers paid _____ represented nearly 60% of employed Americans in 2018.

① by hour
② by an hour
③ by hours
④ by the hour

04 Everyone just assumes I'm _____ because of the way I look.

① a European
② European
③ the European
④ an European

05   Television now plays _____ in so many people's lives that it is essential for us to try to decide whether it is good or bad.

     ① such important part

     ② such a part important

     ③ so important a part

     ④ a part so important

06   The tour company got the booking wrong — suddenly it was _____ we'd agreed to.

     ① double the price

     ② the double price

     ③ price the double

     ④ the price double

07   In most household wiring, _____ wires are at 120 volts.

     ① the black and red

     ② black and red

     ③ the black and the red

     ④ black and the red

08   If life died, the ocean would become, in fact, one enormous cesspool. Billions of decaying bodies would create _____ that man would be forced to leave all the seashore regions. But far worse things would follow as the result of the pollution.

     ① a such insupportable smell

     ② such an insupportable smell

     ③ so a insupportable smell

     ④ too an insupportable smell

09~18 **Choose the one that makes the sentence grammatically INCORRECT.**

09 After ① tuna is sealed, the cans ② are put through a second cooking ③ called retort cooking for two to four hours. This process sterilizes ④ the tuna meat.

10 Traditionally, the ① President of the United States has been a civilian; ② so it is all the more remarkable that ③ the General Eisenhower ④ should have achieved an overwhelming majority in the election.

11 ① Having graduated from ② an university you can prove your future employer that you are able to prepare assignments ③ on time, you are intelligent, and you are disciplined. ④ No error.

12 Finding the appropriate educational environment for ① highly gifted can be tricky. ② Most school systems are not set up to understand ③ or educate ④ this very unique learner.

13 Florence Nightingale took her ① Christian name from ② town where she was born in May 1820, ③ the daughter of a wealthy Hampshire landowner who ④ was a prominent campaigner against slavery.

14 ① A great philosopher as he afterwards became, I have often thought that ② the philosophy evinced in those moments of acute suffering was as wonderful in ③ its way as ④ the brightest feats of his splendid intellect.

15 Peter was by far, the most knowledgable person ① that I have known. His biggest drawback ② was that he was ③ too a honest man to put up with ④ the political intrigues that plagued many bureaucracies.

16 The People in the United States speak ① same language as those in Great Britain. ② However, American English is different from British English in many ways. First, the sounds of American English are different from ③ those of British English. For example, ④ most Americans pronounce "r" in the word "car" but most Britains do not.

17 'Breakfast is ① the most important meal of the day' is an age-old saying, ② which we are all familiar with. However, many of us claim that we don't ③ have time to eat ④ the breakfast.

18 If you ① go to the school you'll make ② something good of your life, you will think well and react well. Education is at the root of everything. According to ③ one report, 75 million children aged between 3-18 ④ don't have access to adequate education.

19 **Choose the one that is grammatically NOT correct.**

① Mr. William was appointed the principal of our school.

② They take much pains to accomplish the work.

③ He went to the church to see the poet's grave.

④ The same thing happened to me yesterday.

20 **Choose the one that is grammatically correct.**

① No one seems to be a quite decent person.

② He was looking for a Mr. Jones at the party.

③ The dealer has just bought an used car from her.

④ Mr. Howard was elected a president of the company.

03 | 대명사

01 대명사의 종류

대명사는 명사의 반복을 피하기 위하여 쓴다. 또한 대명사는 명사뿐 아니라 명사구를 대신하기도 한다.

1 인칭대명사

인칭대명사는 인칭을 나타내는 대명사다. 1인칭은 화자나 필자를, 2인칭은 청자나 독자를 뜻하고, 3인칭은 이를 제외한 모든 사람과 사물을 가리킨다.

인칭대명사의 격

인칭	구분		주격 (~은[는], ~이[가])	소유격 (~의)	목적격 (~을[를], ~에게)	소유대명사 (~의 것)	재귀대명사 (~ 자신)
1	단수		I	my	me	mine	myself
	복수		we	our	us	ours	ourselves
2	단수		you	your	you	yours	yourself
	복수		you	your	you	yours	yourselves
3	단수	남성	he	his	him	his	himself
		여성	she	her	her	hers	herself
		중성	it	its	it	–	itself
	복수		they	their	them	theirs	themselves

- He is not a man of wisdom. (주격)
  그는 똑똑한 사람이 아니다.
- His father is at once stern and tender. (소유격)
  그의 아버지는 엄격하기도 하고 온화하기도 하시다.
- I don't agree with him. (목적격)
  나는 그와 의견이 같지 않다.

2 일반인 주어

- We are apt to be wasteful of time.
  우리는 시간을 낭비하기 쉽다.

- You should obey your parents.

  여러분은 부모님께 복종해야 한다.
- They speak English in Canada.

  캐나다에서는 영어를 말한다.

3 기타 주의사항

(1) 주격 보어의 격은 원칙상 주격으로 나타낸다.

- "Who do you think broke the window?" – "It was she."

  "창문을 깨뜨린 사람이 누구라고 생각하니?" – "그녀가 그랬어."

(2) 원칙상 단수는 '2-3-1'인칭, 복수는 '1-2-3'인칭의 순으로 나열한다.

- You, my sister and I will go there together. (단수)

  너와 내 여동생 그리고 내가 거기에 같이 갈 것이다.
- We, you and they agreed on these new terms. (복수)

  우리와 너희들 그리고 그들 모두가 이 새 조건에 합의했다.

02 소유대명사

1 용법

소유대명사는 명사의 반복을 피하기 위해 사용하며, '대명사의 소유격 + 명사'로 주어, 목적어, 보어가 될 수 있다. 명사의 기능을 수행한다.

- His parents are present; yours are not. (= your parents)

  그의 부모님은 살아 계신다; 너의 부모님은 그렇지 않다.
- Your things are in the locker and ours are in the car. (= our things)

  너의 짐은 로커 안에 있고, 우리 것은 차 안에 있다.

2 이중소유격

a[an], any, this[these], that[those], some, no, which, what 등은 소유격과 나란히 쓸 수 없다. 그래서 '한정사 + 명사 + of + 소유대명사'의 이중소유격 형태로 쓴다.

---

a, an, this, that, any, no, some, another + 소유격 + 명사 (×)

⇨ a, an, this, that, any, no, some, these, another + 명사 + of + 소유대명사

- He is a friend of ours.

  그는 우리 친구들 중 한 사람이다.

- That book of hers belonged to the club.

  그녀의 그 책은 그 클럽에 속해 있었다.

- Show me another book of hers.

  나에게 그녀의 다른 책 한 권을 보여 주세요.

- This is no fault of hers.

  이것은 그녀의 잘못이 아니다.

3 소유격 + own

소유격의 의미 강조하기 위해 of one's own을 쓴다.

- The company has a building of its own.

  그 회사는 전용 빌딩을 가지고 있다.

03 재귀대명사

인칭대명사의 소유격과 목적격에 1, 2인칭은 소유격에 -self, 3인칭은 목적격에 -selves를 붙인 것으로 '~의 자신'이란 의미이다. myself, yourself, himself, herself, itself, ourselves, yourselves, themselves를 쓴다.

1 재귀용법

주어의 행위가 주어 자신에게 돌아오는 경우를 나타내며, 타동사 · 전치사의 목적어 역할을 한다. 타동사, 전치사의 목적어 자리에 사용된다.

- He killed himself.

  그는 자살했다.

- You must take care of yourself.

  너는 스스로를 돌보아야 한다.

- Heaven helps those who help themselves.

  하늘은 스스로 돕는 자를 돕는다.

2 강조용법

주어·목적어와 동격으로 쓰여 의미를 강조하며, 주어·목적어·보어를 강조하며 생략이 가능하다.

- She made herself some tea.

  그녀는 손수 차를 끓여 마셨다.

- Life itself is an unsolved mystery.

  인생은 그 자체가 풀 수 없는 신비이다.

- You have to submit the application to John himself.

  너는 원서를 다름 아닌 John에게 제출해야 한다.

3 관용 표현

for oneself (= without other's help)	혼자 힘으로, 스스로
by oneself (= alone)	홀로, 외로이
to oneself	독점적으로
of itself (= spontaneously)	저절로
in itself (= in its own nature)	그 자체로서
beside oneself (= mad)	제정신이 아닌, 미친
in spite of oneself (= unconsciously)	자기도 모르게, 무의식적으로
between ourselves (= between you and me)	우리끼리 이야기지만

- He likes to do everything for himself. 혼자 힘으로 (= without other's help)

  그는 모든 일을 혼자 힘으로 하는 것을 좋아한다.

- She got there by herself. 혼자서 (= alone)

  그녀는 혼자서 거기에 갔다.

- The light went out of itself. 저절로 (= spontaneously, naturally)

  불빛이 저절로 꺼졌다.

- Our survival is a miracle in itself. 본질적으로 (= in one's own nature)

  우리의 생존은 본질적으로 기적이다.

- They were beside themselves with surprise. 제정신이 아닌 (= almost mad)

  그들은 놀라서 제정신이 아니었다.

- She shed tears in spite of herself. 무의식적으로 (= unconsciously)

  그녀는 무의식적으로 눈물을 흘렸다.

- She has a large room to herself. 독점하다 (= monopolize)

  그녀는 큰 방을 독점하고 있다.

- Between ourselves, she was very stupid. 우리끼리 이야기지만 (= in secret)

  우리끼리 이야기이지만, 그녀는 매우 어리석었다.

1 this, that/these, those

(1) this는 가까운 것 · 현재, that은 비교적 먼 것 · 과거 표시

this afternoon 오늘 오후 those days 그 당시에	that afternoon 그날 오후 these days (= lately, recently) 요즈음

(2) 명사의 반복을 피하기 위한 that, those

- *The winter* of Canada is colder than that of Korea.
  캐나다의 겨울은 한국의 겨울보다 춥다.
- I think *the cold* of this year is severer than that of last year.
  금년의 추위는 작년의 추위보다 더 맹렬하다.
- *The ears* of a rabbit are longer than those of a cat.
  토끼 귀는 고양이 귀보다 더 길다.
- *The houses* of Seoul are more expensive than those of other cities.
  서울의 집은 다른 도시들의 집보다 더 비싸다.

(3) 바로 앞에 나온 어구나 뒤에 나올 어구를 받는 this, that

- He refused my offer, and this hurt my feelings. (앞 = that, it)
  그는 내 제의를 거절했고, 이것이 내 기분을 상하게 했다.
- I regret to say this; you don't seem to fit this position. (뒤)
  이런 말을 하게 되어 유감스럽지만, 당신은 이 자리에 적합하지 않아 보이는군.

(4) those who: those는 people의 의미로 '~하는 사람들'

- Heaven helps those who help themselves. (= people who)
  하늘은 스스로 돕는 자를 돕는다.
- Luck comes to those who look after it.
  행운은 그것에 주의하는 사람들에게 찾아온다.

(5) this[these]는 후자(= the latter), that[those]은 전자(= the former)

- Work and play are both necessary to health: this gives us rest, and that gives us energy.
  (this = play, that = work)
  일하는 것과 노는 것 모두가 건강에 필수적이다. 후자(노는 것)는 우리에게 휴식을 주는 것이며 전자(일하는 것)는 우리에게 에너지를 준다.
- Health is above wealth: this can't give so much happiness as that.
  건강은 재산보다 더 중요하다. 후자(재산)는 전자(건강)만큼 많은 행복을 주지 못한다.
- I keep two cats and two dogs; these are more faithful than those.
  (these = two dogs, those = two cats)
  나는 고양이 두 마리와 개 두 마리를 기르는데, 개 두 마리가 고양이 두 마리보다 더 충실하다.

(6) 관용어를 이루는 this, that

① that is, that is to say: 즉, 다시 말하면

- Never in the whole course of modern history — <u>that is</u>, during the 150 years — has peace been more desirable than today.

  현대사의 전 기간, 즉 150년간에 있어서, 오늘날처럼 평화가 더 바람직한 적은 없었다.

② for all that: 그럼에도 불구하고, 결국

- <u>For all that</u>, I still feel that he is the most capable man in our organization.

  그럼에도 불구하고 나는 그가 우리의 조직체에서 가장 역량 있는 사람이라고 아직도 느끼고 있다.

03

2 it

(1) 앞의 명사 · 구 · 절, 문장 전체를 받는다.

- I bought a nice pen and I gave <u>it</u> to him. (특정한 것)

  나는 좋은 펜을 하나 사서 그에게 그것을 주었다.

- I tried to drive a nail onto the wall, but <u>it</u> was impossible. (구)

  나는 벽에 못을 박으려고 했지만 그것은 불가능했다.

- I ran out of gas on the road yesterday. <u>It</u> taught me a lesson. (문장)

  나는 어제 도로에서 기름이 떨어졌었다. 그것은 내게 교훈이 되었다.

(2) 가주어, 가목적어

- <u>It</u>'s a pity to make a fool of yourself.

  스스로를 웃음거리로 만들다니 유감이다.

- <u>It</u> is wrong to tell a lie.

  거짓말을 하는 것은 잘못이다.

- He made <u>it</u> his business to settle the matter.

  그가 그 문제의 해결을 맡았다.

- You will find <u>it</u> pleasant talking with her.

  너는 그녀와 이야기하는 것이 즐겁다는 것을 알게 될 것이다.

(3) It ～ that 강조 구문: it + 강조 대상 + that/who/which

- I met her in the park yesterday.

  = <u>It was</u> I <u>that</u> met her in the park yesterday. (주어 'I' 강조. that = who)

  = <u>It was</u> her <u>that</u> I met in the park yesterday. (목적어 'her' 강조. that = whom)

  = <u>It was</u> in the park <u>that</u> I met her yesterday. (부사구 'in the park' 강조. that = where)

  = <u>It was</u> yesterday <u>that</u> I met her in the park. (부사 'yesterday' 강조. that = when)

  나는 어제 공원에서 그녀를 만났다.

(4) 비인칭주어: 계절 · 시간 · 거리 · 기후 · 무게를 표현한다.

- What a hard winter <u>it</u> is! (계절)

얼마나 추운 겨울인가!

- It is fifteen miles to London. (거리)

  런던까지는 15마일이다.

- It is fine today. (기후)

  오늘은 날씨가 화창하다.

- It is all over with him. (사정)

  그는 이미 틀렸다.

- It's five o'clock. (시간)

  5시다.

- It's getting dark. (명암)

  어두워지고 있다.

(5) 막연한 상황의 it

- How goes it with you?

  어떻게 지내는가?

- It is all over with him.

  그는 이제 끝장이다.

- Let's call it a day.

  이제 그만합시다.

3 so

(1) 타동사의 목적어: 앞 문장 전체를 대신한다.

> think, believe, hope, expect, say, tell, suppose, be afraid

- He is coming home today. – I hope so. (= he is coming home today)

  그는 오늘 집으로 돌아올 거야. – 나도 그러길 바란다.

- I don't think so.

  나는 그렇게 생각하지 않아.

- Will our exam be difficult? – I'm afraid so.

  우리 시험이 어려울까요? – 유감이지만 그럴 것 같습니다.

(2) 보어: 앞의 형용사를 받는다.

- He had been weak, but he wouldn't be so any longer.

  그는 약했으나 더 이상 그렇지는 않을 것이다.

- He is a bachelor and will remain so.

  그는 독신이고 앞으로도 독신일 것이다.

(3) 관용 표현

> so + 주어 + 동사: 사실, 정말 (= indeed: 주어가 동일인일 때)
> so + 동사 + 주어: ～도 역시 (= also, too: 주어가 다를 때)

- Mr. Green seems to be an honest man. So he is.

  Green 씨는 정직한 분 같아. 정말 그래.

- Mary can speak English, and so can her brother.

  Mary는 영어를 말할 줄 아는데, 그녀의 오빠도 말할 줄 안다.

> 부정문. Neither + 동사 + 주어: 역시 ～도 아니다 (= Nor + 동사 + 주어)
> 부정문, and neither + 동사 + 주어 (= nor + 동사 + 주어)

- She doesn't like the music. Neither[Nor] do I.

  She doesn't like the music, and neither do I. (= nor do I.)

  그녀는 음악을 좋아하지 않는다. 나도 역시 좋아하지 않는다.

- She was not persuasive, and neither was he.

  = She was not persuasive, and he was not, either.

  = She was not persuasive, nor was he.

  그녀는 설득력이 없었고, 그도 마찬가지였다.

4 such

(1) 대명사 역할: '그러한 것, 그런 사람'의 의미

- I may have hurt her feeling, but such was not my intention. (= that)

  그녀의 기분을 상하게 했는지는 모르겠지만, 그것은 내 의도가 아니었다.

- He is a child and must be treated as such. (= a child)

  그는 어린이며 그와 같이 대우를 받아야 한다.

(2) such ~ that 용법

> such + a + 형용사 + 명사 + that: 너무 ～하므로[해서]
> so + 형용사 + a + 명사 + that: 너무 ～하므로[해서]

- She is such a lovely child that everybody loves her.

  = She is so lovely a child that everybody loves her.

  그녀는 너무 사랑스러운 아이라서 모든 사람들이 그녀를 사랑한다.

(3) such A as B = A such as B = A like B: B 같은 A

- Such scientists as Newton are rare.

  뉴턴과 같은 과학자는 드물다.

03

- Autumn gives us fruits, <u>such as</u> pears and grapes.

  가을에는 배나 포도 같은 과일들이 난다.

(4) such as + V: ~하는 사람들 (= those who)

- <u>Such as</u> have little money want for friends.

  돈이 없는 사람들은 친구가 없다.

5 the same

(1) the same

'똑같은 것'이라는 뜻의 대명사로 문장 내에서 주어, 보어, 목적어로 쓰인다.

- I'll have <u>the same</u>.

  저도 같은 것으로 하겠습니다.

- <u>The same</u> is true of her case.

  그녀의 경우도 마찬가지이다.

(2) all the same

- She has some defects, but I like her <u>all the same</u>. (= nevertheless: 그래도 역시)

  그녀에게는 약간의 결점이 있으나, 그래도 역시 나는 그녀를 좋아한다.

- You may stay here or go away; it is <u>all the same</u> to me. (아무래도 좋은)

  당신이 여기에 계시든 가시든 좋습니다. 저는 아무래도 좋습니다.

(3) 관용 표현

> the same A as B: B와 같은 A ⇨ 같은 종류
>
> the same A that B: B와 같은 A ⇨ 동일한 물건

- This is <u>the same</u> watch as I lost. (동일 종류)

  이것은 내가 잃어버린 것과 같은 종류의 시계다.

- This is <u>the same</u> watch that I lost. (동일물)

  이것은 내가 잃어버린 바로 그 시계다.

05 부정대명사

1 one

(1) 일반인

- <u>One</u> should always do one's duty.

  사람은 언제나 자기의 의무를 다해야 한다.

- One often fails to see one's own mistakes.

  사람은 종종 자기 자신의 실수를 알아차리지 못한다.

(2) 앞 명사의 반복 피함: a + 단수명사

- Do you have a camera? – Yes, I have a good one.

  너, 카메라 있니? – 그래, 좋은 카메라가 있어.

- If you need a dictionary, I will lend you one.

  네가 사전이 필요하다면, 내가 빌려줄게.

  참고 it: 'the + 단수명사'의 의미로 '바로 그 물건'을 지칭

- Where is my book? Have you seen it?

  내 책이 어디 있지? 너, 본 적 있니?

(3) one을 쓸 수 없는 경우

① 불가산명사(물질·추상명사)의 대용

- I like red wine better than white.

  나는 백포도주보다 적포도주를 더 좋아한다.

② 소유격(+ own) 뒤

- This bed is my own.

  이 침대는 내 것이다.

- My computer is older than hers.

  나의 컴퓨터는 그녀의 것보다 오래된 것이다.

③ 수사 다음에 반복되는 명사 대용

- He has three cars and I have two.

  그는 차가 세 대 있고 나는 두 대 있다.

2 other(s)

(1) one(하나) ~ the other(나머지 다른 하나): 둘 중의 하나를 선택하는 경우

- I have two brothers; one is in Seoul and the other is in Busan.

  나는 형이 둘 있는데, 한 명은 서울에 있고, 다른 한 명은 부산에 있다.

(2) one(하나) ~ the others(나머지 모두): 여럿 중 하나를 선택하는 경우

- We have five dogs; one is black, and the others are white.

  우리는 다섯 마리의 개를 가지고 있는데, 한 마리는 검은색이고, 나머지는 모두 하얀색이다.

(3) others(other + 복수명사): 많은 것 중 몇 개를 취하고 남은 임의의 몇 개를 표현

- These hats are too big; Have you any others?

  이 모자들은 너무 크네요. 다른 것은 없습니까?

(4) some과 결합

> some ~, others ...: 약간은 ~, 또 일부 나머지는 …
> some ~, the others ...: 약간은 ~, 그리고 나머지는 …

- There is no accounting for tastes: <u>some</u> people like fishing and <u>others</u> don't.
  기호를 설명하는 것은 불가능하다. 몇몇은 낚시를 하는 것을 좋아하며 다른 사람들은 그렇지 않다.
- There are ten students; <u>some</u> study German, and <u>the others</u> (study) French.
  열 명의 학생들이 있다. 일부는 독일어를 공부하며 나머지는 불어를 공부한다.

(5) 전자(the one) · 후자(the other)

> 전자: that ~, the former ~, the one ~
> 후자: this ~, the latter ~, the other ~

- They keep horses and cattle; <u>the one</u>(= horses) for riding, <u>the other</u>(= cattle) for food.
  그들은 말과 소를 기른다. 전자(말)는 타기 위한 것이고, 후자(소)는 식용을 위한 것이다.

(6) 둘 사이: each other / 셋 이상: one another

- The boy and the girl loved <u>each other</u>.
  소년과 소녀는 서로 사랑했다.
- They whispered to <u>one another</u>.
  그들은 서로에게 속삭였다.

3 another

(1) 불특정한 다른 것

- I don't like this hat. Show me <u>another</u>.
  나는 이 모자가 마음에 안 들어요. 다른 것을 보여 주세요.

(2) 하나 더(= one more)

- Will you have <u>another</u> cup of coffee?
  커피 한 잔 더 하시겠습니까?

(3) 다른(= different)

- From that time, he became <u>another</u> man.
  그때부터 그는 다른 사람이 되었다.

(4) 역시 같은 사람(= also one, a similar one)

- He is an impostor, and his son is <u>another</u>.
  그는 사기꾼이다. 그리고 그의 아들도 역시 그렇다.

(5) ~ one thing ... another(~와 …는 서로 다르다)

- To know is <u>one thing</u> and to teach is <u>another</u>.

  아는 것과 가르치는 것은 별개이다.

- To study economics is <u>one thing</u>, and to learn how to make money is quite <u>another</u>.

  경제학을 공부하는 것과 돈 버는 법을 배우는 것은 전혀 별개 문제이다.

(6) one ~, another ..., a third −: 하나하나 순서대로 열거할 때 사용

- <u>One</u> is red, <u>another</u> is white, and <u>a third</u> is green.

  첫 번째 것은 붉고, 두 번째 것은 희고, 세 번째 것은 녹색이다.

(7) one ~, another ..., and the third[the other] −: (셋 중에서) 하나는 ~, 다른 하나는 …, 나머지 세 번째는 −

- There are three flowers in the vase; <u>one</u> is rose, <u>another</u> is tulip, and <u>the other</u> is lily.

  꽃병에 꽃이 세 송이 있다; 하나는 장미이고, 다른 하나는 튤립이고, 나머지 세 번째는 백합이다.

4 every, each

(1) 용법

둘 다 단수 동사를 받으며, each는 '개별적인 것(각각은, 각자의)', every는 '모두'를 가리킨다. 아래와 같은 표현들이 주어로 올 경우, 동사는 현재일 경우 단수 취급한다.

every + 단수 명사	each + 단수 명사
every + 단수 명사 and 단수 명사	each of the 복수 명사

- <u>Every</u> member is present.

  모든 회원이 출석했다.

- <u>Each</u> of the members has to pay 500 dollars.

  회원들 각자가 500달러씩 지불해야 한다.

- <u>Every</u> boy and girl loves his parents.

  모든 소년 소녀들은 그의 부모를 사랑한다.

- <u>Each</u> has his own room.

  각각 자신의 방을 가지고 있다.

  참고 every는 단독 주어로 쓸 수 없다.

- Each has a hobby. (O) 각자 취미가 있다.

  * Every has a hobby. (×)

(2) every + 기수 + 복수 명사 또는 every + 서수 + 단수 명사: 매 ~마다 한 번씩

- The Olympics are held <u>every four years</u>. (기수 + 복수 명사)

  = The Olympics are held <u>every fourth year</u>. (서수 + 단수 명사)

  올림픽은 매 4년마다 한 번씩 개최된다.

- Garbage is collected <u>every two days</u>.
  = Garbage is collected <u>every second day</u>.
  = Garbage is collected <u>every other day</u>.
  쓰레기는 이틀에 한 번씩 수거된다.

5 no, none

(1) 용법

none은 사람·사물을 지칭하며 복수 취급이 원칙이지만 단수 취급하기도 한다. 반면 no one은 사람만을 가리키고, 단수 취급한다.

- <u>None</u> have succeeded in solving this question.
  어느 누구도 이 문제를 풀지 못했다.

(2) none + the[too/so]: 조금도 ~ 않다 (= not ~ at all)

- He is <u>none the happier</u> for his wealth.
  그는 부자임에도 불구하고 조금도 행복하지 않다.

6 some, any

(1) some은 긍정문에, any는 의문·조건·부정문에 사용

- I will give you <u>some</u> tickets.
  나는 너에게 티켓을 줄 것이다.
- Is there <u>any</u> wine left in the bottle?
  병에 와인이 남아 있니?
  – No, there is not <u>any</u>.
  아니, 없어.
- Do you have <u>any</u> money?
  너는 돈이 조금 있니?
  – Yes, I have <u>some</u> money.
  그래, 조금 있어.
  – No, I don't have <u>any</u> money.
  아니, 없어.
- If you have <u>any</u> questions, please ask me.
  궁금한 점이 있으시면, 저에게 질문해 주시기 바랍니다.

(2) 긍정문의 any

any가 긍정문에 쓰이면 '어떠한 ~이라도'의 뜻으로 강조

- Any one can do it.

  어떤 사람이라도 그것을 할 수 있다.

- Any child knows it.

  어떤 어린아이라도 압니다.

- Anytime you can call on me.

  아무 때나 저를 방문해도 돼요.

(3) 의문문의 some: 긍정의 대답을 기대하거나 권유 · 부탁을 표현하고자 할 때

- Will you have some beer?

  맥주 좀 드시겠어요?

- Will you lend me some money?

  돈 좀 빌려주시겠습니까?

(4) 형용사 · 부사로서의 some, any

- He went to some place in Africa. (= a certain: 형용사)

  그는 아프리카에 있는 그 어딘가로 갔다.

- We waited some twenty minutes. (= about: 부사)

  우리는 20분가량 기다렸다.

(5) 부정문의 any: any를 부정문의 주어로는 쓸 수 없음

- He doesn't know anything about it.

  = He knows nothing about it.

  그는 그것에 대해 아무것도 모른다.

- No one can succeed without pains. (O)

  * Anyone cannot succeed without pains. (×)

  누구도 고통 없이 성공할 수 없다.

- Nobody went there. (O)

  * Anybody did not go there. (×)

  아무도 그곳에 가지 않았다.

7 all, both

(1) all

① 물질명사 · 추상명사에서: 단수로 취급

- All his money was gone.

  그의 돈은 전부 없어졌다.

- All was quiet in the street.

  거리 위의 모든 것이 잠잠했다.

② 보통명사에서: 복수로 취급

- All were silent. (= All the people)

  모두들 말이 없었다.

- All the books are in the room.

  모든 책이 방 안에 있다.

(2) both: 복수 취급한다.

- Both belong to her.

  둘 다 그녀의 것이다.

- Both of us have a desk.

  우리 둘 다 책상을 가지고 있다.

8 most, almost

(1) most: 형용사, 대명사, 부사의 역할을 한다.

- Most people like to go shopping. (형용사)

  = Most of the people like to go shopping. (대명사)

  대부분의 사람들은 쇼핑하는 것을 좋아한다.

- The game we like most is soccer. (부사)

  우리가 가장 좋아하는 경기는 축구이다.

(2) almost: 부사 역할을 한다.

almost + 부정 대명사(everybody, no one, anybody, something)
almost + 부정 형용사(every, all, no, any, some)

- Almost all students like sports.

  거의 대부분의 학생들은 스포츠를 좋아한다.

9 either, neither

either는 둘 중에서 한쪽 긍정, neither는 양쪽 부정을 나타내며, 둘 다 단수 취급한다.

- Do you know either of the two sisters? (둘 중의 하나)

  당신은 그 두 명의 자매 중 누구를 알고 있습니까?

- Do you know any of the sisters? (셋 이상 중의 하나)

- If you do not go, I will not, either.

  만약 당신이 가지 않는다면 나도 가지 않을 것입니다.

- If you will not do so, neither will I.

  네가 그렇게 하지 않을 거면 나도 하지 않을 것이다.

06 부분 부정과 전체 부정

> 부분 부정: not + all, every, both, always, completely, necessarily ...
>
> 전체 부정: none, no one, neither, nobody, never, not ~ any

- The rich are <u>not always</u> happy.

  부자들이 언제나 행복한 것은 아니다.

- A good intention does <u>not necessarily</u> guarantee a good result.

  좋은 의도가 반드시 좋은 결과를 보장하는 것은 아니다.

- Low prices are <u>not always</u> the deciding factor in a purchase.

  낮은 가격이 소비 행위의 최우선 결정요인은 아니다.

- I <u>did not</u> invite <u>all</u> of them. (부분 부정)

  나는 그들 모두를 초대하지는 않았다.

- I <u>did not</u> invite <u>any</u> of them. (전체 부정)

  = I invited none of them.

  나는 그들 중 그 누구도 초대하지 않았다.

- Everybody does <u>not</u> like her. (부분 부정)

  모든 사람들이 그녀를 좋아하는 것은 아니다.

- <u>Nobody</u> likes her. (전체 부정)

  아무도 그녀를 좋아하지 않는다.

- I <u>don't</u> know <u>both</u> of them. (부분 부정)

  나는 그들 둘 다를 아는 것은 아니다.

- I <u>do not</u> know <u>either</u> of them.

  = I know <u>neither</u> of them. (전체 부정)

  나는 그들 둘 다를 알지 못한다.

(01~08) **Choose the one that could best complete each of the following sentences.**

01   We are going to hire one assistant for Mrs. Kelly and _____ for Mr. William.

① other

② one another

③ another

④ each other

02   All history confirms the doctrine that _____ rely upon the sword shall perish by it.

① those who

② if we

③ however we

④ during we

03   Airplanes have made _____.

① us to travel easily and comfortably

② easy and comfortable for us to travel

③ it easy and comfortable for us to travel

④ it easy and comfortable of us to travel

04   Peace and development are not so different as we may think them to be. They are two sides of the same coin: one cannot progress without _____.

① another

② other

③ others

④ the other

05   Is the climate of Italy _____?

    ① similar like Florida

    ② somewhat similar to Florida

    ③ so much like Florida

    ④ somewhat like that of Florida

06   Reading the letter from her daughter, she burst into tears in spite of _____.

    ① her

    ② herself

    ③ oneself

    ④ she

07   It is said that, on the day when he was carried to the grave, _____ in the land was filled with tears. Rich and poor, high and low, _____ felt that they had lost a friend.

    ① every eye – all

    ② everybody – none

    ③ every eye – people

    ④ everywhere – both of them

08   A: Gee, this is going to be fun. I haven't done skating for a long time.

    B: _____ have I. Do you suppose we've forgotten it?

    A: I doubt it. It's like riding a bicycle.

    B: Here is a place to rest skates. What size do you wear?

    ① So

    ② Neither

    ③ Either

    ④ Do

Choose the one that makes the sentence grammatically INCORRECT.

09 It was ① not until the accident and his hospital confinement in 2010 ② when he ③ made up his ④ mind to become a teacher.

10 Numerous efforts ① have been made to ② improve the laws ③ governing air pollution, but none have been as successful as ④ them devised by the state of Oregon.

11 The climates of Venus and Mars ① are closest to ② the Earth, but they are nowhere near ③ so comfortable as our planet's ④ temperate climate.

12 Wagner and Strauss were ① such good friends ② that they ③ frequently exchanged gifts ④ with one another.

13 Those who distrust science ① as a guide to conduct, ② whether individual or social, ③ seem to overlook ④ their pragmatic nature or perhaps they scorn it for that very reason.

14 Nobody speaks ① more clearly than ② him, but his writing is ③ frequently difficult ④ to make out.

15 One way ① in which novelists ② and playwrights can provide information about ③ their characters is by directly describing ④ it.

16 What makes a person ① become left-handed? No one really know for sure. However, scientists have found that ② most 40 percent of the people who suffer major brain damage when they ③ are born become left-handed. Even small cases of brain damage can cause a person ④ to become left-handed.

17 My favorite teacher ① has been my internship mentors Shanna and Naomi. Working with ② both them has allowed me to become ③ more confident in my abilities as well as provided me with ④ two amazing role models.

18 The therapy can ① help prevent obesity-related illnesses such as high blood pressure, heart disease and diabetes. ② Other health benefit is ③ it ④ has been designed to support the natural movement of the digestive system and increase circulation.

19 **Choose the one that is grammatically NOT correct.**

① He absented from school yesterday.

② Some like football, but others do not.

③ This is the same watch as I lost two days ago.

④ Each of the forty students has his own desk.

20 **Choose the one that is grammatically correct.**

① Anything is better than nothing.

② Anybody did not go there.

③ Either of the singers have a rich voice with great range.

④ Garbage is collected every other days.

04 | 형용사

01 형용사의 용법

형용사에는 한정적 용법과 서술적 용법이 있다. 한정적 용법이란 형용사가 명사를 직접 수식하는 경우를 뜻하며, 서술적 용법이란 형용사가 보어 자리에 오는 경우를 의미한다.

- I took a difficult mathematics exam today. (한정)
- The mathematics exam today was difficult. (서술)

1 한정적 용법

former, latter, main, major, total, inner, outer, only, utmost, upper, utter, entire, whole

(1) 전치 수식: 형용사가 명사 앞에서 수식하는 경우

- I found an empty *box*.
  나는 빈 상자를 찾아냈다.
- This is a wooden *box*.
  이것은 나무로 된 상자이다.

(2) 후치 수식: 형용사가 명사 뒤에서 수식하는 경우

① 두 개 이상의 형용사가 명사를 수식할 때
- a *writer* both wise and witty
  현명하고 위트 있는 작가
- a *teacher* kind, handsome and humorous
  친절하고 잘생기고 유머 있는 선생님

② 수식어구가 동반되어 길어지는 경우
- Alfred was a *king* anxious for his people's welfare.
  알프레드는 백성의 복지를 갈망하는 왕이었다.
- We are helping the *tourists* unfamiliar with this area.
  우리는 이 지역에 생소한 관광객들을 돕고 있다.

③ '-body, -one, -thing, -where'를 수식할 경우
- *Anyone* intelligent can do it.
  현명한 사람은 그것을 할 수 있다.
- I'll tell you *something* very important.
  네게 매우 중요한 일을 말할게.

④ 'all, every, 최상급 + 명사'를 -ible[able] 형용사가 보충할 경우

• She was faced with *the greatest difficulty* imaginable.

그녀는 상상할 수 있는 가장 큰 어려움에 직면했다.

• She tried *every means* possible.

그녀는 가능한 모든 수단을 다했다.

⑤ 명사 + 서술 형용사

• He is the greatest *pianist* (who is) alive.

그는 살아 있는 가장 훌륭한 피아노 연주자이다.

• She is the greatest *poet* alive.

그녀는 생존해 있는 가장 위대한 시인이다.

⑥ 관용적으로 후치 수식

the sum total 총액	the authorities concerned 관계 당국
the President elect 대통령 당선자	secretary general 사무총장

• These two books contain the sum total of all human knowledge.

이 두 권의 책은 인간 지식의 총체를 포함하고 있다.

• Ban Ki-moon was the eighth secretary general of the United Nations.

반기문 씨는 제8대 UN 사무총장이었다.

2 서술적 용법

• Robert felt terribly alone when Jane left. (주격 보어)

Robert는 Jane이 떠나고 심한 외로움을 느꼈다.

• She makes me angry every time I see her. (목적격 보어)

그녀는 볼 때마다 나를 화나게 만든다.

(1) 'a-'로 시작되는 형용사

alive, asleep, ashamed, alone, awake, averse, alike, afraid, aware

• I am afraid of death.

나는 죽음을 두려워한다.

• She was awake all night.

그녀는 밤새 깨어 있었다.

• He is aware of the consequences of his decisions.

그는 자신의 결정의 결과를 알고 있다.

(2) 기타의 형용사

> content, excited, fond, glad, ignorant, similar, sorry, unable, upset, worth

- I am <u>fond</u> of classical music.

  나는 클래식 음악을 좋아한다.
- Our youth is <u>ignorant</u> of world affairs.

  젊은이들은 세상사에 무지하다.
- The right information is <u>worth</u> more than a hundred news.

  제대로 된 정보가 백 가지 뉴스보다 더 가치가 있다.

3 한정적, 서술적 의미가 달라지는 형용사

구분	한정 용법	서술 용법
certain	어떤	확실한
present	현재의	참석한, 존재하는
late	고인이 된	늦은
right	오른쪽의	옳은

- I met a <u>certain</u> foreigner. (한정)

  나는 어떤 외국인을 만났다.
- It is <u>certain</u> that he will come. (서술)

  그가 올 것이 확실하다.
- He is the <u>present</u> king. (한정)

  그는 현재의 왕이다.
- The king was <u>present</u>. (서술)

  그 왕은 참석했다.
- The <u>late</u> Brown was an able manager. (한정)

  고인이 된 Brown 씨는 능력 있는 매니저였다.
- Mr. Baker was <u>late</u> for the meeting. (서술)

  Baker 씨는 모임에 늦었다.
- Raise your <u>right</u> arm. (한정)

  당신의 오른팔을 올리세요.
- Always do what is <u>right</u>. (서술)

  항상 옳은 것을 해라.

참고 형용사의 어순

'관사, 소유격, 지시형용사 + 수량형용사 + 성질형용사'의 순서이다. 만약 성질형용사가 여러 개가 온다면 다음의 순서를 따른다.

지시	수량	성질					재료	명사
		대소	형상	성질	신·구	색채		boxes
these							paper	face
this	two	big			old	red	stone	
the	several	small	round	pretty		pink	cloth	house
her		large			new	white		doll

04

02 수량형용사

1 수를 나타내는 형용사

many, few, a few, several 등은 수를 나타내는 형용사다. 뒤에는 셀 수 있는 가산명사의 복수 형태의 명사가 온다.

> many / few / a few / a number of + 복수 명사 ⇨ 복수 취급

(1) many

a (large) number of, quite a few, not a few, plenty of, a lot of, lots of 등을 many 대신에 쓸 수 있다.

- Many boys are playing on the ground of the school.
  많은 소년들이 학교 운동장에서 놀고 있다.
- How many eggs are there in the kitchen?
  부엌에 얼마나 많은 계란이 있니?

(2) few / a few

few는 '거의 없는'이라는 부정의 뜻이고, a few는 '약간의'라는 긍정의 뜻이다.

- A few people were present.
  몇몇 사람이 출석했다.
- Many people read Einstein's books but few understand them.
  아인슈타인의 책을 읽은 사람은 많지만, 그것을 이해하는 사람은 거의 없다.

2 양을 나타내는 형용사

much, little, a little은 양을 나타내는 형용사다. 뒤에는 셀 수 없는 명사인 물질명사와 추상명사가 온다. 물질명사와 추상명사는 복수 형태를 가질 수 없으므로 much, little, a little 뒤에는 단수 형태의 명사가 온다.

> much / little / a little + 불가산명사 ⇨ 단수 취급

(1) much

a great deal of, a large amount of, quite a little, not a little, plenty of, a lot of, lots of 등을 much 대신에 쓸 수 있다.

- There is much truth in what he says.

  그가 하는 말에는 많은 진리가 있다.

(2) little / a little

little은 '거의 없는'의 부정을 뜻하며, a little은 '약간의'라는 긍정의 뜻이다.

- You still have a little time left.

  아직 시간이 조금 남아 있다.

- I paid little attention to what others were saying.

  나는 다른 사람들의 얘기에 거의 관심을 기울이지 않았다.

3 관용 표현

(1) as many: 같은 수의
as much: 같은 양의

- Our family raise three cats and as many dogs.

  우리 가족은 세 마리의 고양이와 세 마리의 개를 기른다.

- I bought four pounds of sugar and as much tea.

  나는 4파운드의 설탕과 같은 양의 차를 샀다.

(2) not so much A as B: A라기보다는 B이다
= not A so much as B = less A than B

= more B than A = B rather than A

- He is not so much a scholar as a politician.

  그는 학자라기보다는 오히려 정치가이다.

(3) not a few = quite a few: 적지 않은, 상당한 수의
not a little = quite a little: 적지 않은, 꽤 많은

- Not a few scholars say so.

  그렇게 말하고 있는 학자가 적지 않다.

- He was <u>not a little</u> surprised.

  그는 적지 않게 놀랐다.

(4) only a few: 몇 안 되는, 극소수의, 불과 얼마 안 되는

- <u>Only a few</u> understood what I said.

  극소수의 사람들만이 내가 한 말을 이해했다.

4 수사(기수와 서수)

(1) 기수와 서수

서수는 순서를 나타내기 때문에 지시대상이 정해진다. 서수 앞에는 반드시 정관사를 써야 한다.

① 기수: one, two, three, four 등과 같이 개수를 나타낸다.

② 서수: first, second, third 등과 같이 순서를 나타낸다.

(2) hundred, thousand, million 등의 용법

① 기수 + hundred, thousand, million, score, dozen + 복수명사: 기수가 2 이상이어도 hundred, thousand, million, score, dozen 등에 복수형 어미 -s를 붙이지 않는다.

- two <u>hundred</u> employees

  2백 명의 근로자

- a few <u>thousand</u> protesters

  수천 명의 시위자

- seven <u>dozen</u> pencils

  연필 7다스

② 막연한 범위의 수: '수 단위의 복수형 + of'의 형태로 쓴다.

- tens[dozens/scores] of

  수십의

- hundreds of

  수백의

- thousands of

  수천의

- tens of thousands of

  수만의

- hundreds of thousands of

  수십만의

- millions of

  수백만의

- tens of millions of

  수천만의

- billions of

  수십억의

(3) 기수와 서수의 사용법

① 복합 수 형용사가 명사 수식하는 경우: 기수와 측정 단위 명사는 hyphen으로 연결하며 측정 단위 명사는 단수로 표시한다.

- a seven-year-old boy 7세의 소년
- a ten-minute break 10분간의 휴식

② 분수: 분자를 기수, 분모를 서수로, 분자가 2 이상일 때는 분모에 -s를 붙인다.

- one[a] half

  1/2
- three-fifths

  3/5
- two and four-sevenths

  2와 4/7

③ 연대와 월 · 일

- in the nineteen eighties

  1980년대에
- August (the) sixth 또는 the sixth of August

  8월 6일

03 형용사의 명사적 용법

형용사가 정관사 the와 함께 쓰여 복수 보통명사로 쓰이기도 한다. 일부는 단수 보통명사를 나타내기도 한다.

1 the + 형용사: 복수 보통명사 (~ 사람들)

the blind 시각장애인들	the deaf 청각장애인들	the good 선량한 사람들
the poor 가난한 사람들	the rich 부자들	the young 젊은이들
the old 나이 든 사람들	the sick 환자들	

- The old forget, the young don't know.

  노인은 망각하고, 젊은이는 알지 못한다.
- The living, the wounded, and the dead flew together in crowded helicopters.

  생존자, 부상자, 사망자들은 모두 함께 붐비는 헬기로 수송되었다.

2 the + 형용사: 단수 보통명사

> the accused 피고   the deceased 고인

- A monument has been erected to the memory of the deceased.

  고인을 기념하여 기념비가 세워졌다.

3 the + 형용사: 추상명사

> the actual 현실   the ideal 이상
> the abstract 추상적인 것   the concrete 구체적인 것
> the unknown 알려지지 않은 것   the true, the good, and the beautiful 진선미

- He pursued the sublime, the beautiful, and the good.

  그는 숭고함, 아름다움, 그리고 선을 추구했다.

- The practicable is often preferred to the impracticable.

  실현 가능한 것은 실현 불가능한 것보다 우선인 것이 보통이다.

04 형용사의 주의할 구문

1 사람만을 주어로 하는 형용사

happy	anxious	afraid	proud	surprised
glad	willing	thankful	delighted	ashamed
excited	sorry	angry	sure	pleased

- I was afraid that he would attack me.

  그가 나를 공격할 것이 두려웠다.

- We were surprised to hear of his failure.

  우리는 그가 실패했다는 이야기를 듣고 놀랐다.

- He was glad to see her.

  그는 그녀를 만나서 반가웠다.

- I am sure that he will show up in time. (○)

  * It is sure that he will show up in time. (×)

  그가 제시간에 등장할 것이라고 나는 확신한다.

2 사람을 주어로 쓰지 않는 형용사

(1) 감정을 나타내는 형용사화한 현재분사

'사물 주어 + be interesting + to V'의 형태로 쓴다.

surprising	astonishing	exciting	shocking	irritating
startling	frightening	terrifying	thrilling	annoying
disappointing	relieving	pleasing	interesting	boring

- His story is interesting to listen to.
  = It is interesting to listen to his story.
  그의 이야기는 듣기 재미있다.

(2) 난이 형용사, 불편/편리 형용사

'It be difficult + to V'의 형태로 쓴다.

difficult	hard	tough	easy	(im)possible

- It is difficult (for us) to please him.
  ⇨ He is difficult (for us) to please. (O)
  * We are difficult to please him. (×)
  * It is difficult that we please him. (×)
  그는 비위를 맞추기가 어렵다.
- It is impossible (for us) to persuade him.
- ⇨ He is impossible (for us) to persuade. (O)
  ⇨ It is impossible that we may persuade him. (O)
  * We are impossible to persuade him. (×)
  그를 설득시킨다는 것은 불가능하다.

(3) 판단 형용사

'It be important + for + 목적격 + to V'의 형태로 쓴다.

important	essential	vital	right	strange	odd	(un)necessary

- It is important for you to remember that formula.
  네가 그 공식을 기억하는 것이 중요하다.
- It is strange for him to be here.
  그가 여기 있다는 것이 이상하다.
- It is unnecessary for her to dye her hair.
  그녀가 머리를 염색하는 것은 불필요하다.

3 사람의 인성을 나타내는 형용사

It be clever + of + 사람 + to V 구문을 사용하는 형용사들이다.

arrogant	careless	(im)polite	(dis)honest	sensible
(un)kind	brave	nice	cowardly	wrong
silly	stupid	impudent	crazy	foolish
clever	cruel	good	wise	rude
right	naughty			

- It was very <u>sensible</u> of him to have followed my advice.
  그가 나의 충고를 따른 것은 매우 현명한 일이었다.

4 이성적, 감성적 판단의 형용사

(1) 이성적 판단의 형용사

'It be necessary that + S + (should) V ~'의 형태로 쓴다.

> 필요한: essential, imperative, necessary
> 중요한: important, vital
> 마땅한: advisable, desirable, natural, rational, right

- It is <u>necessary</u> that we (should) meet again next month.
  = It is <u>necessary</u> for us to meet again next month.
  우리는 다음 달에 다시 만나야 한다.

(2) 감성적 판단의 형용사

'It be strange that + S + should V ~'의 형태로 쓴다.

> 이상한: absurd, odd, ridiculous, strange
> 놀라운: amazing, surprising

- It is <u>ridiculous</u> that he should do it again.
  그가 그것을 다시 해야 한다는 것은 말도 되지 않는다.

05 혼동하기 쉬운 형용사

- classic (일류의, 고전의)
- classical (고전주의의)
- comparative (비교의, 비교상의)
- comparable (필적할 만한, ~와 비교할 수 있는)
- considerable (많은, 상당한)
- considerate (동정심 많은, 사려 깊은)
- considering (~을 고려하면, ~에 비해)
- credible (신용할 수 있는, 믿을 수 있는)
- credulous (잘 속는, 잘 믿는)
- economic (경제학의, 경제적인, 경제의)
- economical (절약하는, 낭비하지 않는)
- healthy (건강한, 건장한)
- healthful (건강에 좋은)
- historic (역사적으로 유명한, 역사적인)
- historical (역사에 관한)
- imaginative (상상력이 풍부한)
- imaginary (가상적인, 비현실적인)
- imaginable (상상할 수 있는)
- industrious (근면한)
- industrial (산업의, 공업의)
- literal (문자의, 글자의, 원문에 충실한)
- literary (문학의, 작가의)
- literate (학식이 있는) (≠ illiterate: 문맹의)
- memorable (기억할 만한)
- memorial (기념의, 기념이 되는)
- momentous (중대한)
- momentary (순간적인)
- respectable (존경할 만한, 훌륭한)
- respectful (경의를 표하는, 공손한)
- sensible (분별 있는, 현명한, 깨닫고 있는)
- sensitive (민감한, 섬세한, 상하기 쉬운)
- sensual (육감적인, 관능적인)
- successful (성공적인)
- successive (연속적인)

01~08 **Choose the one that could best complete each of the following sentences.**

01 The American dream does not come to those who fall ＿＿＿＿＿＿＿＿.

① sleeping

② sleep

③ asleep

④ slept

02 Most great artists are exceptionally ＿＿＿＿＿＿＿＿ people.

① sensitive

② sensuous

③ sensory

④ senseless

03 Many classical music fans requested additional tickets for the concert, but ＿＿＿＿＿＿＿＿ people received them.

① every

② several

③ none

④ few

04 In India, ＿＿＿＿＿＿＿＿＿＿＿ is celebrated as Teacher's Day.

① fifth September

② five September

③ the fifth of September

④ the five of September

05   There were _____ people laughing and talking.

① a great many

② many a good

③ a great deal of

④ many a

06   _____ have ever had a more auspicious debut at the Museum of Modern Art in New York City than Jacob Lawrence did.

① Few artists

② The few artists

③ The artists are few

④ Few are the artists

07   Because there are _____ than there were yesterday, we must wait until the next meeting to vote.

① less members present today

② few members present today

③ fewer members present today

④ little members present today

08   _____ techniques have been developed in recent years to diagnose genetic diseases in the developing fetus.

① Several

② There are several

③ They are several

④ Several the

Choose the one that makes the sentence grammatically INCORRECT.

09 ① It is imperative that a graduate student ② maintains a grade point average ③ of "B" in ④ his major field.

10 The virus that caused ① several hundred cases of flu of Fort Dix ② is similar with ③ one that causes a flu ④ in swine.

11 The Senator ① held to the longstanding goal of a balanced budget and, ② alike his predecessor, ③ called for drastic ④ reduction in government spending.

12 You ① will have to wait ② more three months ③ for ④ the delivery of the new car.

13 When young adults realize ① how little they learned in school, they usually ② assume there was ③ wrong something with the school they attend or with ④ the way they spent their time there.

14 Many of the observations ① made by Leonardo a little ② greater than 400 years ago ③ about the movement of birds' wings have been ④ verified by modern photo.

15 "Sexual harassment" is a term ① that is used to describe behavior at work that is ② sexually offense or inappropriate. It includes behavior that ③ makes an employee feel uncomfortable because of his or her gender, but it can also include any behavior that is sexual ④ in nature.

16 A cent ① is worth so little that we don't usually bother to pick it up on the street. ② It's difficult that we gather between finger and thumb, and the reward ③ seems ④ hardly worth the effort.

17 The elastic waist band is ① smoothly, and the fake fly appearance means ② no one needs to know ③ these pants are stretchy. Really comfortable when ④ you are sitting at a desk all day.

18 My ① New Year's wish for you is that you don't find yourself in the same place you are now as you stare 2020 in the face. With ② significant effort and ③ a few luck, you can make sure 2019 is your best year ④ ever.

19 **Choose the one that is grammatically NOT correct.**

① He is pleasant to play with.
② This picture has been very admired.
③ He has very little knowledge of medical science.
④ Any occupation is honorable.

20 **Choose the one that is grammatically correct.**

① Is it necessary that he returns the books immediately?
② I was compelled to pay double the price for the same item.
③ I think that he will be difficult to pay back the money.
④ It is sorry to inform you that we've decided not to accept your offer.

05 | 부사

01 부사의 용법

부사는 동사, 형용사, 다른 부사, 구, 절, 문장 전체, 명사, 대명사 수식 등을 수식한다.

1 동사 수식

- James solved the problem <u>easily</u>.

  James는 그 문제를 쉽게 풀었다.

- John can imitate his father's speech <u>perfectly</u>.

  John은 자기 아버지의 말투를 완벽하게 흉내 낼 수 있다.

2 형용사 수식

- That's a <u>very</u> good idea.

  그건 아주 좋은 생각이다.

- This job should not be <u>excessively</u> easy.

  이 일이 지나치게 쉬워서는 안 된다.

3 다른 부사 수식

- He came <u>very</u> late.

  그는 매우 늦게 왔다.

- She was recovered from the accident <u>remarkably</u> well.

  그녀는 그 사고로부터 놀랄 만큼 빨리 회복되었다.

4 구 · 절 수식

- <u>Much</u> to my surprise, he became a doctor.
  많이 놀랍게도 그는 의사가 되었다.
- We all have worth, <u>simply</u> because we are human beings.
  단지 우리가 인간이기 때문에 우리는 모두 가치가 있다.

5 문장 전체 수식

- <u>Evidently</u> he has made a mistake.
  명백하게 그는 실수를 범했다.
- No one was hurt in the accident, <u>fortunately</u>.
  운 좋게도 사고에서 아무도 다치지 않았다.

6 명사 · 대명사 수식

- <u>Almost</u> everybody came to our party.
  거의 모든 사람들이 우리의 파티에 왔다.
- <u>Even</u> a dog can swim.
  심지어 개도 수영을 할 수 있다.
- <u>Only</u> he knows the fact.
  단지 그만이 그 사실을 알고 있다.

02 부사의 형태

1 형용사 + -ly

일반적으로 형용사 뒤에 -ly를 붙이면 부사가 된다.

-y ⇨ -ily	easy ⇨ easily happy ⇨ happily heavy ⇨ heavily
-le ⇨ -ly	possible ⇨ possibly noble ⇨ nobly
-ue ⇨ -uly	true ⇨ truly due ⇨ duly
-ic ⇨ -ically	dramatic ⇨ dramatically tragic ⇨ tragically
-ll ⇨ -lly	full ⇨ fully chill ⇨ chilly

2 명사 + -ly

명사 뒤에 -ly를 붙이면 대부분 형용사가 된다.

lovely 귀여운, 사랑스러운	friendly 우호적인
motherly 어머니다운	homely 가정적인, 순수한
manly 사내다운	timely 적시의
costly 비싼	yearly 연간의
lively 활기찬	monthly 매달의
orderly 질서 정연한	

3 형용사와 부사가 같은 형태

fast	early	lowly	much	well
straight	very	ill	long	

- The country showed a <u>fast</u> growth of the industry. (형용사)
  그 나라는 산업이 빠르게 성장했다.
- He ran <u>fast</u> to see her at the station. (○) (부사)
  * He ran fastly to see her at the station. (×)
  그는 역에서 그녀를 만나기 위해 빨리 달렸다.
- The <u>very</u> thought made me feel ill. (형용사: 바로 그)
  바로 그 생각이 나를 가슴 아프게 했다.
- The traffic's moving <u>very</u> slowly this morning. (부사: 매우)
  오늘 아침 교통이 매우 느리게 움직인다.

4 형용사와 동형인 '-ly 부사'의 의미가 달라지는 경우

(1) • I have not heard from her <u>lately</u>. (최근에)
    • He arrived too <u>late</u> for the class. (늦게)

(2) • She got it <u>rightly</u>. (정확하게)
    • He is living in Seoul <u>right</u> now. (바로)

(3) • She was <u>prettily</u> dressed. (예쁘게)
    • The situation seems <u>pretty</u> hopeless. (꽤, 상당히)

(4) ・It was a <u>dearly</u> bought victory. (막대한 희생을 치르고)

   ・They buy cheap and sell <u>dear</u>. (비싸게)

(5) ・I heard the voice <u>clearly</u>. (분명히)

   ・He <u>clear</u> outstripped me. (완전히)

(6) ・I was <u>deeply</u> moved. (대단히)

   ・Still waters run <u>deep</u>. (깊게)

(7) ・He will <u>hardly</u> come now. (거의 ~ 않다)

   ・We study <u>hard</u>. (열심히)

(8) ・She thinks <u>highly</u> of him. (대단하게)

   ・The plane flies <u>high</u> in the sky. (높이)

03 부사의 위치

1 부사가 문장에 위치할 경우

(1) 동사를 수식할 경우는 동사 뒤, 목적어 오면 그 뒤

・He worked <u>hard</u> in his youth.

그는 젊을 때 열심히 공부했다.

・I remembered the scene <u>well</u>.

나는 그 장면을 잘 기억했다.

・I accepted the invitation <u>gladly</u>. (= I gladly accepted the invitation.)

나는 기꺼이 초대에 응했다.

(2) 형용사와 다른 부사를 수식할 경우 앞

・That question that she solved is <u>very</u> easy. (부사 + 형용사)

그녀가 푼 문제는 매우 쉽다.

・He knows the fact <u>perfectly</u> well. (부사 + 부사)

그는 그 사실을 정확하게 잘 안다.

(3) not, never, just, always, only는 to부정사 앞

・The doctor told me <u>never</u> to eat raw fish.

의사는 나에게 익히지 않은 생선은 절대로 먹지 말라고 했다.

・He advised me <u>not</u> to tell a lie.

그는 내게 거짓말을 하지 말라고 충고했다.

(4) '동사 + 부사'의 경우 (2어 동사)

put on 입다	turn on 켜다	get on 타다
try on 입어 보다	put out 끄다	see off 배웅하다
get off 내리다	put off 연기하다	turn off 끄다
turn down 거절하다	cut down 베다	take out 꺼내다
take off 벗다	pick up 줍다	give up 포기하다

① 타동사 + 명사 + 부사 (○)
② 타동사 + 대명사 + 부사 (○)
③ 타동사 + 부사 + 명사 (○)
④ 타동사 + 부사 + 대명사 (×)

- He put on the hat.
  = He put the hat on.
  = He put it on.
  * He put on it. (×)
  그는 모자를 썼다.

2 빈도 부사

(1) 명확한 횟수를 나타내는 부사(구): 문장의 끝

- I have been in America once.
  나는 한 번 미국에 가 본 적이 있다.
- The committee meeting takes place weekly.
  위원회 모임은 매주 열린다.
- This week I'll be in the office every day.
  이번 주에 나는 매일 사무실에 있을 것이다.

(2) 막연한 횟수를 나타내는 부사

빈도 부사의 경우 일반동사 앞, be동사 뒤, 조동사 뒤에 위치한다.

always	frequently	often	usually
occasionally	sometimes	hardly	scarcely
never	ever	seldom	rarely

- The sun always rises in the east. (일반 동사 앞)
  태양은 항상 동쪽에서 뜬다.
- We often play tennis. (일반 동사 앞)
  우리는 종종 테니스를 친다.

- I'm <u>always</u> at home on Sundays. (be동사 뒤)

  나는 일요일에는 항상 집에 머무른다.

- She can <u>always</u> find time for the friendly cat. (조동사 뒤)

  그녀는 정다운 고양이를 위해서 항상 시간을 낼 수 있다.

- I have <u>never</u> seen her before. (조동사 뒤)

  나는 전에 그녀를 본 적이 결코 없다.

- You could <u>always</u> have been kind to everybody. (조동사가 2개 있을 경우 그 사이)

  너는 모든 사람에게 늘 친절할 수 있었을 텐데.

3 still, already, yet

(1) still

일반적으로 빈도 부사의 위치를 따라간다. 단, 부정의 조동사 앞에 위치한다.

- Do you <u>still</u> see him? (일반 동사 앞)

  너는 아직 그를 만나니?

- He is <u>still</u> standing on a hill. (be동사 뒤)

  그는 여전히 언덕에 서 있다.

- I <u>still</u> can't believe what you said to me. (부정의 조동사 앞)

  나는 여전히 네가 나에게 말한 것을 믿을 수 없다.

- He <u>still</u> hasn't finished reading the novel. (not 앞)

  그는 아직도 그 소설책을 다 읽지 못했다.

(2) already : (긍정문) 벌써 · 이미 / (의문문) 아니 벌써(놀라움)

- He has <u>already</u> finished reading the novel. (긍정문)

  그는 이미 그 소설책을 다 읽었다.

- Has he <u>already</u> finished reading the novel? (의문문)

  = Has he finished reading the novel <u>already</u>?

  그가 그 소설책을 벌써 다 읽었다고?

(3) yet : (긍정문) 아직도 / (부정문) 아직(not 뒤) / (의문문) 벌써

- There are <u>yet</u> many things to be finished. (= still)

  아직도 끝내야 할 일들이 많이 있다.

- He hasn't <u>yet</u> finished reading the novel. (not 뒤)

  = He hasn't finished reading the novel <u>yet</u>.

  그는 아직도 그 소설책을 다 읽지 못했다.

- Has he finished reading the novel <u>yet</u>? (의문문)

  그는 벌써 소설을 다 읽었니?

4 장소 · 방법 · 시간 부사가 함께 쓰인 경우

(1) 일반적 순서: 방법 + 장소 + 시간

- The farmers were working <u>hard</u> <u>there</u> <u>yesterday</u>.

  농부들은 어제 그곳에서 열심히 일을 하고 있었다.

- He was working <u>with his shears</u> <u>in the garden</u> <u>the whole morning</u>.

  그는 오전 내내 정원에서 가위를 가지고 작업을 하고 있었다.

(2) 왕래 · 발착 동사: 장소 + 방법 + 시간

- He arrived <u>here</u> <u>safely</u> <u>yesterday</u>.

  그는 어제 안전하게 이곳에 도착했다.

- Come <u>to my office</u> <u>alone</u> <u>at four o'clock</u>.

  4시에 혼자 내 사무실로 오세요.

(3) 같은 종류의 부사(구)가 있을 경우: 작은 단위 ⇨ 큰 단위

- She was born <u>on May 4th</u> <u>in 1977</u>. (짧은 시간 + 긴 시간)

  그녀는 1977년 5월 4일생이다.

- He was born <u>at a small village</u> <u>in Seoul</u>. (좁은 장소 + 넓은 장소)

  그는 서울에 있는 작은 마을에서 태어났다.

04 혼동하기 쉬운 부사

05

1 very, much

(1) very

① 형용사 · 부사 원급을 수식

- I don't sing <u>very</u> *well*.

  나는 노래를 잘 부르지 못한다.

- I'm a <u>very</u> *shy* person around strangers.

  나는 낯선 사람 옆에서는 매우 수줍어한다.

② 현재분사 수식

- Last night's finals were <u>very</u> *exciting*.

  어젯밤의 결승전은 정말 재미있었다.

③ 과거분사 수식: 형용사로 굳어진 것

pleased	tired	surprised	delighted
worried	amused	disappointed	excited

- She is <u>very</u> *tired*.

  그녀는 매우 지쳤다.

- I noticed a very *worried* look on her face.

  나는 그녀의 얼굴에서 매우 근심 어린 표정을 알아챘다.

④ the very + 최상급 (강조)

- He is the very *tallest* boy in the class.

  그는 반에서 바로 가장 키가 큰 소년이다.

(2) much

① 동사나 과거분사 수식

- Things haven't *changed* much.

  사태는 많이 변하지 않았다.

- I am much *misunderstood*.

  나는 매우 오해를 받고 있다.

② 형용사 · 부사의 비교급과 최상급을 수식

- She is much *better* today.

  그녀는 오늘 훨씬 낫다.

- He is much *the tallest* boy in the class.

  그는 반에서 단연 가장 키가 큰 소년이다.

③ 서술 형용사 · 형용사구 수식

- They are much *alike*.

  그들은 매우 비슷하다.

- I was much *at a loss*.

  나는 정말 어쩔 줄 몰랐다.

2 ago, before, since

(1) ago

'(현재부터) ~ 전에'라는 뜻이다. 항상 과거시제와 함께 쓰이며 완료시제와는 함께 쓰이지 않는다. 단독 부사로 쓰지 못하고, 기간을 나타내는 말을 동반한다.

- He came up to Seoul ten years ago.

  그는 지금으로부터 10년 전에 서울로 올라왔다.

- The last time I went there was five years ago.

  내가 거기에 마지막으로 간 때가 5년 전이다.

(2) before

단독으로 쓰이는 경우는 '(막연히) 전에'라는 뜻이다. 과거, 현재완료, 과거완료와도 함께 쓰일 수 있다. 그렇지만 기간을 나타내는 말과 함께 쓰이는 경우는 '~ 전에'라는 뜻이며 과거완료와 함께 쓴다.

- He had come up to Seoul ten years before.

  그는 10년 전에 서울로 올라왔다.

- I haven't seen him before.

  나는 전에 그를 본 적이 없다.

(3) since

'그 후 지금까지'의 뜻이다, 현재완료 시제와 함께 과거를 기준으로 '그 후, 그 이래 (지금까지)'의 의미이다.

- Ten years have passed <u>since</u> he died.

  그가 죽은 이후로 10년이 경과했다.

- He retired three years ago, and he has lived here <u>since</u>. (부사)

  = He has lived here <u>since</u> he retired three years ago. (접속사)

  = He has lived here <u>since</u> his retirement three years ago. (전치사)

  그는 3년 전에 퇴직한 이래로 이곳에 살고 있다.

3 enough, alone

(1) enough

명사를 전치 수식, 형용사, 부사를 후치 수식

- They gathered <u>enough</u> information for the research.

  그들은 연구를 위한 충분한 정보를 수집했다.

- Now you are old <u>enough</u> to tell right from wrong.

  너도 이제는 옳고 그른 것을 구별할 나이가 됐잖아.

- The gate isn't wide <u>enough</u> to get the car through.

  그 대문은 차가 들어갈 만큼 넓지 못하다.

(2) alone

일반 부사: 홀로, 혼자서, 단지. 초점 부사(후치 수식)

- She said she could manage the problem <u>alone</u>. (일반 부사)

  그녀는 문제를 혼자 해결할 수 있다고 말했다.

- Only you — you <u>alone</u> — can make other changes in me. (후치 초점 부사)

  너만이 나에게 다른 변화를 일으킬 수 있는 사람이다.

4 too, either

(1) too: 역시, 또한 (긍정문)

- I love you, <u>too</u>.

  나도 역시 당신을 사랑해.

(2) either: 역시, 또한 (부정문)

- I can't swim, <u>either</u>.

  나도 역시 수영을 못한다.

05 기타 주의사항

1 부분 부정

each, every, all, both, always, altogether, absolutely, completely, entirely, necessarily, wholly 등이 부정어와 함께 쓰이면 부분 부정이 된다.

- <u>All</u> is <u>not</u> gold that glitters.

  반짝이는 것이 모두 금은 아니다.

- <u>Both</u> his parents are <u>not</u> alive.

  그의 부모님 두 분 다 살아 계신 것은 아니다.

- I <u>don't</u> know <u>everything</u> about it.

  내가 그것에 관하여 모든 것을 아는 것은 아니다.

2 부정 부사

hardly, scarcely, rarely, barely, seldom, neither를 부정어 not · never · no와 겹쳐 쓰지 않는다.

- I can <u>hardly</u> remember her phone number. (○)

  * I can't hardly remember her phone number. (×)

  나는 그녀의 전화번호를 기억할 수가 없다.

- He had <u>scarcely</u> gone a mile when his car broke down. (○)

  * He had not scarcely gone a mile when his car broke down. (×)

  그가 1마일도 가지 못해 차가 고장 나고 말았다.

- Very <u>rarely</u> do we have a complaint from our customers. (○)

  * Very rarely do we have not a complaint from our customers. (×)

  우리가 고객들로부터 불평을 듣는 경우는 좀처럼 없다.

(01~08) Choose the one that could best complete each of the following sentences.

01 This machine will not _____ if it is not kept well oiled.

① functional properly
② function proper
③ properly functional
④ function properly

02 The client's wife had strong connections with the area, having visited _____.

① there where a child regularly
② as a child regularly there
③ there regularly as a child
④ when a child regularly there

03 I arrived here a week _____, and have been here ever _____.

① before – ago
② before – since
③ ago – before
④ ago – since

04 The number of students who come _____ has _____ increased.

① late – lately
② lately – late
③ latter – lately
④ latter – late

05　A chemist prepares his experiments carefully before trying to carry ＿＿＿＿＿＿ in his laboratory.

　　① it out
　　② out it
　　③ them out
　　④ out them

06　Although it had been explained to him several times, he ＿＿＿＿＿＿ could not see what the problem was.

　　① yet
　　② no longer
　　③ always
　　④ still

07　He ＿＿＿＿＿＿ goes fishing, though he lives near the lake.

　　① always
　　② often
　　③ seldom
　　④ sometimes

08　Even though I could not ＿＿＿＿＿＿ understand the text, the photos etched themselves into my mind.

　　① yet
　　② no longer
　　③ always
　　④ still

Choose the one that makes the sentence grammatically INCORRECT.

09 ① As soon as I saw the smoke, ② I called the fire department, but ③ they haven't arrived ④ already.

10 The British, by and large, ① have long taken this view of odd behavior, ② which is why my homeland ③ is still a ④ relative free and often eccentric place.

11 ① It is not ② enough warm ③ for us to go to the beach ④ this morning.

12 My brother and ① I dressed as ② quick as we ③ could, but we missed the school bus, which made ④ us late for class today.

13 Geologists ① classify rocks ② patiently and ③ painstaking noting their ④ physical features and chemical composition.

14 Blowing ① out birthday candles is ② an ancient test to see if a ③ growing child is ④ enough strong to blow out a greater number each year.

15 The population ① of the world has increased ② more significant in modern times than ③ in all other ages of ④ history combined.

16 Nothing is more difficult in this world ① than ② to read a book and then to express ③ clear and truly in a few ④ lines exactly what the literary value of the book is.

17 ① In fact the whole area was ② complete different to the shopping district we are now ③ familiar with. It makes you think: ④ a few decades from now, what else will have changed?

18 I am always working and studying, and I am not at all lazy. ① Furthermore I don't like to spend money ② careless and I am ③ not much of a ④ socialized person.

19 **Choose the one that is grammatically NOT correct.**

① I would dearly love to go back to my home.

② I hardly expect you to lend me money again.

③ It is the most beautiful place I have never visited.

④ I've not been feeling very well lately.

20 **Choose the one that is grammatically correct.**

① Their sons still are working in the factory.

② He is too young to swim. I cannot swim, too.

③ He said that his father had returned five days ago.

④ They still couldn't buy such a nice house.

06 | 비교

01 비교급의 형태

1 규칙 변화

(1) 단음절 형용사: -er(비교급), -est(최상급)

기본 원칙	strong – stronger – strongest
-e 끝나면 -r, -st	fine – finer – finest
(자음 + y) y를 i로 고치고 -er, -est	dry – drier – driest
(단모음 + 단자음) -er, -est	young – younger – youngest

(2) 2음절 형용사 외

2음절 형용사(-ful, -able, -less, -ous, -ive, -ing), 3음절 이상의 형용사, -ly (부사), 서술형용사(afraid, right, wrong, alike, fond 등)에는 more, most를 쓴다.

- beautiful – more beautiful – most beautiful
- useful – more useful – most useful
- amusing – more amusing – most amusing
- quickly – more quickly – most quickly

(3) -y, -er, -le, -ow, -some의 2음절 형용사: -er, -est

- easy – easier – easiest
- noble – nobler – noblest
- narrow – narrower – narrowest
- handsome – handsomer – handsomest

2 불규칙변화

원급	비교급	최상급	구분
good, well	better(더 좋은)	best(가장 좋은)	
bad, ill	worse(더 나쁜)	worst(가장 나쁜)	
many, much	more(더 많은)	most(가장 많은)	
little	less(더 적은)	least(가장 적은)	
old	older(더 나이 든)	oldest(가장 나이 든)	노약 · 신구
	elder(더 손위의)	eldest(가장 손위의)	형제 관계 (장유유서)

far	farther(더 먼)	farthest(가장 먼)	거리
	further(그 이상의)	furthest(가장 앞선)	정도
late	later(더 늦은)	latest(가장 늦은)	시간
	latter(더 후의)	last(최후의)	순서

- My elder sister is two years older than I.

  나의 누나는 나보다 두 살 위다.

- Would you call again three hours later?

  세 시간 후에 다시 전화하시겠습니까?

- The latter half of the movie was boring.

  그 영화의 후반부는 지루했다.

- I can go no farther.

  더 이상은 갈 수 없다.

02 원급

1 동등비교 (as ~ as)

- Is she as beautiful as me?

  그녀가 나만큼 예쁘니?

- I have as many books as you (do).

  나는 너만큼 많은 책들을 가졌다.

- She made as great efforts as she could.

  그녀는 가능한 한 많은 노력을 했다.

2 열등비교 (not so ~ as)

- He is not so wise as you (are).

  그는 너만큼 현명하지는 못하다.

- Barbara was not so young as I expected.

  Barbara는 내 예상처럼 그리 젊지 않았다.

- Nothing is so important as my passion.

  내 열정보다 더 중요한 것은 없다.

3 배수 표현

배수사 + as ~ as ...: …보다 몇 배나 ~한 (= 배수사 + 비교급)

- They live in a house twice as large as ours.

  그들은 우리 집보다 두 배나 큰 집에서 살고 있다.

- This diamond is three times as big as that one.

  이 다이아몬드는 저것보다 3배는 크다.

4 원급비교의 비교 대상과 격

- I love you as much as he. (I와 he)

  그가 널 사랑하는 만큼 나도 널 사랑한다.

- I love you as much as him. (you와 him)

  나는 그를 사랑하는 만큼이나 너를 사랑한다.

5 원급의 관용 표현

(1) as ~ as possible: 가능한 한 ~하게 (= as ~ as + 주어 + can)

- He walked as fast as possible.

  = He walked as fast as he could.

  그는 가능한 한 빨리 걸었다.

- He read the article as slowly as he could.

  그는 가능한 한 천천히 그 기사를 읽었다.

(2) the same ~ as ...: …와 같은 종류의 ~

- She wears the same kind of clothes as her sister wears.

  그녀는 언니가 입는 것과 같은 종류의 옷을 입는다.

(3) as good as: ~와 다름없는 (= almost, no better than)

- He is as good as dead.

  그는 죽은 거나 다름없다.

(4) so[as] far as: ~하는 한

- So far as I could do, I did my best.

  내가 할 수 있는 한, 나는 최선을 다했다.

(5) so[as] long as: ~하는 만큼

- You may use my car as long as you like.

  당신이 원하는 기간만큼 내 차를 써도 좋다.

(6) not so much A as B: A라기보다는 차라리 B이다

- He is not so much a novelist as a poet.
  = He is less a novelist than a poet.
  = He is more a poet than a novelist.
  = He is a poet rather than a novelist.
  그는 소설가라기보다는 시인이다.

03 비교급

1 우등비교

둘을 비교하여 한쪽이 다른 쪽보다 정도가 높음을 의미한다. '~보다 …한[하게]'의 뜻으로 '형용사(부사) + -er than' 또는 'more + 형용사/부사 + than'의 형태를 취한다.

- Gold is heavier than copper.
  금은 구리보다 무겁다.
- He is three years older than I.
  그는 나보다 세 살 위다.
- My house is larger than his (house). (○)
  * My house is larger than he. (×) ⇨ 비교 대상이 같아야 한다.
  내 집은 그의 집보다 크다.

2 열등비교

둘을 비교하여 한쪽이 다른 쪽보다 정도가 덜함을 의미한다. '~보다 덜 …한(하게)'의 뜻으로 'less + 형용사/부사 + than'의 형태를 취한다.

- He is less smart than his sister.
  그는 여동생보다 덜 똑똑하다.
- This house is less expensive than that one.
  이 집은 저 집보다 덜 비싸다.

3 비교급의 강조

비교급을 강조할 때는 비교급 앞에 much, even, (by) far, still 등을 사용한다. (very 불가)

- This dictionary is even more useful than that.
  이 사전은 그 사전보다 더욱 유익하다.

- This is <u>much</u> more important than that.

  이것이 저것보다 훨씬 중요하다.

긍정문에 쓰는 것	much more, still more
부정문에 쓰는 것	much less, still less
긍정문 · 부정문에 쓰는 것	not to speak of, not to mention, to say nothing of, let alone

- The baby can walk very well, <u>much more</u> run.

  그 아기는 매우 잘 걸을 수 있다. 게다가 뛰기까지 한다.
- He cannot speak English, <u>much less</u> French.

  그는 영어를 하지 못한다. 하물며 불어도 하지 못한다.

4 the 비교급

(1) of the two, of A and B가 있는 경우

- This book is <u>the more interesting</u> of the two.

  = Of the two, this book is <u>the more interesting</u>.

  이 책이 둘 중에 더 재미있다.
- Of the sun and the moon, which is <u>the larger</u>?

  태양과 달 중에서 어느 것이 더 큽니까?
- He is <u>the taller</u> of the two.

  그는 둘 중에서 키가 더 크다.

(2) 이유 표시 부사구[절]가 있는 경우

- I like him all <u>the better</u> for his faults.

  나는 그의 결점 때문에 그를 더욱더 좋아한다.
- He studied <u>the harder</u> because his master praised him.

  그의 선생님이 그를 칭찬해 주었기 때문에 그는 더 열심히 공부했다.
- We like him none <u>the less</u> for his mistakes.

  그의 실수에도 불구하고 우리는 그를 좋아한다.

(3) the + 비교급 ~, the + 비교급 ...: ~하면 할수록 더욱더 …하다

- <u>The harder</u> we study, <u>the more</u> we know.

  더 열심히 공부할수록 더욱더 많이 알게 된다.
- <u>The higher</u> we go up, <u>the colder</u> it becomes.

  더 높이 오를수록 더 추워진다.
- <u>The wiser</u> one grows, <u>the more modest</u> one becomes.

  사람은 현명해질수록 그만큼 더 겸손해진다.

5 동일인[물]의 성질 · 성격 비교

동일인[물]의 성질이나 성격을 비교할 때 -er를 붙이는 형용사라 할지라도 'more[rather] + 원급 + than' 형태를 사용한다.

- Thomas is more clever than wise.
  = Thomas is rather clever than wise.
  = Thomas is clever rather than wise.
  Thomas는 현명하다기보다 영리하다.

- She is more a dancer than a singer.
  = She is not so much a singer as a dancer.
  = She is less a singer than a dancer.
  그녀는 가수라기보다는 댄서다.

6 라틴어 비교급 (to 사용)

라틴어 비교급에는 more나 very를 앞에 쓰지 못한다. 자체에 비교급의 뜻이 포함되어 있고, than 대신에 to를 쓴다는 점에 유의한다. 동사 prefer의 경우도 마찬가지다.

superior / inferior to	~보다 우수한 / 열등한
major / minor to	~보다 많은 / 소수의
anterior / posterior to	~보다 먼저의 / 나중의
senior / junior to	~보다 연상의 / 연하의
prefer A to B	B보다 A를 더 좋아하다
be preferable to	~보다 낫다
prior to	~보다 앞서서

- He is superior to me in every way.
  그는 나보다 모든 면에서 우수하다.

- I am inferior to him in math.
  나는 수학에 있어서 그보다 열등하다.

- He is two years older than I.
  = He is older than I by two years.
  = He is two years senior to me.
  그는 나보다 두 살이 더 많다.

- I prefer coffee to tea.
  = I like coffee better than tea.
  나는 차보다 커피가 더 좋다.

- I prefer staying to going.
  = I prefer to stay rather than (to) go.

  나는 가는 것보다 머무는 것이 더 좋다.
- Poverty is preferable to ill health.

  가난이 건강하지 못한 것보다 더 낫다.

7 중요 구문

(1) 비교급 + and + 비교급: 점점 더 ~한 (강조)

- It's getting darker and darker.

  날이 점점 어두워지고 있다.
- There is continually more and more to read and less and less time for reading.

  읽을 것은 끊임없이 많아지고 읽을 시간은 점점 적어진다.

(2) 관용 표현

① no more than = only

A is no more B than C is D. (양자 부정)

= A is not B any more than C is D.

= A is not B, just as C is not D.

- Man is no more than a reed, the weakest in nature.

  인간은 자연에서 가장 약한 존재인 갈대에 불과하다.
- A whale is no more a fish than a horse is.

  = A whale is not a fish any more than a horse is.

  고래가 어류가 아닌 것은 말이 어류가 아닌 것과 같다.

② no less than = as many[much] as : 수[양]가 ~만큼 (양자 긍정)

- He has no less than 20,000 dollars.

  그는 2만 달러만큼 많이 가지고 있다.
- He is no less guilty than you are.

  그는 너와 마찬가지로 유죄이다.

③ not more than = at (the) most: 많아야, 기껏해야

- I have not more than ten books.

  그는 기껏해야 10권의 책을 가지고 있다.
- He is not more diligent than you are.

  그는 너보다 부지런하지는 않다.

④ not less than = at (the) least: 적어도, ~ 이상

- I have not less than ten books.

  그는 적어도 10권의 책을 가지고 있다.

• She is not less beautiful than her sister.

그녀는 언니 못지않게 아름답다.

⑤ no longer: 더 이상 ~하지 않은 (= not ~ any longer)

• He is no longer my friend.

그는 이제 내 친구가 아니다.

⑥ no better than: ~와 다름없는 (= as good as)

• He is no better than a beggar.

그는 거지와 다름없다.

04 최상급

1 the + 최상급

• Richard is the tallest of all the boys in his class.

Richard는 그의 반에서 가장 키가 크다.

• Mary is the kindest in the class.

Mary는 그 반에서 가장 친절하다.

• Mt. Everest is the highest mountain in the world.

에베레스트는 세계에서 가장 높은 산이다.

• Iron is the most useful of all metals.

철은 모든 금속 중에서 가장 유용하다.

• This is the most beautiful picture that I have ever seen.

이것은 내가 여태까지 본 것 중 가장 아름다운 그림이다.

2 최상급의 강조

far and away, the very, much를 써서 최상급을 강조한다.

• James is the very *best* student in our class.

James는 우리 학급에서 가장 훌륭한 학생이다.

• He is much *the tallest* of us three.

그는 우리 세 사람 중에서 가장 월등하게 키가 크다.

3 the의 생략

최상급이라도 정관사를 쓰지 않는 경우가 있다.

① 동일인, 동일물 성질

- She was <u>happiest</u> when she was young.

  그녀는 젊었을 때 가장 행복했다.

- This lake is <u>deepest</u> here.

  이 호수는 여기가 가장 깊다.

② 부사 최상급

- He runs (the) <u>fastest</u>.

  그가 가장 빨리 달린다.

③ 소유격이 최상급 앞에 오는 경우

- You are my <u>best</u> friend.

  너는 나의 가장 친한 친구이다.

4 서수와 최상급

(1) one of the + 최상급 + 명사의 복수형: 가장 ~한 것 중의 하나

- She is <u>one of the greatest writers</u> in the U.S.

  그녀는 미국에서 가장 위대한 작가 중 한 사람이다.

- New York is <u>one of the largest cities</u> in the world.

  뉴욕은 세계 최대 도시 중의 하나이다.

(2) the second + 최상급 = 최상급 + but one: 두 번째로 가장 ~한

- This is <u>the second best</u> policy.

  이것이 차선의 방책이다.

- Ankara is <u>the second largest</u> city after Istanbul in Turkey.

  앙카라는 이스탄불에 이어 터키에서 두 번째로 큰 도시이다.

5 최상급 이용한 구문

(1) 양보의 최상급: ~조차도(= even)

- <u>The wisest man</u> may sometimes make a mistake.

  아무리 현명한 사람이라도 이따금 실수를 한다.

- <u>The richest</u> cannot buy everything.

  아무리 부자라도 모든 것을 다 살 수는 없다.

(2) 부정의 의미를 갖는 the last: 결코 ~하지 않는

- He is <u>the last man</u> to tell a lie.

  = He is above telling a lie.

  = He is far from telling a lie.

  그는 결코 거짓말을 할 사람이 아니다.

(3) 최상급의 관용 표현

① at most: 기껏해야

- I can pay only 5 pounds at most.

  나는 기껏해야 5파운드를 지불할 수 있다.

② at best: 잘해야, 기껏해야

- He is a second rate player at best.

  그는 잘해야 이류 선수이다.

③ at least: 적어도

- You must at least talk to her.

  너는 적어도 그녀에게 말을 걸어야 한다.

④ not in the least: 조금도 ∼ 않다(= not ∼ at all)

- He's not in the least worried about it.

  그는 그것에 관하여 조금도 걱정하지 않는다.

⑤ at (the) worst: 최악의 경우라 할지라도, 기껏해야

- You will only be scolded at worst.

  기껏해야 너는 야단맞을 정도일 것이다.

05 최상급의 대용표현

1 원급 이용 최상급 표현

(1) 부정 어구 + so + 원급 + as

- No (other) girl in the class is so kind as Mary.

  그 학급에는 Mary만큼 친절한 소녀가 없다.

(2) as + 원급 + as any + 단수 명사

- Mary is as kind as any (other) girl in the class.

  Mary는 그 학급에서 다른 소녀만큼 친절하다.

(3) as + 원급 + as + ever

- He is as great a doctor as ever lived.

  그는 전에 없이 가장 위대한 의사이다.

2 비교급 이용 최상급 표현

(1) 비교급 + than + any other + 단수명사

- Mary is <u>kinder than any other</u> girl in the class.

  Mary는 학급의 어떤 소녀보다 더 친절하다.

(2) 비교급 + than + (all) the other + 복수명사

- Mary is <u>kinder than all the other</u> girls in the class.

  Mary는 학급의 어떤 소녀보다 더 친절하다.

(3) 비교급 + than + anyone[anything] else

- Tom is <u>taller than anyone else</u> in my class.

  Tom은 학급 중 어느 누구보다도 크다.

- Galaxy is <u>better than anything else</u> in the world.

  갤럭시는 세상에 그 무엇보다도 좋다.

(4) 부정 어구 + 비교급 + than

- <u>No (other)</u> girl in the class is <u>kinder than</u> Mary.

  Mary는 학급의 어떤 소녀보다 더 친절하다.

- <u>Nothing</u> is <u>more precious than</u> time.

  시간보다 더 귀중한 것은 없다.

(5) 다양한 최상급 표현

- No (other) girl in America is so pretty as she.

  = No (other) girl in America is prettier than she.

  = She is as pretty as any girl in America.

  = She is prettier than any other girl in America.

  = She is prettier than all the other girls in America.

  = She is the prettiest girl in America.

  = She is the prettiest girl of all (the) girls in America.

  미국에서 그녀만큼 예쁜 소녀도 없다.

06

01~08 **Choose the one that could best complete each of the following sentences.**

01 I think his mother is _____ than wise.

① kind

② kinder

③ kindest

④ more kind

02 A college degree doesn't make you smarter than _____.

① anyone else

② any other ones

③ any else ones

④ else anyone

03 The English weather is not _____ people at home seem to believe.

① as bad so

② so bad as

③ as badly as

④ more bad as

04 Of the two candidates, I think _____.

① Mr. Grant is best suited

② Mr. Grant is suited best

③ Mr. Grant is the better suited

④ that is the better suited of them

05   Staying in a hotel a week costs _____ renting a room in a dormitory for two weeks.

① more than twice
② as much twice as
③ twice as much as
④ as much as twice

06   Nothing is so valuable as health.
= Health is _____ valuable _____.

① more – than any other thing
② as – as any
③ a most – in the world
④ the most – than any other thing

07   The person who both smokes and drinks heavily may be at greater risk of becoming ill _____ one who drinks like a fish but never smokes, or who smokes like a chimney but never drinks.

① than
② less than
③ as
④ more than

08   Air traffic controllers report that the long stretches of doing relatively little are at least _____ the times when they are handling many air craft in the sky.

① so stressfully as
② as stressful as
③ as stressful to
④ so stressfully to

(09~18) **Choose the one that makes the sentence grammatically INCORRECT.**

09   They worked ① as hardest as ② they could but they ③ were unable to get through the project ④ in time.

10   ① Given his choice of the two cakes, Johnny regarded ② them thoughtfully for a moment and then ③ chose the ④ smallest one.

11   Of all ① social problems, housing shortage continues ② to be ③ a most significant in its daily impact ④ on household affairs.

12   Younger students ① who participated in the survey ② sponsored by a weekly magazine turned out ③ to be less concerned about the serious problems of homeless people ④ as the older students were.

13   We ① were on our knees by the side of my brother who ② lay dead. He was two years ③ senior than I. I remember very well how mom's tears were flowing downs her ④ cheeks.

14   ① After the critics see the two plays, they ② will, as a result of ③ their experience and background, be able to judge which is the ④ most effective and moving.

15   ① Irrespective of the car model we own, there ② will always be someone who has a ③ more expensive version or ④ a recentier model than ours.

16 Aristotle ① <u>believed</u> women were inferior ② <u>than</u> men. For example, in his work *Politics*, Aristotle states "③ <u>as regards</u> the sexes, the male is ④ <u>by nature</u> superior and the female inferior, the male ruler and the female subject."

17 We need to have enough time to make sure that everything in the decoration matches. So, we ① <u>need to have</u> these items in the cafeteria ② <u>well before</u> the August 20 opening date. We would, therefore, like to receive them at least a week prior ③ <u>than</u> the above date. Your prompt ④ <u>attention to</u> this matter would be appreciated.

18 The more exercise we do, ① <u>many calories we will</u> use up. As well as burning up calories, exercise is also a psychological regulator of the appetite. Regular exercise ② <u>helps you to release</u> tension and fight off boredom ③ <u>which otherwise</u> may tempt you to overeat. If you're feeling a little stressed, don't idle about in front of the TV with ④ <u>a packet of chocolate biscuits</u>. Go down to your local sports center instead and swim a few lengths.

19 **Choose the one that is grammatically NOT correct.**

① This is the very cleanest park around here.

② She had better marks than any student in her class.

③ It was the worst earthquake ever recorded.

④ He is as sincere as any man in the world.

20 **Choose the one that is grammatically correct.**

① The baby can walk very well, very more run.

② Of the sun and the moon, which is larger?

③ No other girl in the class is so kind as Katy.

④ He is superior than me in mathematics and chemistry.

07 | 관계사

01 관계대명사

1 개관

관계대명사는 두 문장을 이어 주는 접속사 역할과 대명사 역할을 동시에 수행한다. 선행사란 관계대명사 이하의 절(형용사절)에 의해 수식을 받는 명사를 말하며, 선행사의 성질과 격에 따라 관계대명사를 구별하여 쓴다.

구분	주요 예문
who	This is the girl. + She is a good typist. (주격) = This is the girl who is a good typist.
whom	This is the boy. + I spoke of him yesterday. (목적격) = This is the boy whom I spoke of yesterday.
whose	A child is called an orphan. + His parents are dead. (소유격) = A child whose parents are dead is called an orphan.
which	I have a book. + It is very interesting. (주격) = I have a book which is very interesting.
that	A man and his dog that were passing by were injured. (주격)
what	What is beautiful is not always good. (주격)

2 관계대명사의 격

격＼선행사	사람	사물	사람·사물	선행사 포함
주격	who	which	that	what
목적격	whom	which	that	what
소유격	whose	whose, of which	–	–

(1) 주격

관계절 내에서 주어 역할을 하며, 관계사 다음에 동사가(선행사의 수·인칭 일치) 위치한다.

• This is the girl. + She is a good student.
= This is the girl who is a good student.
이 소녀는 뛰어난 학생이다.

• Is there any man who can read one's mind?
사람의 마음을 읽을 수 있는 사람이 있나요?

- I will take the book. + It is on the desk.

  = I will take the book which is on the desk.

  나는 책상 위에 있는 책을 가져갈 것이다.

- I have a laptop which is more powerful than most ones.

  나는 대부분의 노트북보다 더 강력한 노트북을 가지고 있다.

(2) 목적격

타동사 또는 전치사의 목적어 역할을 하며, 관계사 다음에 '주어 + 동사'가 위치한다.

- The politician deceived me. + I believed him to be honest.

  = The politician (whom) I believed to be honest deceived me.

  내가 정직하다고 믿었던 정치인이 나를 속였다.

- This is the dictionary. + I bought it some years ago.

  = This is the dictionary (which) I bought some years ago.

  이것이 바로 몇 년 전에 내가 산 사전이다.

(3) 소유격

관계사 다음에 명사가 위치한다.

선행사	소유격 관계대명사	주의해야 할 형태
사람	whose + 명사	명사 앞의 무관사
사물	whose + 명사	명사 앞의 무관사
	of which + the + 명사	명사 앞의 정관사 the
	the + 명사 + of which	명사 앞의 정관사 the

- He is the doctor whose name is known to many people.

  그는 그의 이름이 많은 사람들에게 알려진 의사이다.

- The house of which the windows are broken is unoccupied.

  유리창이 깨져 있는 그 집은 사람이 살지 않는다.

- The mountain the top of which is covered with snow is Mt. Everest.

  = The mountain of which the top is covered with snow is Mt. Everest.

  = The mountain whose top is covered with snow is Mt. Everest.

  꼭대기가 눈으로 덮인 산이 에베레스트산이다.

3 who, whom, whose

(1) 선행사가 사람인 경우

- I have a friend. + He lives in Seoul.

  = I have a friend and he lives in Seoul.

  = I have a friend who lives in Seoul.

  나는 서울에 살고 있는 친구가 있다.

(2) 선행사가 대명사인 경우

- He who is honest is respected by others. (= A man who)

  정직한 사람은 다른 사람들에게 존경받는다.

- Those who are honest are respected by others. (= People who)

  정직한 사람들은 다른 사람들에게 존경받는다.

(3) 삽입절이 들어간 경우

관계사절 안에 삽입절이 있을 경우 선행사가 관계사절 안에서 주격으로 쓰였는지 목적격으로 쓰였는지 분석해 봐야 한다. 주로 삽입절을 이끄는 동사는 인식동사인 think, believe, know, guess, suppose 등이 쓰인다.

- I met a man. + I thought he was an American. (주격)

  = I met a man who *I thought* was an American. (선행사가 사람)

  내가 생각하기에 미국인인 한 사람을 만났다.

- He lent me some books. + I knew the books were difficult to read. (주격)

  = He lent me some books which *I knew* were difficult to read. (선행사가 사물)

  그는 내가 읽기에 어려운 몇 권의 책을 나에게 빌려주었다.

- This is the man. + They believe him to be rich. (목적격)

  = This is the man whom *they believe* to be rich.

  이 사람은 그들이 부자라고 믿는 사람이다.

4 which

(1) 선행사가 사람을 제외한 생물과 무생물인 경우

- Water polo is *the sport* which I am very fond of.

  수구(水球)는 내가 매우 좋아하는 스포츠이다.

- *The book* which is on the table is mine.

  테이블 위에 있는 책은 나의 것이다.

(2) 사람 선행사가 인격 · 직업 · 성격을 나타낼 때

- He is a gentleman, which his brother is not. (인격)

  그는 신사이지만, 그의 형은 신사가 아니다.

- He is not the merchant which his father wants him to be. (직업)

  그는 그의 아버지가 바라는 그런 상인이 아니다.

- She is not the cheerful girl which she used to be. (성격)

  현재의 그 여자는 과거의 그런 유쾌한 여자가 아니다.

(3) 형용사 · 구 · 절 · 문장 전체를 선행사로 가지는 경우

주로 계속적 용법으로 쓰인다.

- She was proud, which her husband never was. (형용사)

  그녀는 오만하였지만, 그녀의 남편은 절대로 그렇지 않았다.

- I tried to solve the problem, which was impossible. (구)

  나는 그 문제를 풀려고 시도했으나 불가능했다.

- You say money is everything, which I believe is wrong. (절)

  너는 돈이 만능이라고 하지만 그 말은 틀렸다고 나는 믿는다.

- She said nothing, which made him all the more angry. (문장 전체)

  그녀는 아무 말도 하지 않았다. 그것이 그를 더욱더 화나게 만들었다.

5 that

선행사가 사람 · 동물 · 사물일 때 모두 사용 가능하며 다음과 같은 경우도 쓴다.

(1) 선행사가 최상급이나 서수의 수식을 받는 경우

- She is the prettiest girl that I have ever seen.

  그녀는 내가 지금까지 만나 본 가장 예쁜 소녀다.

- He took the first plane that crossed the English Channel.

  그는 영국해협을 건넌 최초의 비행기에 탑승했다.

(2) the very, the only, the same 등의 수식을 받는 경우

- He is the only man that I can trust.

  그는 내가 신뢰할 수 있는 유일한 사람이다.

- Everyone prefers the same car that a lot of other people want.

  사람들은 많은 다른 사람들이 좋아하는 같은 차를 선호한다.

(3) all, every, any, no 등의 수식어가 붙는 경우

- All that glitters is not gold.

  반짝이는 모든 것이 금은 아니다.

- Every student that I know dislikes math.

  내가 알고 있는 모든 학생들은 수학을 싫어한다.

- There is no man that doesn't love his parents.

  부모를 사랑하지 않는 사람은 아무도 없다.

(4) 선행사가 '사람 + 사물[동물]'인 경우

- Look at the boy and his dog that are crossing the street.

  거리를 가로지르고 있는 소년과 그의 개를 보아라.

(5) 관계대명사 that을 쓸 수 없는 경우

① 한정 용법에만 쓰이므로 comma(,) 뒤에는 that이 올 수 없다.

* This is the house, that I live in. (×)

  이 집이 내가 사는 집이다.

② 소유격으로 쓸 수 없다.

* This is the house, that roof is red. (×)

이 집은 지붕이 빨간 집이다.

③ that 앞에는 전치사를 쓸 수 없다.

* This is the house in that I live. (×)

6 what

(1) 선행사를 포함하며 명사절을 구성: ~하는 것

• This is what I want to buy.

= This is the thing which I want to buy.

이것이 내가 사기 원하는 것이다.

• Don't put off till tomorrow what can be done today.

오늘 할 수 있는 일을 내일까지 미루지 마라.

(2) 관용 어구

① A is to B what[as] C is to D: A와 B의 관계는 C와 D의 관계와 같다.

• Reading is to the mind what food is to the body.

= What food is to the body, reading is to the mind.

= As food is to the body, so is reading to the mind.

독서와 정신과의 관계는 음식과 육체와의 관계와 같다.

② S(주어)의 인격이나 재산 표현

---

what + S + be동사: 주어의 인격이나 상태

what + S + have: 주어의 재산

• We should judge a man not by what he has but by what he is.

우리는 재산이 아니라 인격으로 사람을 판단해야 한다.

• To be a human doesn't depend upon what one has, but upon what one is.

인간이 된다는 것은 재산에 좌우되는 것이 아니라 인격에 좌우되는 것이다.

③ what you call: 소위 (= what we[they] call, what is called)

• Be careful of what they call specialities.

소위 특제품이라는 것을 조심하라.

④ what + be동사 + 비교급: 더욱더 ~한 것은

• He is clever, and what is better still, very brave.

그는 현명하며 더욱 좋은 것은 용감하기까지 하다.

• He lost his way, and what was worse it began to rain.

그는 길을 잃었는데, 설상가상으로 비도 내리기 시작했다.

7 관계대명사의 용법

(1) 한정적 용법

관계대명사가 뒤에 오는 문장을 이끌어 선행사를 직접 수식하며 뒤에서부터 해석한다.

- He had three sons who[that] became painters.

  그에게는 화가가 된 아들이 셋 있었다. ⇨ 아들이 더 있었을지 모른다.

- There were few passengers who escaped without injury.

  부상을 입지 않고 피해 나갔던 승객은 거의 없었다.

(2) 계속적 용법

관계사 앞에 comma(,)가 있고 선행사 앞의 절 전체를 보충 설명하는 용법으로 '접속사 + 대명사'로 바꿀 수 있고 앞에서부터 해석한다.

- He had three sons, who became painters.

  그에게는 아들이 셋 있었는데 그들은 화가가 되었다. ⇨ 아들은 모두 셋이다.

- There were few passengers, who escaped without injury.

  승객은 거의 없었는데, 그들은 부상을 입지 않고 피했다.

(3) 이중 제한

두 개의 관계절이 하나의 선행사를 공동으로 수식

- Is there anything that you want which you do not have?

  * Is there anything that you want that you do not have? (×) (반복 피함)

  네가 원하는 것으로서 가지고 있지 않은 것이 있니?

- You're the only person that I've ever met who could do it.

  * You're the only person that I've ever met that could do it. (×) (반복 피함)

  당신은 내가 지금까지 만난 사람으로서 그것을 하려면 할 수 있는 유일한 사람이다.

8 관계대명사의 생략

(1) 생략이 가능한 경우

① 타동사의 목적어나 전치사의 목적어로 쓰일 경우

- He has a daughter (whom[that]) he loves dearly. (타동사의 목적어)

  그에게는 진정으로 사랑하는 딸이 있다.

- The woman (whom) I was waiting for didn't turn up. (전치사의 목적어)

  내가 기다리던 여인은 나타나지 않았다.

② '주격 관계대명사 + be동사'는 동시 생략 가능

- Look at the boy (who is) sleeping under the tree.

  나무 아래서 잠을 자고 있는 소년을 보세요.

- The woman (who is) standing by the door is my aunt.

  문 옆에 서 있는 여자는 나의 고모이다.

- I have a book (that is) written in easy English.

  나는 쉬운 영어로 쓴 책 한 권을 가지고 있다.

③ 보어

- He is not the man (which[that]) he was two years ago.

  그는 2년 전의 그가 아니다.

- She is not the cheerful woman (that) she was before she got married.

  그녀는 결혼하기 전 명랑한 여자가 아니다.

- You are not the girl (which) I thought you to be.

  당신은 내가 생각하고 있던 것과 같은 여자가 아니다.

(2) 생략이 불가능한 경우

① 계속적 용법일 때

- I bowed to the gentleman, whom I know well.

  나는 그 신사에게 인사를 했는데, 그 신사는 내가 잘 알고 있는 사람이다.

② '전치사 + 관계대명사'일 때

- I remember the day on which he went to the front.

  그가 전선에 갔던 그날을 나는 기억하고 있다.

9 관계대명사와 전치사

(1) that 앞에는 전치사를 쓸 수 없다.

- This is the word of which I don't know the meaning. (O)

  * This is the word of that I don't know the meaning. (×)

  내가 의미를 모르겠다는 단어가 바로 이 단어이다.

- He is the man with whom I talked this morning. (O)

  * He is the man with that I talked this morning. (×)

  그는 오늘 아침 나와 이야기를 나눈 사람이다.

(2) 관계사절과 전치사의 생략 여부

전치사의 목적어 역할을 하는 관계대명사이므로 관계사절 내에 전치사를 생략해서는 안 된다.

- That is the house which she lives in. (O)

  * That is the house which she lives. (×)

  저 집에서 그녀가 산다.

- He is the man whom I talked with[to] this morning. (O)

  * He is the man whom I talked this morning. (×)

  그는 오늘 아침에 내가 말했던 사람이다.

- That is the house which my parents are fond of. (O)

  * That is the house which my parents are fond. (×)

  저 집이 나의 부모님이 좋아하는 집이다.

- These are the kids <u>whom</u> you should look <u>after</u>. (○)
  - * These are the kids whom you should look. (×)

  이 아이들이 당신이 돌보아야 하는 아이들이다.

(3) 전치사 + whom, which

관계대명사 앞에 쓰인 전치사는 선행사와 함께 뒤에 연결되는 문장에서 그 전치사적 의미를 살려 유기적으로 연결된다.

except	beside	toward	beyond	during
opposite	as to	between	outside	around

- I turned to the door, <u>outside which</u> my son had been waiting.

  나는 문 쪽으로 돌아섰더니, 그 문밖에서 내 아들이 기다리고 있었다.

- We had a long vacation, <u>during which</u> we were allowed to go swimming.

  우리는 오랜 방학을 가졌고 그 기간 동안에 수영하러 가는 것이 우리에게 허용되었다.

(4) all / both / some / many / one of + 관계대명사

- I have two elder sisters, <u>both of whom</u> are married.

  나에게는 두 명의 누나가 있는데, 둘 다 결혼했다.

- I bought ten pens, <u>the half of which</u> I gave my younger sister.

  나는 펜 열 자루를 사서 그 반을 내 여동생에게 주었다.

- He has three sons, <u>all of whom</u> are studying English.

  그는 아들 셋이 있는데 모두 영어를 공부하고 있다.

02 유사 관계대명사

원래 접속사의 as, but, than 다음에 불완전한 문장이 이어질 경우, 이들 자신이 대명사의 역할도 하고, 관계대명사와 비슷한 역할을 하므로 유사 관계대명사라고 한다.

1 as

(1) 선행사에 as, such, the same이 있을 때

- <u>As</u> many passengers <u>as</u> were in the bus were injured.

  버스에 있는 많은 승객들이 부상을 당했다.

- Don't trust <u>such</u> friends <u>as</u> praise you to your face.

  당신 앞에서 당신을 칭찬하는 친구들을 믿지 마십시오.

- This is <u>the same</u> watch <u>as</u> I lost.

  이것은 내가 잃어버린 것과 같은 종류의 시계이다.

(2) 앞 문장 전체를 받을 때

- He was an American, <u>as</u> I know from his accent. (= which)

  그의 억양으로 알다시피, 그는 미국인이었다.

- He could not resist the temptation, <u>as</u> is often the case with a young man.

  젊은이가 종종 그러하듯, 그는 유혹에 저항할 수 없었다.

(3) 관용어구

- He was drunk <u>as usual</u>. (= as is usual with him)

  그는 여느 때와 마찬가지로 취해 있었다.

- The train was delayed, <u>as is often the case</u>.

  흔히 있는 일이지만, 기차가 연착했다.

2 but

but은 'that ~ not'의 의미로, 주절에 부정어가 있거나 수사의문문에 나타난다.

- <u>None</u> came to his house <u>but</u> were welcomed.

  = <u>None</u> came to his house <u>who</u> were <u>not</u> welcomed.

  그의 집에 와서 환영받지 않는 사람은 없었다.

- There was <u>no one</u> <u>but</u> could solve the problem.

  = There was <u>no one</u> <u>that</u> could <u>not</u> solve the problem.

  그 문제를 풀 수 없는 사람은 아무도 없었다.

3 than

선행사에 비교 표시어가 있을 때 사용한다.

- Don't use <u>more</u> words <u>than</u> are necessary.

  필요 이상으로 단어를 사용하지 마세요.

- These children have <u>more</u> money <u>than</u> they need.

  이 어린이들은 그들이 필요로 하는 것보다 더 많은 돈을 가지고 있다.

- There came <u>more</u> people <u>than</u> the doctor could prescribe medicine for.

  의사가 약을 처방할 수 있는 것보다 더 많은 사람들이 왔다.

03 관계부사

관계대명사가 '접속사 + 대명사'의 역할을 하는 반면, 관계부사는 '접속사 + 부사'의 역할을 하면서 형용사절로 쓰여 앞의 선행사를 수식한다.

용도	선행사	관계부사	전치사 + 관계대명사
장소	the place	where	in/at which
시간	the time	when	on/at which
이유	the reason	why	for which
방법	(the way)	how	in which

1 제한적 용법

관계대명사와 마찬가지로 제한적 용법이 있다.

(1) where

- This is the house. He was born in the house.
  = This is the house and he was born in the house.
  = This is the house which he was born in.
  = This is the house in which he was born.
  = This is the house where he was born.
  여기는 그가 태어난 집이다.

(2) when

- I don't remember the day. Mr. Kim left Seoul on the day.
  = I don't remember the day on which Mr. Kim left Seoul.
  = I don't remember the day when Mr. Kim left Seoul.
  나는 김 선생님이 서울을 떠난 날을 기억하지 못한다.

(3) why

- Tell me the reason. He was late for the reason.
  = Tell me the reason which he was late for.
  = Tell me the reason for which he was late.
  = Tell me the reason why he was late.
  그가 늦은 이유를 나에게 말해 줘.

(4) how

선행사와 관계부사 중 하나만 쓴다.

- This is the way. I solved the problem in the way.
  = This is the way in which I solved the problem.
  = This is the way I solved the problem.
  = This is how I solved the problem.
  * This is the way how I solved the problem. (×)

  이것이 내가 문제를 푼 방법이다.

2 계속적 용법

- I went to a store, where I bought some cheese. (= and there)

  나는 어떤 상점에 가서 약간의 치즈를 샀다.

- I was about to reply, when he cut in. (= and then)

  내가 막 대답을 하려는데 그때 그가 내 말을 막았다.

04 관계형용사

관계사가 바로 뒤의 명사를 수식하는 것과 같은 형태가 되어 접속사와 형용사의 역할을 겸한다. which, what과 복합어 whichever, whatever 등이 있다.

1 what

'all the ~ that, any ~ that, as many ~ as'의 뜻으로 쓰인다.

- I've spent what money I had. (= all the money that)

  나는 가지고 있던 돈 전부를 써 버렸다.

- I will give you what help is possible. (= any help that)

  힘닿는 데까지 도와드리겠습니다.

- Take what stamps you need. (= as many as stamps)

  필요한 만큼 우표를 가지세요.

2 which

사람, 사물에 다 쓰이며 제한적, 비제한적 용법으로 쓰인다.

- You may vote for which candidate you believe to be honest.

  어느 누구든 정직하다고 생각되는 후보에게 투표하는 것이 좋다.

- When you get your daily paper which page do you read first?

  신문을 받으면 어느 페이지를 먼저 읽습니까?

- She might not cooperate with us, in which case we must find someone else.

  그녀는 우리와 협력하지 않을지도 모른다. 그럴 경우 우리는 다른 사람을 찾아야만 한다.

- We traveled together as far as Paris, at which place we parted company.

  우리는 파리까지 함께 여행하였고, 그곳에서 친구로서 헤어졌다.

05 복합관계사

1 복합관계대명사: 관계대명사 + -ever

주격	소유격	목적격
whoever	whosever	whomever
whichever	–	whichever
whatever	–	whatever

(1) 자체 내에 선행사를 포함하고, 선행사와 관계대명사의 역할을 수행

- Return it to whosever address is on it.

  그 위에 적힌 것이 누구의 주소이든 주소대로 돌려주어라.

- I will help whomever you choose as a chairman.

  나는 당신이 의장으로 누구를 선택하든 도와줄 것이다.

- Choose whichever you like.

  당신이 마음에 드는 것이면 어떤 것이든지 고르세요.

(2) 명사절을 이끄는 경우: any + 관계대명사

- I'll give the ticket to whoever wants it. (= anyone who)

  나는 누구든 원하는 사람에 티켓을 주겠다.

- I'll give the ticket to whosever story is interesting. (= anyone whose)

  나는 이야기가 재미있다면 누구에게든 티켓을 주겠다.

- Give it to whomever you can trust. (= anyone whom)

  네가 믿을 수 있는 아무에게나 그것을 주어라.

- I will take whichever you choose for me. (= anything that)

  네가 나를 위해서 선택한 것이라면 어떤 것이든 취하겠다.

(3) 양보부사절을 이끄는 경우: no matter + 관계대명사

- Whoever advises him, he will never change his mind. (= No matter who)

  어느 누가 그에게 충고한다 할지라도, 그는 결코 마음을 바꾸지 않을 것이다.

- Whatever you may do, do it well. (= No matter what)

  당신이 무엇을 하든 그것을 잘하세요.

- Whichever you may choose, you will be satisfied. (= No matter which)

  당신이 무엇을 선택하든 당신은 만족할 것입니다.

2 복합관계부사

(1) whenever

- Whenever she is in trouble, she asks me for help.

  = At any time when she is in trouble, she calls me for help.

  그녀는 곤란할 때마다 내게 도움을 청한다.

- Whenever it is convenient, you can write me back.

  = No matter when it is convenient, you can write me back.

  언제건 시간이 날 때 답장을 쓰면 된다.

(2) wherever

- You may sit wherever you like.

  = You may sit at any place where you like.

  어디에건 앉고 싶은 곳에 앉아라.

- My wife asks me the phone number wherever I go.

  = My wife asks me the phone number no matter where I go.

  내가 어딜 가더라도 아내는 내게 전화번호를 묻는다.

(3) however: 어순은 'however + 형용사/부사 + 주어 + 동사'

- However hard you may try, the result will be the same.

  = No matter how hard you may try, the result will be the same.

  네가 아무리 열심히 애를 쓴다고 해도 결과는 마찬가지일 것이다.

- However stupid she is, she won't believe it.

  = No matter how stupid she is, she won't believe it.

  그녀가 제아무리 어리석다고는 해도 그것을 믿지는 않을 것이다.

3 복합관계형용사

복합관계대명사가 형용사적으로 쓰여 명사를 수식하는 경우이다.

(1) whichever

- I'll carry whichever parcel is the heavier. (명사절)

  나는 소포 중 더 무거운 것을 옮길 것이다.

- Whichever way you take, it will lead you to the station. (양보절)

  어느 길을 선택하든, 당신은 정거장까지 갈 수 있을 것이다.

(2) whatever

- You oppose whatever opinion I express. (명사절)

  너는 나의 의견이 무엇이든 반대한다.

- Whatever excuse he may make, we do not believe him. (양보절)

  그가 무슨 변명을 하든지 우리는 그를 믿지 않는다.

07

01~08   **Choose the one that could best complete each of the following sentences.**

01   She is a good manager _____ biggest asset is her ability to organize a project.

   ① it

   ② her

   ③ who

   ④ whose

02   It was raining in the mountains, _____ made the fresh green of the leaves all the more graceful.

   ① which

   ② that

   ③ those

   ④ what

03   _____ as the most important of crops in Korea is rice.

   ① What ranks

   ② The rank

   ③ It is ranked

   ④ Its rank

04   CCTV footage shows the man _____ to the woman.

   ① whom talk

   ② talking

   ③ talked

   ④ which is talking

05   Silences make the real conversations between friends. Not the saying but the never needing to say is _____ counts.

① what

② that

③ which

④ some

06   The surgeon _____ whose skill her life depends came to this country from Korea.

① on

② by

③ with

④ in

07   Earth-worms are to be found _____ adequate moisture, food and the necessary soil conditions exist.

① and

② but

③ however

④ wherever

08   Strong people make as many mistakes as weak people. The difference is that the former admit them, laugh at them and learn from them. That is _____.

① what they became strong

② that they became weak

③ how they became strong

④ to think that they became weak

Choose the one that makes the sentence grammatically INCORRECT.

09 You may invite ① who you ② desire to the company outing, ③ as long as it's not more than two guests ④ per employee.

10 Bill Gates controls ① the world's most influential ② technology company, the Microsoft, ③ it produces the software ④ that operates personal computers.

11 Sheila is an English teacher ① whose voice is very husky, but she is one of the very few teachers ② whom I know can control their classes without raising their voice ③ that is an ability ④ which children appreciate highly.

12 It is said that the United States is the melting pot of different races. This fact is ① most clearly seen in New York City, ② there many ③ people of different races live side by side. On subway trains, at street corners, and in shops, one will often ④ hear people talking in foreign languages.

13 ① Seeing what man has already accomplished, ② it would be rash ③ to place any limits upon ④ that he may accomplish in the future.

14 ① That the judge has to do during the trial ② includes taking notes so that he can sum up ③ what is said by the counsel for ④ both sides and the witnesses.

15 The concern ① we have always had is that if Asian countries don't recover, ② this could spread to other countries and ③ that is a minor problem for our country ④ could become a severe problem.

16 Habits are additions to the nature ① with we are born. We are born with the force or ability ② to act in certain ways and also with certain native patterns of action, ③ which are called instinct. Our innate dispositions to action can be developed ④ by what we actually do in the course of living.

17 If you find yourself ① not wanting to ② be in church, maybe you need to find a different church. Maybe your current one isn't ③ which God wants you to be. Or maybe you ④ need to examine your heart.

18 ① This autumn music festival, ② that is taking place for the third time, ③ enriches the cultural and social scene in Moravia and the ④ surrounding regions in an unusual way.

19 **Choose the one that is grammatically NOT correct.**

① Please explain to me how to join a tennis club.

② She never listens to the advice which I give it to her.

③ What lungs are to the human, leaves are to the plant.

④ The fact that she is a foreigner makes it difficult for her to get a job.

20 **Choose the one that is grammatically correct.**

① Whatever excuse he may take, we do not believe him.

② He is absent, as often the case.

③ Who was that discovered the fact?

④ You must associate with those whom you think are honest.

08 | 접속사

01 등위접속사

단어와 단어 또는 절과 절, 문장과 문장을 대등하게 이어 주는 접속사를 말한다.

구분	주요 예문
and	She is bright and diligent. (부가)
but	He is a clever man but fails in perseverance. (역접)
or	You may dance or sing there. (선택)
for	He stayed at home, for it was raining hard. (이유)
so	He is still young, so he can work. (결과)

1 and

(1) 부가 · 순접

- He has two brothers and three sisters. (부가)

  그에게는 두 명의 형과 세 명의 누이가 있다.

- He waved a flag, and the train began to start. (순접)

  그가 깃발을 흔들자 기차가 출발하기 시작했다.

(2) 명령문 + and + 긍정적 내용: ~하라, 그러면 …할 것이다

- Hurry up, and you will be in time.

  = If you hurry up, you will be in time.

  서둘러라, 그러면 제시간에 도착할 것이다.

- Work hard, and you will succeed.

  = If you work hard, you will succeed.

  열심히 공부해라, 그러면 성공할 것이다.

(3) 수의 일치(명사 + and + 명사)

원칙적으로 복수 취급하지만 다음과 같이 하나의 의미로 밀접한 관계를 이룰 때는 단수 취급한다.

- brandy and water

  물 탄 브랜디

- trial and error

  시행착오

- bread and butter

  버터 바른 빵

- curry and rice

  카레라이스

2 but

(1) 반대 · 역접

- He works slowly but accurately.

  그는 느리지만 정확히 일한다.

- They all went, but I didn't.

  그들은 모두 갔지만, 나는 가지 않았다.

(2) 전치사 · 부사로서의 but

- All but him were praised for their assignment. (전치사: except ~ 외에는)

  그를 제외한 모두가 과제물에 대해 칭찬을 받았다.

- He is but a child. (부사: only)

  그는 어린아이에 불과하다.

3 or, nor

(1) 선택

- I left it on the desk or somewhere.

  나는 책상 위인지 어딘가에 그것을 놓았다.

- Rain or shine, I'll go.

  비가 오든 해가 나든 나는 간다.

(2) 환언: 즉, 다시 말하자면 (= that is to say)

- The distance is five miles, or about eight kilometers.

  그 거리는 5마일, 즉 8킬로미터 정도이다.

- To become an environmental engineer, I majored in botany, or the study of plants.

  환경 공학자가 되기 위해 나는 식물학, 즉 식물에 대한 연구를 전공했다.

(3) 명령문 + or + 부정적 내용: ~하라, 그렇지 않으면 …할 것이다

- Make haste, or you will be late for an appointment.

  = If you do not make haste, you will be late for an appointment.

  = Unless you make haste, you will be late for an appointment.

  서둘러라, 그렇지 않으면 너는 약속에 늦을 거야.

(4) nor + 조동사 / be / do 동사 + S: ～도 또한 아니다

- I am not rich, <u>nor</u> do I wish to be.

  = I am not rich, and I do not wish to be (rich).

  = I am not rich, and neither do I wish to be.

  나는 부유하지도 않고, 역시 부자이기를 바라지도 않는다.

  * I am not rich, neither do I wish to be. (×)

  * I am not rich, nor don't I wish to be. (×)

4 for

for는 간접적인 원인을 나타낸다. '왜냐하면'의 뜻으로 이유 · 원인을 나타내며 절의 연결에만 쓰이고, because와는 달리 문두에 올 수 없다.

- It may be morning, <u>for</u> the birds are twittering.

  새가 지저귀는 걸 보니, 아침이군.

- She must be ill, <u>for</u> she looks pale.

  그녀는 창백해 보이므로, 아픈 것이 틀림없다.

  참고 • The river has risen, because it has rained much of late.

  최근에 비가 많이 왔음이 틀림없다. 왜냐하면 강물이 저렇게 불었으니까.

5 so

(1) 결과: 그러므로

- He didn't want to make her unhappy, <u>so</u> he told a white lie.

  그는 그녀를 슬프게 하고 싶지 않았기 때문에 마음에도 없는 거짓말을 했다.

(2) 상황 표시: 언제나 문두에 위치

- <u>So</u> you're saying like kids.

  그래서 네가 아이들처럼 얘기하는구나.

(3) 절과 절의 연결에 사용

- He didn't want to go to school, <u>so</u> he was absent. (○)

  * He didn't want to go to school, so his absence. (×)

  그는 학교에 가고 싶지 않아서 결석했다.

6 기타

(1) yet: 하지만

- His speech was almost unintelligible, (and) yet somehow I enjoyed it.

  그의 연설은 거의 이해할 수 없었지만, 웬일인지 나는 그것을 즐겨 들었다.

(2) still: 하지만, 그럼에도

- I like dogs, still I don't care to keep one.

  나는 개를 좋아하지만 개를 키우고 싶지는 않다.

(3) while: 한편

- This is mine, while that is his.

  이것은 나의 것이나, 저것은 그의 것이다.

- He has remained poor, while his brother has made a fortune.

  그의 형은 돈을 벌었으나, 그는 여전히 가난하다.

02 상관접속사

두 개 이상의 단어가 유기적으로 결합하여 접속사 역할을 하는 것이다.

1 both A and B: A와 B 둘 다

- This book is both interesting and instructive.

  = This book is at once interesting and instructive.

  이 책은 재미있기도 하고 교훈적이기도 하다.

2 not only A but also B: A뿐만 아니라 B도 또한 (= B as well as A)

- Not only the children but also the mother is ill.

  아이들뿐만 아니라 어머니도 아프다.

- She is not only beautiful but also intelligent.

  = She is not simply beautiful but also intelligent.

  = She is not merely beautiful but also intelligent.

  = She is not just beautiful but also intelligent.

  그녀는 용모가 아름다울 뿐만 아니라 총명하기도 하다.

- He not only helped her cook but (also) did the dishes.
  = He not only helped her cook but did the dishes as well.
  = Not only did he help her cook but he (also) did the dishes.
  = He did the dishes as well as helped her cook.
  = He did the dishes in addition to helping her cook.
  그는 그녀의 요리를 도와준 것뿐만 아니라 설거지도 해 주었다.

3 either A or B / neither A nor B

either A or B: A와 B 둘 중의 하나 (양자택일): 동사는 B에 일치
neither A nor B: A와 B 둘 다 아닌 (양자부정): 동사는 B에 일치

- Either your brakes or your eyesight is at fault.
  네 브레이크 아니면 네 눈이 잘못되었다.
- Neither you nor I am to blame for it.
  너도 나도 그것에 대해 책임이 없다.

4 not A but B: A가 아니고 B인

- She really cares for not you but me. (= not for you but for me)
  그녀가 진정 좋아한 사람은 네가 아니라 나이다.
- He works not slowly but accurately.
  그는 천천히 일하는 것이 아니라 정확히 일을 하고 있다.

  참고 not because A but because B: A 때문이 아니라 B 때문이다.
- He quit his job not because he wanted but because he was forced.
  = He quit his job not that he wanted but that he was forced.
  그는 자신이 원해서가 아니라 강요를 당해서 일을 그만둔 것이다.

03 종속 상관접속사

1 so + 형용사/부사 + that: 너무나 ~해서 …한

- He was so rich that he could buy a car.
  그는 매우 부유해서 차를 살 수 있었다.
- My wife was so upset that she could not talk to me.
  내 아내는 너무 화가 나서 내게 말조차 걸지 않았다.

2 such + 명사 + that: 매우 ~해서 …한

- She had <u>such</u> a fright <u>that</u> she fainted.

  그녀는 놀란 나머지 졸도했다.

- It is <u>such</u> wonderful news <u>that</u> your new baby has arrived healthy.

  네 아이가 건강하게 태어났다는 것은 너무 멋진 소식이다.

3 whether A or B: A이든 B이든 간에

- <u>Whether</u> you like it <u>or</u> not, you've got to do it.

  그것이 좋든 싫든 간에 너는 그것을 하지 않으면 안 된다.

- <u>Whether</u> he leaves <u>or</u> stays is of absolutely no importance to me.

  그가 떠날지 머무를지는 내게 전혀 중요하지 않다.

4 not ~ until ...: …이 되어서야 비로소 ~하다

- I did <u>not</u> realize the value of the documents <u>until</u> yesterday.

  = It was <u>not until</u> yesterday that I realized the value of the documents.

  = <u>Not until</u> yesterday did I realize the value of the documents.

  나는 어제서야 비로소 그 서류의 가치를 깨달았다.

- <u>Not until</u> I saw him did I remember we had met before.

  그를 만나고 나서야 비로소 예전에 만난 적이 있다는 것을 알았다.

5 no sooner ~, than ...: ~하자마자 …했다

- <u>No sooner</u> had he gone outside <u>than</u> one of the cameramen approached.

  = <u>Hardly</u> had he gone outside <u>before</u> one of the cameramen approached.

  = <u>Scarcely</u> had he gone outside <u>when</u> one of the cameramen approached.

  = He had <u>no sooner</u> gone outside <u>than</u> one of the cameramen approached.

  = He had <u>hardly</u> gone outside <u>before</u> one of the cameramen approached.

  = He had <u>scarcely</u> gone outside <u>when</u> one of the cameramen approached.

  = <u>As soon as</u> he went outside, one of the cameramen approached.

  그가 밖으로 나가자마자 사진기자들 중의 한 명이 다가왔다.

- <u>No sooner</u> <u>had</u> he <u>realized</u> his guilt <u>than</u> a terrible sense of shame gripped his mind.

  그가 자신의 죄책감을 깨닫자마자 너무나도 큰 부끄러움이 그의 마음을 감쌌다.

6 (Just) as A, so B: A한 것처럼 B하다

- Just as every family is different, so every child is different.
  모든 가족이 다른 것처럼 모든 아이들도 다 다르다.
- Just as houses are made of stones, so is science made of facts.
  집이 돌로 만들어지는 것처럼, 과학도 사실로 구성된다.

04 명사절 이끄는 종속접속사

접속사가 이끄는 절이 문장의 주어 · 보어 · 목적어 구실을 한다.

1 that

(1) 일반 용법

- That he cheated on his wife is unbelievable. (주어절)
  = It is unbelievable (that) he cheated on his wife. (진주어절)
  그가 바람을 피웠다는 사실은 믿을 수가 없다.
- The trouble is (that) my father is ill in bed. (보어절)
  문제는 나의 아버지가 아파서 누워 계신다는 것이다.
- I can't believe (that) he cheated on his wife. (목적절)
  난 그가 바람을 피웠다는 사실을 믿을 수가 없다.
- He is a good husband except (that) he never baby-sits. (전치사의 목적절)
  그는 애를 봐 주는 법이 없다는 사실만 빼면 좋은 남편이다.

(2) It(가주어) ~ that(진주어) 구문

- It is known to all that he has failed.
  그가 실패했다는 것이 모든 사람들에게 알려졌다.
- It shocked me that Peter didn't tell anybody where he was.
  Peter가 자신이 어디 있는지를 아무에게도 말하지 않은 것은 나를 놀라게 했다.

(3) 동격의 that절

- I realized *the fact* that I made a great mistake. (that = the fact)
  나는 내가 큰 실수를 저질렀음을 깨달았다.
- There is *a chance* that they may be telling the truth.
  그들이 진실을 말하고 있을지도 모른다.
- *The news* that his son was killed was not true.
  그의 아들이 살해되었다는 소식은 사실이 아니었다.

• No one can deny *the fact* that there is no smoke without fire.

아니 땐 굴뚝에 연기 날 리 없다는 사실을 부인할 수 있는 사람은 아무도 없다.

2 whether/if

(1) 선택절을 이끄는 whether와 if: ～인지 아닌지

① whether 선택절: 모든 명사절을 유도하고 or not과 결합 가능하다.

• <u>Whether</u> he will quit his job (or not) is unknowable. (주어절)

  <u>Whether</u> (or not) he will quit his job is unknowable.

  그가 일을 그만둘지 안 그만둘지는 알 수가 없다.

• We cannot know <u>whether[if]</u> he will quit his job. (동사의 목적절)

  우리는 그가 일을 그만둘지 안 그만둘지 알 수가 없다.

• The problem is <u>whether</u> he will quit his job. (보어절)

  문제는 그가 일을 그만둘지 안 그만둘지이다.

• We'll stop the plan regardless of <u>whether</u> he'll quit his job. (전치사의 목적절)

  우리는 그가 일을 그만두건 그만두지 않건 상관없이 계획을 중단할 것이다.

② if 선택절: 타동사의 목적절만을 유도하고 원칙상 or not과 결합하지 못한다.

• We cannot know <u>if</u> he will quit his job. (목적절)

  우리는 그가 일을 그만둘지 아닐지 알 수 없다.

3 의문사가 이끄는 간접의문문 ⇨ 'S + V'의 평서문 어순

• <u>Why he is trying to quit his job</u> is inestimable. (주어절)

  왜 그가 일을 그만두려고 하는지 종잡을 수가 없다.

• Nobody knows <u>when he will quit his job</u>. (목적절)

  그가 언제 일을 그만둘지는 아무도 모른다.

• Our concern is <u>how he can find another job</u>. (보어절)

  우리의 관심은 그가 어떻게 새 일자리를 구할 것인가이다.

• I'm not interested in <u>what kind of job he is looking for</u>. (전치사의 목적절)

  나는 그가 어떤 종류의 일을 찾고 있는지 관심이 없다.

• *The question*, <u>when he will quit his job</u>, interests all. (동격절)

  그가 언제 일을 그만둘지의 문제는 모두의 관심사이다.

4 what 관계대명사절: 선행사인 명사를 포함한 명사절

- What he wants now is your cooperation. (주어절)

  그가 지금 원하는 것은 너의 협조이다.

- We won't be able to give him what he wants now. (목적절)

  우리는 그가 지금 원하는 것을 줄 수 없을 것이다.

- Your cooperation is what he wants now. (보어절)

  너의 협조가 그가 지금 원하는 것이다.

05 부사절 이끄는 종속접속사

접속사가 이끄는 절이 시간 · 이유 · 조건 · 양보 · 정도 · 양태 · 방법 · 비교를 나타낸다.

1 시간

(1) 주요 표현

when	while	after	as long as
as	until	since	by the time
before	as soon as	no sooner ~ than	
hardly[scarcely] ~ before[when]			

- When Jane was a girl, she was very smart.

  Jane이 소녀였을 때, 그녀는 매우 영리했다.

- While he was reading, the couple started to fight with pillows.

  그는 책을 읽을 때, 그 커플은 베개로 싸우기 시작했다.

- After she left, John arrived.

  그녀가 떠난 후에 John이 도착했다.

- It won't be long before we meet again.

  조만간에 다시 만나겠군요.

- I will wait here until I know my son is fine.

  내 아들이 괜찮을 것을 알 때까지 나는 여기서 기다릴 것이다.

- As soon as the girl saw me, she ran away.

  그 소녀는 나를 보자마자 달아났다.

- You may stay here as long as you like.

  있고 싶을 때까지 여기에 있어도 좋다.

(2) 미래의 시간 부사절에서 미래는 현재 시제로 대신한다.

- Don't forget to lock the door <u>when</u> you <u>leave</u> the office. (○)
  * Don't forget to lock the door when you will leave the office. (×)
  사무실을 나설 때 문 잠그는 것을 잊지 마라.
- It will not be long <u>before</u> we <u>get</u> to know the result. (○)
  * It will not be long before we will get to know the result. (×)
  조만간 우리는 경과를 알게 될 것이다.
- It is not <u>until</u> we <u>lose</u> our health that we cherish it. (○)
  * It is not until we will lose our health that we cherish it. (×)
  우리는 건강을 잃고 나서야 그것을 소중히 여긴다.

(3) since절은 과거 시제(기점), 주절은 현재완료 시제로 나타낸다.

- I <u>have met</u> him several times <u>since</u> I <u>came</u> here. (○)
  * I met him several times since I came here. (×)
  나는 이곳에 온 이래로 그를 수차례 만났다.

2 원인, 이유

since	because	as	on the ground that
now that	in that	seeing that	

- <u>As</u> it may rain on the way, I'll take my raincoat.
  가는 도중에 비가 올지도 모르니 나는 비옷을 가져가야겠다.
- I have got wet, <u>because</u> I've been walking in the rain.
  나는 비를 맞고 걸었기 때문에 축축하게 젖었다.
- <u>Since</u> you are going, I'll accompany you.
  당신이 가니까 나도 너와 같이 가겠다.
- <u>Seeing (that)</u> life is short, we must not waste time.
  인생은 짧기 때문에 시간을 낭비해서는 안 된다.
- <u>Now (that)</u> I am a man, I think otherwise.
  나는 남자이므로 달리 생각한다.
- She is lucky <u>in that</u> she doesn't have to worry about the money.
  그녀는 돈 걱정을 할 필요가 없다는 점에서 행운아다.

3 양보

(1) 양보를 나타내는 접속사: 비록 ~일지라도

though	although	(even) if	even though	as

- I couldn't be angry with him <u>even if</u> I tried.

  나는 그에게 화내려 해도 화낼 수가 없었다.
- She took care of her sisters, <u>though</u> she was only ten.

  그녀는 겨우 10살이었지만, 여동생들을 돌보았다.
- <u>Although</u> the train was crowded, I managed to get a seat.

  열차가 혼잡했음에도 나는 가까스로 자리를 잡았다.
- <u>Even if</u> you offer it to him he won't accept it.

  네가 그것을 그에게 제공하더라도 그는 받지 않을 것이다.

  참고 양보 표시 전치사(구)

  in spite of, after all, for all, with all, in the face of, despite, notwithstanding
  - <u>With all</u> his poverty, he is happy.

    그는 가난함에도 불구하고 행복하다.

(2) 양보의 의미를 나타내는 관계사

- <u>Wherever</u> you (may) go, you will be loved by others. (복합 관계부사)

  네가 어디에 가든 다른 사람들에게 사랑받을 것이다.
- <u>No matter what</u> you (may) do, do it in earnest. (no matter + 의문사)

  네가 무엇을 하든지 간에 진지하게 해라.
- <u>Go where</u> he will, he will be welcomed. (명령형)

  그는 어디로 가든지 환영받을 것이다.

(3) 양보 부사절의 전환

- <u>However hard</u> you may try, you can never do it in a week.

  = <u>No matter how hard</u> you may try, you can never do it in a week.

  = Try <u>as hard as</u> you may[will], you can never do it in a week.

  네가 아무리 노력해도 그것을 결코 일주일 내에 할 수는 없다.

(4) as 양보 부사절: 형용사 / 부사 / 무관사 명사 / 과거분사 + as[though] + S + V

- *Poor* <u>as</u> she is, she is contented.

  = Though she is poor, she is contented.

  비록 그녀는 가난하지만 만족하고 있다.
- *Exhausted* <u>as</u> I was last night, I walked her home. (as = though)

  = Though I was exhausted last night, I walked her home.

  나는 어젯밤 피곤했지만 그녀를 집까지 바래다주었다.

4 결과

so (that)	so 형용사/부사 that	such 명사 that
such that(= so great that)		

- His honesty is <u>such that</u> everybody loves him.
  = <u>Such</u> is his honesty <u>that</u> everybody loves him.
  그는 매우 정직하기 때문에 모두가 그를 사랑한다.
- It was quite windy, <u>so (that)</u> we had to button our coat up.
  바람이 매우 센 날씨였기에 우리는 상의의 단추를 채우지 않을 수 없었다.
- We were <u>so</u> hungry <u>that</u> we couldn't wait for knives and forks.
  = We were so hungry but we could wait for knives and forks.
  우리는 배가 너무 고팠기 때문에 나이프와 포크가 나오는 것을 기다릴 수 없었다.
- He ate <u>so</u> fast <u>that</u> he nearly choked.
  그는 너무 빨리 먹어서 숨이 막힐 뻔했다.
- It was <u>such</u> a good story <u>that</u> I'll never forget it. (such + a[an] + 형 + 명)
  = It was <u>so</u> good a story <u>that</u> I'll never forget it. (so + 형 + a[an] + 명)
  그것은 매우 좋은 이야기라서 잊히지 않을 것이다.

08

5 목적

(1) 목적을 나타내는 접속사

① 긍정의 목적: ∼하기 위하여

that ∼ (may)	so that ∼ (may)	in order that ∼ (may)

- He works hard <u>that</u> he might gain promotion.
  = He works hard <u>so that</u> he might gain promotion.
  = He works hard <u>in order that</u> he might gain promotion.
  그는 승진하기 위하여 열심히 일한다.

② 부정의 목적: ∼하지 않기 위하여

lest ∼ (should)	for fear that ∼ (should)

- She works hard <u>lest</u> she (should) get fired.
  = She works hard <u>for fear</u> she (should) get fired.
  = She works hard <u>so that</u> she might <u>not</u> get fired.
  그녀는 해고당하지 않도록 열심히 일한다.

(2) 목적을 나타내는 부사절의 대용

① 부정사구

- He works hard that he might gain promotion.

  = He works hard to gain promotion.

  = He works hard so as to gain promotion.

  = He works hard in order to gain promotion.

  그는 승진하기 위하여 열심히 일한다.

- She works hard lest she (should) get fired.

  = She works hard so as not to get fired.

  그녀는 해고당하지 않도록 열심히 일한다.

② 전치사구

- He works hard that he might gain promotion.

  = He works hard for the purpose of gaining promotion.

  = He works hard with a view to gaining promotion.

  = He works hard with the view of gaining promotion.

  = He works hard with the object of gaining promotion.

  = He works hard with the intention of gaining promotion.

  그는 승진하기 위하여 열심히 일한다.

6 조건

(1) 일반 용법

if	unless	provided (that)
providing (that)	in case (that)	on the condition (that)
so long as	so far as ~하는 한	once 일단 ~하면
supposing (that)	suppose (that)	if only ~하기만 한다면

- The answer is meaningless unless you discover it for yourself.

  네가 혼자서 그것을 밝혀내지 못한다면, 정답은 무의미한 것이다.

- I will pardon you provided (that) you acknowledge your fault.

  네가 자신의 잘못을 인정한다면 용서해 주겠다.

- You may eat whatever you like, so long as you do not eat too much.

  너무 많이만 먹지 않는다면 어떤 것이든 먹어도 좋다.

- Once you have made a promise, you should keep it.

  당신이 일단 약속을 했으면 반드시 지켜야 한다.

- So far as mathematics is concerned, I am second to none.

  수학에 관한 한, 내가 가장 잘한다.

- In case there is an accident, report it to me at once.

  사고가 나거든 곧 알려라.

(2) 미래의 조건 부사절에서 미래는 현재 시제로 대신한다.

- I'll accept your offer if your products satisfy our customers. (○)

  * I'll accept your offer if your products will satisfy our customers. (×)

  귀사의 제품이 우리 고객을 만족시킨다면 귀측 제의를 수락하겠습니다.

- I'll accept your offer, unless your products are dissatisfactory. (○)

  * I'll accept your offer, unless your products will be dissatisfactory. (×)

  귀사의 제품이 불만족스럽지 않다면 귀측 제의를 수락하겠습니다.

  주의 unless절에 not, no, never 같은 부정어를 중복하지 않도록 주의한다.

7 정도 · 비례

as	according as	in proportion as

- It became colder as we went up higher.

  우리가 높이 오르면 오를수록 점점 추워졌다.

- You can earn in proportion as you work.

  너는 일한 만큼 벌 수 있다.

- Do as you like. (방식)

  당신 좋을 대로 하십시오.

8 부사절의 '주어 + be동사' 생략

(1) 'S + be'가 생략되고 -ing 형태가 남는 경우

- While (he was) fighting in Germany, he was taken hostage.

  = While fighting in Germany, he was taken hostage.

  그가 독일에서 전투하는 중에 인질로 잡혔다.

- If (you are) travelling to Japan, you should take extra money with you.

  = If travelling to Japan, you should take extra money with you.

  만일 일본으로 여행을 할 예정이면 여분의 돈을 가져가라.

(2) 'S + be'가 생략되고 -ed 형태가 남는 경우

- Wood furniture does not depreciate if (it is) properly handled.

  = Wood furniture does not depreciate if properly handled.

  목재가구는 제대로만 취급하면 가치가 떨어지지 않는다.

08

- The law, unless (it is) revised, will make life more and more difficult.

  = The law, unless revised, will make life more and more difficult.

  그 법률은 수정되지 않는다면 삶을 점점 더 어렵게 만들 것이다.

- Though (he was) exhausted, he went to bed very late.

  = Though exhausted, he went to bed very late.

  매우 피곤했지만 그는 늦게 잠자리에 들었다.

- Once (it is) published, the novel will be sure to make a bestseller.

  = Once published, the novel will be sure to make a bestseller.

  일단 출간만 되면 그 소설은 틀림없이 베스트셀러가 될 것이다.

(3) 'S + be'가 생략되고 기타 형태가 남는 경우

- When (she was) young, she was a beauty.

  = When young, she was a beauty.

  젊었을 때 그녀는 미인이었다.

- While (he was) at college, he spent most of his time in the library.

  = While at college, he spent his time in the library.

  대학 시절 그는 대부분의 시간을 도서관에서 보냈다.

(01~08) **Choose the one that could best complete each of the following sentences.**

01 Don't open your door to a stranger, _____ he says he is from the police.

① despite
② even if
③ no matter what
④ whatever

02 _____ a slight improvement in sales, the company is still in financial difficulty.

① In spite of
② Though
③ Even if
④ Although

03 The city has changed a lot _____ our family moved here.

① before
② while
③ until
④ since

04 Our bodies need food and oxygen, and these must be supplied constantly. Food can be stored in the body, _____ a person need not eat all the time in order to satisfy this need.

① so that
② but that
③ as if
④ even if

05   Peter is looking for a job in _____ advertising or public relations.

    ① nor

    ② neither

    ③ both

    ④ either

06   _____ are the juice and pulp of the grape useful, but various products are made from the skins and seeds.

    ① Not that they

    ② They never

    ③ Neither

    ④ Not only

07   A baby might show a fear of an unfamiliar adult, _____ he is likely to smile at another infant.

    ① in which

    ② so that

    ③ whenever

    ④ whereas

08   The five crewmen were isolated _____ they might not spread the cholera germs which they were suspected of carrying.

    ① lest

    ② unless

    ③ in case

    ④ so that

09~18 Choose the one that makes the sentence grammatically INCORRECT.

09 If you've watched ① a Walt Disney Film ② lately you have probably received the impression ③ which every child ④ should own a pet.

10 The idea ① if electricity ② cannot be created or destroyed ③ seems to imply that electrons and protons cannot ④ be created or destroyed.

11 ① More than ② half the people who begin an exercise program give ③ it up within six months, frequently ④ because injuries.

12 ① Throughout history, the mosquito has been not only a nuisance ② as well as a killer, carrying some of ③ the deadliest diseases ④ known to man.

13 Buff doesn't know ① whether to punt ② or not, ③ and I don't know ④ whether, either.

14 Henry Thoreau lived ① alone in a cabin near Concord's Walden Pont and ② in doing this he ③ set a famous example of courage, independence, and ④ worthy.

15 ① In spite of it's a bar and restaurant, you can still feel a certain ② churchly atmosphere about the place. It ③ was one of the galleried churches in Dublin — the ④ surrounding balconies are known as galleries.

16 Watermelon is a space hog; vines can reach 20 feet in length. Watermelon plants have ① moderately deep roots and watering is ② seldom necessary ③ if the weather turns dry for a ④ prolonged period.

17 The dentist's office is commonly represented as a chamber of horrors ① where painful tortures are practiced on helpless patients. This notion has ② kept many people from going to the dentist in time to save a tooth, and in the end, they have to go anyway to ③ have the tooth pulled out. ④ Despite going to a dentist is fearful, usually the discomfort is momentary, and timely dental work can prevent nights of toothache misery.

18 Fantasy is the world ① where the small child lives much of the time. It is a fascinating and often beautiful world, but it can also be a very dangerous world in which ② it is wise to know one's way about, lest one ③ doesn't get lost. Once he gets lost, he will have a hard time ④ finding the road back to the world of reality.

19 **Choose the one that is grammatically NOT correct.**

① The refugees had neither food nor shelter.
② Brave man as he was, he hesitated to do it.
③ Do what you are told, or you will be punished.
④ She has never been either to England or America.

20 **Choose the one that is grammatically correct.**

① Reading is to the mind that exercise is to the body.
② When I told her I was sorry, I partly meant it.
③ Nobody knows when will he quit his job.
④ Not until then I notice that my sister had on her coat.

09 | 전치사

전치사(prepositions)란 주로 (대)명사 앞에 쓰여 구(phrase)를 이룬다. 전치사 뒤에 인칭대명사가 올 경우 목적격을 쓰고, 동사가 올 경우 -ing를 붙인다. 이러한 전치사구는 문장 안에서 형용사 또는 부사처럼 쓰여 시간, 장소, 이유 등 다양한 의미를 나타낸다.

01 시간 표시 전치사

1 at, in, on

(1) at: 시각, 시점, 시대의 전환기 등에 사용

- He gets up at five morning.

  그는 매일 아침 5시에 일어난다.

- I'm very busy at the beginning of the month.

  나는 월초에 매우 바쁘다.

(2) in: at에 비하여 비교적 긴 시간(연, 월, 계절, 오전, 오후)을 나타낼 때

- I was born on 19th of July in 1995.

  나는 1995년 7월 19일에 태어났다.

- How many holidays are there in October?

  10월에는 공휴일이 며칠 있습니까?

(3) on: 날짜, 요일, 특정한 날의 특정 시간을 나타낼 때 사용

- I'll go to church on Sunday.

  나는 일요일에 교회에 갈 것이다.

- I go to church on Sundays.

  나는 일요일마다 교회에 간다.

2 for, during, through

(1) for + 수사: '일정 기간 동안'을 나타내며, 'How long ~?'에 대한 응답

- The war lasted for nine years.

  전쟁이 9년 동안 계속되었다.

- He worked for seven hours.

  그는 7시간 동안 일했다.

(2) during: '특정 기간의 동작 · 상태'를 나타내며, 'When ~?'에 대한 응답

- I lived in New York <u>during</u> those five years.
  나는 그 5년 동안 뉴욕에서 살았다.
- She was happy <u>during</u> her teenage years.
  그녀는 십 대 시절에 행복했다.

(3) through: 어느 기간의 처음부터 끝까지 전체 기간

- Jason slept <u>through</u> his biology class.
  Jason은 생물 수업 시간 내내 졸았다.
- This storm took place at sundown and lasted <u>through</u> the night.
  일몰 즈음 폭풍우가 밀려왔고 밤새 계속되었다.

3 until, by

(1) until (= till): 동작이 계속될 때

- I will be here <u>until</u> five o'clock.
  나는 5시까지 여기에 계속 머무를 것이다.
- The store is open <u>till</u> midnight.
  그 가게는 자정까지 영업한다.

(2) by: 동작이 완료되는 시점

- I will be here <u>by</u> five o'clock. (be = come)
  5시까지는 돌아올게.
- Could you deliver the goods <u>by</u> March first?
  상품을 3월 1일까지 배달해 줄 수 있습니까?

4 from, since

(1) since: 과거부터 현재까지의 계속을 나타내고 현재완료 시제를 사용

- I have not seen him <u>since</u> last month.
  나는 지난달 이래로 그를 보지 못했다.
- She has been sick <u>since</u> last Sunday.
  그녀는 지난주 일요일 이래로 앓아누웠다.

(2) from: 과거의 출발점을 나타내고 현재까지 계속의 뜻은 없다.

- He works hard <u>from</u> morning till night.
  그는 아침부터 밤까지 열심히 일한다.
- I lived in Seoul <u>from</u> 1970 to 2010.
  나는 1970년부터 2010년까지 서울에서 살았다.

- He will live here from next month.

그는 다음 달부터 여기서 살 것이다.

5 in, within

(1) in: 현재를 기점으로 시간의 경과

- The work will be finished in a month or two.

그 일은 한두 달이 지나면 끝날 것이다.

- I am confident this issue will be settled in a month's time.

나는 이 문제는 한 달이 지나면 해결될 것이라고 확신한다.

(2) within: 일정한 기간 이내

- He will come back within a few months.

그는 몇 달 안에 돌아올 것이다.

- Any goal you wish to realize within a year's time is short-term.

네가 일 년 내에 실현하고자 소망하는 목표는 단기적인 것이다.

02 장소 표시 전치사

1 at, in, on

(1) at: 비교적 좁다고 느껴지는 한 지점, 주소의 번지 앞

- I saw him at the station.

나는 역에서 그를 보았다.

- His sister was born at 85 Harding Drive.

그의 여동생은 Harding Drive 85번지에서 태어났다.

(2) in: 비교적 넓다고 느껴지는 한 장소의 영역 등

① 비교적 넓다고 느껴지는 한 장소의 영역

- He works in London, but lives in the country.

그는 런던에서 일하지만, 시골에서 산다.

② 한정된 범위, 내부를 강조

- The Olympic Park is located in the east of Seoul.

올림픽 공원은 서울의 동쪽에 위치해 있다.

(3) on: 거리 명칭 또는 표면, 인접 표시

① 거리 명칭

- He lives on Green Street.

  그는 Green 가에 산다.

② 표면 또는 인접 표시

- New York is situated on the Hudson River.

  뉴욕은 허드슨강에 위치해 있다.

2 over, above

- There is a bridge over the river. (표면 바로 위)

  강 위에 다리가 있다.

- The moon has risen above the horizon. (표면에서 멀리 떨어진 위)

  지평선 위에 달이 떴다.

  참고 · There is a fly on the ceiling. (표면과 접한 위)

  파리 한 마리가 천장에 있다.

3 under, below, beneath

- The cat is under the table. (표면 바로 아래 under)

  고양이는 테이블 바로 아래에 있다.

- The sun has just sunk below the horizon. (표면에서 멀리 떨어진 아래 below)

  해가 막 지평선 아래로 떨어졌다.

- I put the pillow beneath my head. (on)

  나는 머리 밑에 베개를 놓았다.

03 방향 표시 전치사

1 to, for, toward(s)

(1) to: 단순한 방향 · 방위 외에 방향 표시 및 도착

- She went to Seoul. (도착 지점)

  그녀는 서울로 갔다.

(2) for: 방향과 동시에 목적지를 표시할 때

- He left Hawaii for New York. (행선지)

  그는 뉴욕을 향해 하와이를 떠났다.

(3) toward(s): 운동이나 동작의 방향을 강조 표시할 때

- They rode toward(s) the deserted vineyard.

  그들은 황량한 포도원을 향하여 말을 타고 달렸다.

2 up, down, onto

(1) up, down: 상하 수직 방향을 나타낼 때

- The elevator moves up and down the building.

  승강기는 건물 위아래로 움직인다.

(2) onto: 상하 · 평행 이동을 나타낼 때

- He got onto the horse and rode off.

  그는 말 위에 올라타고 갔다.

3 between, among

(1) between, among: between은 둘 사이에 쓰고, among은 셋 사이에 쓴다.

- The Middle East is located between India and Europe. (둘 사이)

  중동은 인도와 유럽 사이에 위치해 있다.

- They are the symbol of peace among nations. (셋 이상)

  그들은 국가들 사이의 평화의 상징이다.

- Peace among nations is mankind's paramount value.

  국가들 간의 평화는 인류 최상의 가치이다.

4 by, beside, near

- The train passed by the seaside.

  기차는 해안가를 지나갔다.

- I would like to invite someone in the class to sit beside me.

  나는 우리 학급의 누군가에게 내 옆에 앉으라고 하고 싶다.

- We lived near the hospital.

  우리는 병원 근처에 살았다.

5 across, through

- This ship sailed across the Pacific. (한쪽에서 다른 쪽까지)
  이 배는 태평양을 횡단하여 항해했다.
- The river flows through the city. (관통하여)
  그 강은 도시를 관통하여 흐른다.
- They travelled throughout the country. (through의 강조)
  그들은 그 나라 전역을 여행했다.

6 in, into, out of, from, off

(1) in: 장소의 안에서의 정지 상태

- There was no one in the house.
  집 안에 아무도 없었다.

(2) into: 장소의 안으로 들어가는 운동 상태

- He plunged into the water. (동작)
  그는 물속으로 뛰어들었다.

(3) out of: 밖에 나와 있는 상태, 안으로부터의 운동 상태

- Don't put your head out of the window.
  창밖으로 머리를 내밀지 마라.

(4) from: 출발점

- The house stands aloof from the street.
  그 집은 거리에서 외떨어진 곳에 위치한다.

(5) off: 분리·이탈 (= away)

- The train ran off the track.
  그 기차가 탈선했다.

7 round, around, about

(1) round: (움직이는 물체의) 주위에

- The earth moves round the sun.
  지구는 태양 주위를 돈다.

(2) around: (정지한 물체의) 주위에

- They sat around the fire.
  그들은 불 주위에 앉았다.

(3) about: (막연한) 여기저기, 근처에

- I live about the school.

  나는 학교 근처에 산다.

8 before, behind

- What did you see before the factory? (= in front of: ~ 앞에)

  너는 공장 앞에서 무엇을 보았니?

- We went up the hill behind the school. (= at the back of: ~ 뒤에)

  우리는 학교 뒤에 있는 언덕을 올라갔다.

04 이유 표시 전치사

1 from, of, through

(1) from

직접적인 원인이나 외적 원인을 나타낼 때 사용하여 주로 wound, injury, cause, condition 다음에 나온다.

- He was taken ill from eating too much.

  그는 너무 많이 먹어서 아팠다.

(2) of

사망 · 질병의 원인을 나타낼 때 사용한다.

- Your illness comes of drinking too much.

  너의 병은 과음의 결과이다.

(3) through

간접적인 원인(부주의, 실수, 소홀함)이나 동기를 나타낼 때 사용한다.

- He was dismissed through neglect of duty.

  그는 의무를 소홀히 하였으므로 해고되었다.

2 for, with, out of

(1) for

감정(심리적 이유)의 직접적인 무형의 원인, 단순한 이유를 나타낼 때 사용한다.

- I admired him for his personality.

  나는 그의 인간됨에 감탄했다.

(2) with

육체(외면적 이유)에 미치는 무형의 원인을 나타낼 때 사용한다.

- We were drenched to the skin <u>with</u> rain.

  우리는 비에 몸이 흠뻑 젖었다.

(3) out of

행위의 동기를 나타낼 때 사용한다.

- I concealed her book <u>out of</u> mischief.

  나는 장난으로 그녀의 책을 감추었다.

3 at, over, on, in

(1) at: 감각적 원인(~을 보고[듣고서] …하다)

- I was surprised <u>at</u> the news of his death.

  나는 그가 죽었다는 소식에 놀랐다.

(2) over: 감정의 원인(~에 대하여 …하다)

- We rejoiced <u>over</u> his success.

  우리는 그의 성공을 기뻐했다.

(3) on: 동작 · 행위의 결과

- I congratulate you <u>on</u> your success.

  나는 네 성공을 축하한다.

(4) in: 감정의 동기

- She took delight <u>in</u> music lessons.

  그녀는 음악 수업으로 인해 즐거웠다.

4 because of, owing to 등

(1) because of: '~ 때문에'의 가장 일반적 표현

- We changed our plans <u>because of</u> her late arrival.

  우리는 그녀가 늦게 도착했기 때문에 계획을 변경했다.

(2) owing to: 부사구를 이끌며 주절에 선행하거나 서술적으로 사용

- <u>Owing to</u> the snow, we could not leave.

  눈 때문에 우리는 떠날 수 없었다.

- My failure was <u>owing to</u> ill luck.

  나의 실패는 불운 때문이었다.

(3) due to: 서술적으로 쓰이므로 문두에 거의 오지 않는다.

- The event was canceled due to bad weather.

  이벤트는 악천후로 취소되었다.

05 기타 전치사

1 목적 표시 전치사

(1) for: 목적 · 목표에 중점

- What do you go to school for?

  너는 왜 학교에 가니?

(2) after: 추구 · 추적

- A lion is running after a giraffe.

  사자가 기린을 쫓아가고 있다.

(3) on: 용무

- I sent my son on an errand.

  나는 내 아들을 심부름 보냈다.

2 결과 표시 전치사

(1) to: 동작의 단순 결과

- About seventy people were burnt to death.

  약 70명의 사람이 타 죽었다.

- To my surprise, he failed again.

  놀랍게도, 그는 다시 실패했다.

(2) into: 변화의 결과

- Heat changes ice into water, and water into steam.

  열은 얼음을 물로 바꾸고, 물을 증기로 바꾼다.

- Snow turned into sleet.

  눈이 진눈깨비로 변했다.

3 재료 · 원료 표시 전치사

(1) of: 형태는 변해도 질은 변하지 않는 물리적 변화

- Most houses are made of wood.
  대부분의 집은 나무로 만들어진다.

(2) from: 형태 · 질 모두 변하는 화학적 변화

- Wine is made from grapes.
  포도주는 포도로 만들어진다.

(3) into: 원료의 제품으로의 변화(~이 되다)

- The baker made flour into bread.
  빵 제조업자는 밀가루로 빵을 만들었다.
- Grapes are made into wine.
  포도로 와인이 만들어진다.

(4) in: 물질명사와 함께 표현 방법, 수단, 재료, 착용물 표시

- a statue in marble
  대리석으로 만든 조각상
- the woman in white
  흰옷을 입은 여인
- a man in spectacles
  안경을 쓴 사나이

4 수단 · 도구 표시 전치사

(1) by: 행위자 · 수단(~에 의하여, ~으로)

- The city was destroyed by the enemy. (행위자)
  도시는 적에 의해 파괴되었다.

(2) with: 도구(~을 가지고, ~으로)

- He was killed with a sword.
  그는 칼로 살해당했다.

(3) through: 매개 수단, 중개, 경로(~에 의해, ~을 통해)

- He spoke through an interpreter. (매개 수단)
  그는 통역사를 통해 이야기했다.

5 소유 · 예외 · 관련 표시 전치사

(1) 소유 표시의 전치사: ～이 있는

- the room of my brothers

  내 형제들의 방

- the girl with a boyfriend

  남자친구가 있는 소녀

(2) 예외 표시의 전치사: ～을 제외하고

- No one swam across the river but him.

  그를 제외하고는 아무도 그 강을 헤엄쳐 건너지 않았다.

- We go to school every day except Sunday. (강조)

  우리는 일요일을 제외하고 매일 학교에 간다.

(3) 관련 표시의 전치사: ～에 관해

- He knows a lot about Lincoln.

  그는 링컨에 관하여 많이 안다.

- What do you think of it?

  너는 그것에 대해 어떻게 생각하니?

- He wrote a book on education. (주제, 논제)

  그는 교육에 관한 책을 썼다.

- She knows of him. (그에 대한 이야기를 듣거나 해서)

  그녀는 그가 누구인지 알고 있다.

  참고 • She knows him.

  그녀는 그를 (직접) 알고 있다.

6 단위 · 척도 표시 전치사

They sell sugar by the pound. (단위)

설탕은 파운드 단위로 판매된다.

We sold the store at a good price. (가격)

우리는 적절한 가격으로 가게를 팔았다.

I bought the chair for 20 dollars. (교환)

나는 20달러에 의자를 샀다.

06 전치사 구문

전치사 구문이란 두 개 이상의 단어가 모여 하나의 전치사 구실을 하는 것을 말한다.

1 be동사 + 형용사 + 전치사

be afraid of ~을 두려워하다	be fond of ~을 좋아하다
be full of ~으로 가득 차다	be good at ~에 능숙하다
be proud of ~을 자랑하다	be ready for ~할 준비가 되다
be sorry for ~을 미안해하다	be sure of ~을 확신하다
be famous for ~으로 유명하다	be absent from ~에 결석하다

참고 형용사는 동일하지만 전치사가 다른 경우

be anxious about ~을 걱정하다	be anxious for ~을 갈망하다
be liable for ~에 책임이 있다	be liable to ~할 것 같다

- Basque people are proud of their deeply-rooted traditions.
  바스크 사람들은 그들의 유서 깊은 전통에 대해 자랑스러워한다.
- Anxiety dominates our lives and we are anxious about that.
  불안감이 우리 삶을 지배하고 우리는 그것에 대해 걱정한다.
- Now we are anxious for our next journey.
  우리는 다음번 여정에 대해 갈망하고 있다.

2 자동사 + 전치사/부사

arrive at[in] ~에 도착하다	ask after ~의 안부를 묻다
ask for ~을 요청하다	belong to ~에 속하다
call on[at] (사람 · 장소를) 방문하다	laugh at ~을 비웃다
look after ~을 돌보다	wait for ~을 기다리다
care for ~을 돌보다	believe in ~의 존재를 믿다
put on 입다, 신다	take off 벗다
turn on 켜다, 틀다	turn off 끄다

- I helped my mother look after her family.
  나는 내 어머니가 그녀의 가족을 돌보는 것을 도왔다.

- Man has to <u>take</u> his shoes <u>off</u> before entering a mosque.

  남자는 회교 사원에 들어가기 전에 신발을 벗어야 한다.

3 동사 + 명사 + 전치사

take care of ～을 돌보다	make use of ～을 이용하다
make a fool of ～을 바보 취급하다	pay attention to ～에 관심을 갖다
take part in ～에 참가하다	have fun with ～와 즐거운 시간을 보내다
take pity on ～을 불쌍히 여기다	

참고 동사는 동일하지만 전치사가 다른 경우

attend on ～을 돌보다 (= look after)	attend to ～에 주의를 기울이다
compare to ～에 비유하다	compare with ～와 비교하다
wait for ～을 기다리다	wait on ～을 시중들다 (= take care of)

- We want to remind you to <u>pay attention to</u> your mental health.

  우리는 당신의 정신 건강에 대해 관심을 기울이라고 상기시키고 싶다.

- We just can't <u>wait for</u> your family any longer.

  우리는 더 이상 당신의 가족을 기다릴 수 없다.

- I had the pleasure to <u>wait on</u> your family from time to time.

  나는 때때로 당신의 가족들을 시중들게 돼서 기뻤다.

4 동사 + 부사 + 전치사

catch up with ～을 따라잡다	come up with ～을 생각해 내다
do away with ～을 폐지하다, 죽이다	keep up with ～에 뒤떨어지지 않다
look down on ～을 경멸하다	look forward to ～을 고대하다
look up to ～을 존경하다	put up with ～을 참다
stand up for ～을 지지하다[옹호하다]	stay away from ～에서 떨어져 있다

- We <u>look forward to</u> his leadership in the pursuit of victory.

  우리는 승리를 추구하는 와중에 그의 지도력을 기대한다.

- People should <u>stay away from</u> the active volcano.

  사람들은 활화산으로부터 떨어져 있어야 한다.

01~08 Choose the one that could best complete each of the following sentences.

01 They have met many people _____ the three years they have been in London.

① about
② since
③ in
④ during

02 We expect to increase profits _____ 15% during the next year.

① with
② for
③ at
④ by

03 Merits Financial Corp. is asking the Supreme Court to overrule the lower court ruling which will take _____ most two months.

① in
② on
③ by
④ at

04 No offense, please. I don't have anything personal _____ you.

① of
② for
③ with
④ against

05   Heather was born _____ Lima _____ August 7, 1996 _____ 3:20 pm.

① at – by – on

② in – in – in

③ in – on – at

④ at – at – at

06   _____ his tight schedule, Mr. Howard will not be able to visit the plant this week.

① Because of

② Since

③ According

④ Accordingly

07   A full refund can be claimed if you return the product _____ 7 days of purchase.

① by

② before

③ within

④ since

08   If you were building a house of bricks, you would not get the greatest possible pleasure _____ you built a well-shaped and complete house.

① as long as

② in spite of

③ unless

④ however

09~18 Choose the one that makes the sentence grammatically INCORRECT.

09 ① Due to the ② excessively high interest rate on installment buying, it is ③ advisable to purchase things on ④ a cash basis.

10 He loathed the Eastern ① establishment that ② ran the Republican Party, but his presidential agenda was ③ quite moderate ④ in the party's contemporary standards.

11 ① The Smiths donated their property ② to a charity ③ despite of their children's opposition, ④ didn't they?

12 ① When Edison returned ② to his hometown, ③ in the age of twenty one, people were beginning ④ to take an interest in his scientific experiments.

13 ① The new system ② responds ③ at seconds ④ to any emergency.

14 An increase ① in interest rate would have negative consequences ② for the economy ③ because of ④ it can reduce consumption and investment expenditures.

15 He ① served ② as ③ manager of network development and project manager of network operations and performance ④ since fifteen years.

16 Persons accused ① <u>for</u> a crime ② <u>cannot be</u> interrogated ③ <u>without</u> their lawyers ④ <u>being present</u>.

17 The manager went there ① <u>on last night</u> at ② <u>the behest of</u> the shareholders who hoped ③ <u>to resolve</u> the issue ④ <u>before the next</u> shareholders' annual meeting.

18 It is not only the scientist and the computer expert ① <u>who need</u> special training now, ② <u>also the government official</u> and the business manager. A rapid increase in the number of college graduates has made the competition for jobs ③ <u>much greater</u> than ④ <u>it used to be</u>. The one best qualified, the expert, wins.

19 **Choose the one that is grammatically NOT correct.**

① I've got no family besides my parents.

② My painting looks childish beside yours.

③ What other sports do you play beside hockey?

④ I've got plenty of other things to do besides talking to you.

20 **Choose the one that is grammatically correct.**

① My mom bought it at the price of ten dollars.

② Tom always does whatever he pleases, without regard of the feeling of others.

③ They live in a distance.

④ Due to unforeseen circumstances, we shall have to leave early.

10 | 특수구문

01 도치

1 if가 생략된 가정법

- <u>Were</u> you here with me, I could solve this problem.

  = If you were here with me, I could solve this problem.

  당신이 함께 있다면, 나는 이 문제를 해결할 수 있을 텐데.

- <u>Had</u> he not died young, he would have been a great scientist.

  = If he had not died young, he would have been a great scientist.

  그가 젊어서 죽지 않았더라면, 그는 위대한 과학자가 되었을 텐데.

2 as 포함한 양보 구문

- Smart <u>as</u> he is, he's got a fatal flaw — hubris.

  그가 똑똑하긴 하지만 치명적 단점이 있는데, 바로 자만심이다.

- Kind <u>as</u> she was to others, she wasn't capable of loving someone.

  그녀가 친절하긴 했지만, 어느 누구를 사랑할 수는 없었다.

  주의 '명사 + as 양보절'에서는 명사 앞에 관사를 생략한다.

- *Boss* <u>as</u> he is, he always works hard to support his employees.

  = Though he is *a boss*, he always works hard to support his employees.

  사장임에도 불구하고, 그는 항상 직원들을 돕기 위해 열심히 일한다.

3 'There + 동사 + 주어' 구문

- There once lived a gentleman whose name was James.

  옛날에 James라는 이름의 한 신사가 살았다.

4 목적어 · 보어의 강조

보어가 문두에 올 경우 도치가 일어나며, 목적어에 부정어를 포함할 경우 도치한다.

- **No mercy** did the cruel Shylock show. (목적어 강조)

  잔인한 Shylock은 자비를 보이지 않았다.

- Not a word could he say; only her name do I remember. (목적어 강조)

  한마디의 말도 그는 할 수 없었고, 그녀의 이름만을 난 기억할 뿐이다.

- Happy are those who are always in good health. (보어 강조)

  언제나 건강한 사람은 행복하다.

- Such was his astonishment that he could hardly speak.

  = So great was his astonishment that he could hardly speak.

  그는 많이 놀라서 거의 말을 할 수 없었다.

  주의 목적어를 문두에 강조하는 경우 원칙상 도치하지 않는다.

- Such a brave woman I have never seen.

  나는 그렇게 용감한 여자를 본 적이 없다.

- That promise he broke within a day.

  그 약속을 그는 하루도 안 돼서 깼다.

5 부정어 도치

- I never dreamed that he was here.

  = Never did I dream that he was here.

  나는 여기에 그가 있을 것이라는 것은 생각지도 못했다.

- He had no sooner heard the news than he fell down.

  = No sooner had he heard the news than he fell down.

  그는 그 소식을 듣자마자 쓰러졌다.

- He did not fall asleep until the dawn began to appear.

  = Not until the dawn began to appear did he fall asleep.

  그는 새벽이 돼서야 비로소 잠이 들었다.

- Only then did he realize it.

  그때서야 그는 비로소 그것을 깨달았다.

- Not only was he disappointed but he got angry.

  그는 실망한 것은 물론이고 화까지 났다.

6 so 도치(긍정 동의), neither/nor 도치(부정 동의)

- He enjoys fish, and so does his brother.

  그는 생선을 즐기는데, 그의 동생도 그렇다.

- He didn't like the food, and neither did his sister.

  = He didn't like the food, nor did his sister. (nor = and neither)

  그는 그 음식이 마음에 들지 않았는데, 그의 여동생 또한 그랬다.

7 장소 · 방향의 부사어구를 문두에 강조

up, down, in, out, away, behind, along, among 등 장소 · 방향의 부사어구를 문두에 강조하는 경우: 조건 도치로 주어의 종류에 따른다. 일반 주어는 동사를 바로 주어 앞으로 도치하며, 대명사 주어는 도치하지 않는다(1형식의 경우에만 해당함).

- <u>Down</u> came a shower.
  소나기가 내렸다.
- <u>On that hill</u> stands a factory.
  저 언덕 위에는 공장이 하나 서 있다.

02 병치

두 개 이상의 단어 · 구 · 절이 등위 · 상관접속사에 의해 연결될 때나 비교 구문에서 비교의 대상이 되는 내용은 문법적 범주(category)가 서로 같아야 한다.

1 등위접속사로 연결

- Professor Williams enjoys <u>teaching</u> and <u>writing</u>.
  Williams 교수는 가르치는 것과 저술하는 것을 즐긴다.
- I am looking forward to <u>going</u> to Italy and <u>eating</u> wonderful pasta every day.
  나는 이탈리아에 가서 매일 훌륭한 파스타를 먹기를 기대하고 있다.
- He preferred <u>to play</u> baseball or <u>(to) spend</u> his time in the streets with friends.
  그는 야구를 하거나 친구들과 함께 거리에서 시간을 보내는 것을 더 좋아했다.
- She was standing there <u>with a sad look</u> but <u>with patience</u>.
  그녀는 슬픈 얼굴을 하고 있지만 참고 거기 서 있었다.
- <u>To know</u> is one thing and <u>to teach</u> is another.
  = <u>Knowing</u> is one thing and <u>teaching</u> is another.
  아는 것과 가르치는 것은 전혀 다른 것이다.

to부정사의 병치는 모두 to를 붙이거나, 첫 번째만 to를 붙이고 나머지는 생략한다.

- Rachel had <u>to rent</u> an apartment, <u>find</u> a job, and <u>make</u> new friends.
  = Rachel had <u>to rent</u> an apartment, <u>to find</u> a job, and <u>to make</u> new friends.
  Rachel은 아파트를 임대하고, 일자리를 찾고, 새 친구들을 사귀어야만 했다.

2 상관접속사로 연결

both A and B	not A but B
either A or B	neither A nor B
not only A but also B	B as well as A
B rather than A	

- Take the placement tests for <u>both</u> English <u>and</u> math.

  영어와 수학에 대해 배치고사를 봐라.
- <u>Not only</u> coal <u>but also</u> oil is an irreplaceable natural resource.

  석탄뿐만 아니라 석유도 역시 대체할 수 없는 천연자원이다.
- We can <u>either</u> decrease stress <u>or</u> increase our vitamin supplementation.

  우리는 스트레스를 줄이거나 비타민 섭취를 늘릴 수 있다.
- The most important thing in life is <u>not</u> triumph, <u>but</u> the struggle.

  인생에서 가장 중요한 것은 승리가 아니고 노력이다.

3 비교 구문

- In many ways, <u>riding a bicycle</u> is similar to <u>driving a car</u>.

  여러 면에서, 자전거를 타는 것은 차를 운전하는 것과 비슷하다.
- <u>To answer accurately</u> is as vital as <u>to answer quickly</u>.

  ⇨ It is as vital <u>to answer accurately</u> as <u>to answer quickly</u>. (○)

  * <u>To answer accurately</u> is as vital as <u>answering quickly</u>. (×)

  정확한 답변은 신속한 답변만큼이나 중요하다.

03 강조

1 동사의 강조

'do[does/did] + 동사 원형'의 형식을 취한다.

- She <u>did</u> come after all.

  그녀가 결국 왔다.
- He <u>does</u> look very uncomfortable all the time.

  그는 항상 뭔가 불편해 보인다.

2 명사 강조

'the very(바로 그)'나 재귀대명사를 이용해 강조한다.

- This is the very book I don't want to write.

  이것은 내가 쓰고 싶지 않았던 책이다.

- It is the very job I want to get.

  이것이 내가 원하던 바로 그 일이다.

3 의문문 강조

의문사 의문문은 on earth, in the world를, 일반 의문문은 ever, at all, what(so)ever를 이용해 강조한다. '도대체, 과연'이라고 해석한다.

- Why on earth do you want to know that?

  도대체 왜 너는 그것이 알고 싶은 거니?

- Who in the world is Doctor X?

  대체 Doctor X는 누굽니까?

- Does he know English grammar at all?

  그는 영문법을 알기는 한 거야?

4 부정문 강조

ever, at all, what(so)ever, in the least, in the slightest, a bit을 이용해 강조한다. '전혀[조금도] ~하지 않다'라고 해석한다.

- She doesn't trust you whatever.

  그녀는 너를 전혀 믿지 않는다.

- He is not asleep at all.

  그는 결코 잠든 것이 아니다.

5 비교급 강조

비교급 앞에 much, even, still, by far(훨씬, 한층)를 사용한다.

- This is much bigger than that.

  이것은 저것보다 훨씬 더 크다.

- You acted even more foolishly than usual.

  당신은 평소보다 더 어리석게 행동했다.

6 It ~ that 강조 구문

문장에서 특정 부분을 강조하기 위해 일반 문장을 둘로 나눈 뒤, be동사 뒤에 강조하는 정보가 나온다.

(1) 형태

> It is[was] + 주어, 목적어, 부사어 + that[who/whom/which/when/where]

- He met her at the library yesterday.
    - ⇨ It was he that[who] met her at the library yesterday.
    - ⇨ It was her that[whom] he met at the library yesterday.
    - ⇨ It was yesterday that[when] he met her at the library.
    - ⇨ It was at the library that[where] he met her yesterday.

    그는 그녀를 도서관에서 어제 만났다.

- It is not until we lose it that we know the value of health.
    - = Not until we lose it do we know the value of health.
    - = We know the value of health only after we lose it.
    - = We don't know the value of health until we lose it.

    우리는 건강을 잃고 나서야 건강의 가치를 알게 된다.

(2) 가주어 · 진주어 구문과의 차이

강조 구문은 It is[was]와 that을 없앤 나머지 부분만으로 완전한 문장이 되나, 가주어 · 진주어 구문의 It is[was] ~ that을 생략할 경우 완전한 문장이 될 수 없다.

- It was Bill that called me yesterday. (주어를 강조한 강조 구문)
    - ⇨ (It was) Bill (that) called me yesterday.

    Bill이 어제 나에게 전화했다.

- It was true that Bill called me yesterday. (가주어 · 진주어 구문)
    - * True Bill called me yesterday. (✕) (It was ~ that을 생략하면 문장 불성립)

    Bill이 어제 나에게 전화했던 것은 사실이었다.

04 생략

1 '주어 + be동사'의 생략

부사절이 as, though, if, when, while 등으로 유도될 때 주어가 주절의 주어와 같고 동사가 be동사인 경우 '주어 + be동사'는 생략될 수 있다.

- Though (he was) thirsty, he kept quiet for some time.

    목이 말랐지만, 그는 한동안 조용히 있었다.

- When (she was) young, she was diligent.

    그녀는 젊었을 때 부지런했다.

- While (she is) swimming, she burns 10 calories per minute.

  수영하는 동안 그녀는 분당 10칼로리씩 연소시킨다.

2 보어 to be의 생략

- I believe it (to be) true.

  나는 그것이 사실이라고 믿는다.

- She thought it (to be) more modern than traditional.

  그녀는 그것이 전통적이기보다는 현대적이라 생각했다.

3 관계부사의 생략

- Do you know the time (when) she will come?

  너는 그녀가 올 시간을 알고 있니?

- She arrived at the place (where) the temple is currently located.

  그녀는 사원이 현재 위치하고 있는 곳에 도착했다.

4 접속사 that과 목적격 관계대명사의 생략

- I know (that) he is honest.

  나는 그가 정직하다는 것을 안다.

- He understood (that) a bird would never be happy in a cage.

  그는 새장 속의 새는 결코 행복할 수 없다는 것을 이해했다.

5 분사구문의 being, having been 생략

- Breakfast (being) over, she flew out of the room.

  아침 식사가 끝나자마자, 그녀는 방에서 뛰쳐나갔다.

- The duty (having been) done, we went home.

  그 일을 마치고 우리는 집으로 갔다.

05 부정

1 전체 부정과 부분 부정

(1) 전체 부정

no, not, none, nothing, nobody, impossible 등의 부정 표현이 전체 부정을 만든다. never, not ~ at all, by no means, far from 역시 부정을 뜻한다.

- No one can understand the problem.

  어느 누구도 문제를 이해하지 못한다.

- It is far from the truth. (= not at all)

  그것은 전혀 사실과 다르다.

(2) 부분 부정

> every, all, both, always, wholly, entirely, necessarily + 부정어

- One can not read every book.

  사람이 모든 책을 다 읽을 수는 없다.

- Both of them are not coming.

  둘이 다 오는 것은 아니다.

- All is not gold that glitters.

  반짝이는 것이라고 모두 금은 아니다.

- The rich are not always happy.

  부자라고 해서 항상 행복한 것은 아니다.

- Not all of the teachers were completely happy.

  선생님들 모두가 충분히 행복한 것은 아니었다.

- I do not altogether agree with him.

  나는 그에게 전적으로 동의하는 것은 아니다.

- The greatest minds do not necessarily ripen the quickest.

  가장 위대한 정신이 반드시 가장 빨리 성숙하는 것은 아니다.

- You are not absolutely possessed of the right of freedom.

  당신이 자유권을 절대적으로 소유하고 있는 것은 아니다.

(3) 전체 부정과 부분 부정의 비교

- Everybody does not like her. (부분 부정)

  모든 사람이 그녀를 좋아하는 것은 아니다.

- Nobody likes her. (전체 부정)

  모든 사람이 그녀를 좋아하지 않는다.

- I do not know both of them. (부분 부정)

  내가 그들 둘 다 아는 것은 아니다.

10

- I do not know either of them. (전체 부정)

  = I know neither of them.

  나는 그들 중 누구도 알지 못한다.

- I did not invite all of them. (부분 부정)

  나는 그들 모두를 초대한 것이 아니다.

- I did not invite any of them. (전체 부정)

  = I invited none of them.

  나는 그들 모두를 초대하지 않았다.

- The rich are not always happy. (부분 부정)

  부유한 사람이 항상 행복한 것은 아니다.

- The rich are never happy. (전체 부정)

  부유한 사람은 결코 행복하지 않다.

2 주요 부정 표현들

(1) 준부정

부정에 준하는 의미를 지니며 부정어와 함께 쓰일 수 없다. 이들의 문장 내에서의 위치는 일반동사 앞, be동사 다음, 조동사와 본동사의 사이이다.

few	little	scarcely	hardly	rarely	seldom

- I had hardly any breakfast, but I am not hungry now.

  나는 아침 식사를 거의 하지 않았지만, 지금 배가 고프지는 않다.

- I scarcely gained anything.

  나는 거의 아무것도 얻지 못했다.

(2) 이중 부정

이중 부정은 강한 긍정을 나타낸다.

never + fail to	not + a few[a little]
부정어 + without	no[not/never/none/scarcely] + but

- She never fails to go to church on Sunday.

  그녀는 일요일에 반드시 교회에 간다.

- I can't pass the school without thinking of my school days.

  = I can't pass the school but I think of my school days.

  = Whenever I can pass the school, I always think of my school days.

  그 학교를 지날 때면 항상 나의 학창 시절이 생각난다.

- Not a few of the members were absent from the meeting.

  꽤 많은 회원들이 모임에 빠졌다.

(3) 부정어가 없는 부정 표현

too ~ to ..., beyond, above, anything but, fail to V, the last man to V 등은 자체에 부정의 의미가 있어 부정어를 사용하지 않는다.

- The man is <u>too</u> old <u>to</u> learn.

  = The man is so old that he may not learn.

  = The man is so old but he may learn.

  그 남자는 너무 나이가 많아서 배울 수가 없다.

- He is <u>above</u> telling lies.

  그는 거짓말을 할 사람이 아니다.

- The question is <u>anything but</u> easy.

  그 질문은 결코 쉽지 않다.

- She <u>failed to</u> appear.

  그녀는 끝내 나타나지 않았다.

- He is <u>the last man</u> to keep his promise.

  그는 결코 약속을 지킬 사람이 아니다.

06 무생물주어 구문

1 주요 구문

(1) enable ~ to 구문

> 사람 주어 + can[be able to] + 동사
> = 사물 주어 + enable + 목적어 + to V

- We can go beyond what we can imagine by means of the computer.

  = The computer <u>enables</u> us <u>to</u> go beyond what we can imagine.

  컴퓨터는 우리가 상상할 수 있는 것을 뛰어넘게 해 준다.

- The car <u>enables</u> us <u>to</u> go out into the world ourselves.

  자동차는 우리를 세상 멀리 나갈 수 있게 해 준다.

(2) prevent ~ from -ing 구문 (keep, prohibit, hinder, restrain 동일)

> 사람 주어 + cannot + 동사
> = 사물 주어 + prevent + 목적어 + from + 동명사
> = 사물 주어 + forbid + 목적어 + to부정사

- Because of fear of failure, many people cannot follow their dreams.
  = Fear of failure <u>prevents</u> many people <u>from</u> following their dreams.
  = Fear of failure <u>forbids</u> many people <u>to</u> follow their dreams.
  실패의 두려움 때문에 많은 사람들이 꿈을 좇지 못한다.
- Too much stress <u>prohibits</u> us <u>from</u> doing our best work on these exams.
  지나친 스트레스로 인해 우리는 시험에서 최선의 결과를 얻지 못한다.

(3) force ~ to 구문 (compel, oblige 동일)

> 사람 주어 + must[have to] + 동사
> = 사물 주어 + force + 목적어 + to부정사

- He had to abandon his car in the street because of the heavy snow.
  = The heavy snow <u>forced</u> him <u>to</u> abandon his car in the street.
  눈으로 인해 그는 거리에 차를 세워 두어야만 했다.
- Their faith <u>compelled</u> them <u>to</u> show compassion for the homeless.
  그들은 신앙심으로 인해 노숙자들에 대해 동정심을 보였다.

(4) take 구문

> 사람 주어 + go[get to]
> = 사물 주어 + take + 목적어(사람)

- We rode in a bus for two hours, and got to Monterey Bay Aquarium.
  = Two hours bus ride <u>took</u> us <u>to</u> Monterey Bay Aquarium.
  우리는 두 시간 동안 버스를 탄 후 몬테레이 만 수족관에 도착했다.
- Virtual Reality <u>takes</u> us <u>to</u> places beyond our imaginations.
  가상 현실은 우리를 상상력 너머의 곳으로 인도한다.

(5) give 구문

> 사람 주어 + have[derive ~ from] + 목적어
> = 사물 주어 + give + 사람(간접 목적어) + 사물(직접 목적어)

- I have a good appetite after a short walk.
  = A short walk <u>gives</u> me a good appetite.
  잠시 산책하고 나니 식욕이 좋다.
- We can derive great insight into the lives of others from these books.
  = These books <u>give</u> us great insight into the lives of others.
  이 책들은 타인의 인생에 대한 통찰력을 준다.
- Jogging <u>gives</u> me a lot of energy to push myself forward.
  조깅은 내게 나 자신을 밀어붙일 수 있는 에너지를 준다.

(6) bring 구문

사람 주어 + come[reach]

= 사물 주어 + bring + 목적어

- When I heard the creaking noise, I came to the bike store.

  = The creaking noise <u>brought</u> me to the bike store.

  삐걱거리는 소리를 듣고 나는 자전거 매장으로 갔다.

- The Internet <u>brings</u> us faster and easier access to information.

  인터넷은 우리가 정보에 더 빠르고 더 쉽게 접근하게 해 준다.

(7) 5형식의 make 구문과 What makes ~? 구문

① 이유 부사구[절] (사람 주어 구문)

  = 사물 주어 + make[cause/drive] + 목적어 + 목적격 보어(to부정사/형용사/과거분사) (사물 주어 구문)

② Why + 조동사 + 주어 + 본동사 ~?

  = What + makes + 목적어 + 동사 원형[형용사] ~?

- Her laughter <u>made</u> him turn his attention to the playground.

  = He turned his attention to the playground because she laughed.

  그녀의 웃음소리가 그의 관심을 운동장으로 향하게 했다.

- His refusal <u>made</u> them angry and they retaliated.

  그의 거절이 그들을 화나게 했고, 결국 그들이 앙갚음했다.

- What <u>makes</u> you think you're qualified to teach English?

  = Why do you think you're qualified to teach English?

  너는 네가 왜 영어를 가르칠 자격이 있다고 생각하니?

- What <u>made</u> him understand that his young daughter was highly talented?

  그는 그의 어린 딸이 재능이 있다는 것을 어떻게 알게 된 걸까?

(8) 조건 표시의 사물 주어 구분

- This medicine <u>will make</u> you feel better.

  = If you take this medicine, you will feel better.

  이 약을 먹으면 기분이 좀 나아질 것이다.

- <u>Following</u> GPS directions, you <u>will find</u> the way to the airport.

  = If you follow GPS directions, you will find the way to the airport.

  GPS 안내를 따르면 너는 공항으로 가는 길을 찾게 될 것이다.

10

07 부가의문문

1 일반 원칙

문장이 긍정문이면 부가의문은 부정문으로, 문장이 부정문이면 부가의문은 긍정문으로 나타낸다. 문장에 조동사 · be동사가 있으면 부가의문도 조동사 · be동사로, 문장에 일반 동사가 있으면 부가의문은 대동사 do를 이용한다. 부가의문의 주어는 원칙상 인칭대명사를 이용한다.

- You will come to the party, <u>won't you</u>? (조동사)

  너 파티에 올 거지, 그렇지?

- He is really hardworking, <u>isn't he</u>? (be동사)

  그는 정말 열심이지 않니?

- He took you out for lunch, <u>didn't he</u>? (일반 동사)

  그가 네게 점심을 사 줬지, 맞지?

2 had better, would rather

had better는 'hadn't'로, would rather는 'wouldn't'로 받는다.

- We had better go to ask him for help, <u>hadn't we</u>?

  우리가 그에게 도움을 청하러 가야겠지, 그렇지 않니?

- We would rather keep the fact to ourselves, <u>wouldn't we</u>?

  그 사실을 우리만 알고 있는 편이 낫겠어, 그렇지 않니?

3 used to, ought to, have to

used to는 didn't로, ought to는 shouldn't로, have to는 don't로 받는다.

- The two of them used to quarrel, <u>didn't they</u>?

  그 둘은 예전에 다투곤 했었지, 그렇지?

- They ought to go by air, <u>shouldn't they</u>?

  그들은 비행기로 가야 할 거야, 그렇지?

- You have to be here by six in the evening, <u>don't you</u>?

  너는 이곳에 저녁 여섯 시까지 와야 되지, 그렇지?

4 명령문 · 제안문 · 권유문

직접명령문은 'will you?'로, Let's ~ 제안문은 'shall we?'로, 권유문은 'won't you?'로 받는다.

- Draw the curtain down, <u>will you</u>? (직접명령문)

  커튼 좀 쳐 줄래?

- Let's go out for lunch one day next week, <u>shall we</u>? (제안문)

  다음 주 언제 하루 우리 점심 식사나 하러 가지 않을래?

- Have another cup of coffee, <u>won't you</u>? (권유문)

  커피 한 잔 더 하지 않을래?

5 복문과 중문

복문은 주절의 동사에, 중문은 뒤 절의 동사에 부가의문문을 일치시킨다.

- There is nothing that makes you confused, <u>is there</u>? (복문)

  널 혼란스럽게 만드는 것은 아무것도 없지, 그렇지?

- He is really diligent and seldom leaves his seat, <u>does he</u>? (중문)

  그는 정말 부지런하고 좀처럼 자리를 뜨는 법이 없어, 그렇지?

6 목적절의 동사에 일치시키는 경우

판단 동사 think, believe, guess, suppose, imagine, presume 등은 주절이 아니라 목적절의 동사에 부가의문문을 일치시킨다.

- I think she will come, <u>won't she</u>?

  내 생각엔 그녀가 올 것 같아, 그렇지?

- I don't think she will come, <u>will she</u>?

  내 생각엔 그녀가 오지 않을 것 같아, 그렇지?

(01~08) **Choose the one that could best complete each of the following sentences.**

01 _____ how much suffering he has caused.

① Little he knows

② Little knows he

③ Little does he know

④ Little does know he

02 _____ all the girls gave the teacher a welcome; some of them disliked him.

① No

② None

③ Not

④ Nowhere

03 Not until an infant hedgehog opens its eyes _____ its nest to follow its mother about.

① it leaves

② and leaves

③ leaving

④ does it leave

04 Had we _____ that the event would not be a popular one with our customers, we would have dropped the plan in its early stages.

① realize

② realized

③ been realized

④ realizes

05   _____ was she at convincing her colleagues that the committee approved her proposal unanimously.

① Success itself

② Such success

③ So successful

④ Successful as

06   A few days later, it was Cedric's eighth birthday, and there was a big party at the castle. All the Earl's relatives were present. So _____ the people of Earl's Court, including Mr. Howard and his family.

① did

② had

③ would

④ were

07   People rarely recognize the fact that being underweight is as dangerous to health as _____.

① overweight

② being overweight

③ overweigh

④ overweights

08   _____, the Mauritius parakeet, and the Japanese crested ibis are among the most endangered of the world's birds.

① Including the Marianas mallard

② Being the Marianas mallard

③ There are the Marianas mallard

④ The Marianas mallard

Choose the one that makes the sentence grammatically INCORRECT.

09 These days you're lucky if you can ① <u>go to work</u> in the morning ② <u>without</u> having someone cut in the line ③ <u>while waiting</u> for the bus, or ④ <u>have a door slammed</u> in your face.

10 According to recent estimates, ① <u>the average</u> cost of developing ② <u>and introducing</u> a major new ③ <u>product it</u> has jumped to ④ <u>well</u> over $100 million.

11 The invention of the car had a major ① <u>impact on</u> daily life. It made a whole new pattern of ② <u>living possible</u>. No longer ③ <u>people had to</u> live in the cities or spend their holidays at crowded resorts nearby. ④ <u>Instead</u>, they could ride in their cars wherever they wanted to go.

12 University Parking and ① <u>Transportation Services</u> played ② <u>a significant role</u> in the event by ③ <u>purchasing</u> several hundred discounted bus passes and ④ <u>sell them</u> on the campus.

13 At the beginning I thought they ① <u>were being rude</u> to the performance — ② <u>not until</u> they ③ <u>started following</u> the song ④ <u>I realized</u> this is their way to show enthusiasm.

14 Only ① <u>after</u> one of the ② <u>employees</u> expressed concern did they ③ <u>started</u> investigating harassment claims ④ <u>against</u> the supervisor.

15 ① <u>Industrial</u> designers try ② <u>to make</u> products ③ <u>attraction</u>, elegant, ④ <u>efficient and safe</u>.

16 ① At no period of the world history ② organized lying has been practised so ③ shamelessly as by the political and economic dictators of ④ the present century.

17 ① Most Americans would not be happy ② without ③ a color television, two cars, and ④ working at an extra job.

18 In their ① paintings, ② artists of the Fauve school applied colors ③ freely, expressively, and ④ brilliance.

19 **Choose the one that is grammatically NOT correct.**

① Smart as he is, he's got a fatal flaw — hubris.
② Professor Williams enjoys teaching and to write.
③ Never has a more interesting movie been made than this.
④ He took you out for lunch, didn't he?

20 **Choose the one that is grammatically correct.**

① So great his astonishment was that he could hardly speak.
② I never did dream that he was here.
③ Such a brave woman I have never seen.
④ Take the placement tests both for English and math.

MEMO

MEMO

MEMO

에듀윌
편입영어

기본이론 완성

문법

정답과 해설

CHAPTER 02 동사의 종류

01	①	02	③	03	④	04	④	05	③
06	③	07	③	08	④	09	①	10	③
11	①	12	④	13	②	14	①	15	①
16	③	17	②	18	②	19	③	20	①

01 ①

해석 그들은 수개월 동안 그 문제에 대해 고심하고 있다.

해설 consider, discuss, mention은 모두 타동사이므로 전치사를 수반하지 않는다.

02 ③

해석 국제결혼을 한 사람들이 직면하는 문제들 중에는 외로움, 오해, 기대의 차이가 있다.

해설 먼저 주어진 문장에서 주어와 동사를 파악해야 한다. Among the problems가 전치사가 이끄는 부사구이며 that ~ encounter가 the problems를 수식하는 관계대명사절로 that은 encounter의 목적어 역할을 한다. 따라서 빈칸에는 동사가 와야 한다. 빈칸 뒤의 problems of loneliness ~ 이하가 주어가 되기 때문에 정답은 ③이다.

03 ④

해석 교수님은 우리에게 프랑스 과학자들이 유전학에 관한 새로운 이론을 만들었다고 설명했다.

해설 explain은 3형식 동사로서, 'explain + 목적어 + to 사람', 'explain + to 사람 + that절'의 형식을 취한다.

04 ④

해석 세 개의 올림픽 기록이 우리 선수들에 의해 깨지는 것을 보는 것은 가슴 설레는 일이었다.

해설 지각동사 see의 목적어(records)는 스스로의 행위 능력에 의해서 깨뜨리는 것이 아니고 깨지는 것이므로 'by + 목적어' 앞의 동사는 수동의 의미를 전달하는 과거분사여

야 한다.

05 ③

해석 단지 비참함과 배고픔의 이력만을 갖고 있는 지구상의 수백만의 사람들이 그들의 삶을 개선시킬 수 있는 기회를 갖는 것을 보는 것은 고무적이다.

해설 see(지각동사)의 목적어는 millions ~ hunger이며, 수백만의 사람이 기회를 갖는 입장이므로 동사 원형이 목적격 보어 자리에 사용된다.

06 ③

해석 이 방은 냉난방 장치가 되어 있으므로, 창문을 닫아 두어야 한다.

해설 5형식 문장에서 목적격 보어로 현재분사가 사용되면 목적어의 능동적 행위를 나타내고, 과거분사가 사용되면 수동적 행위를 나타낸다.

07 ③

해석 • 그 그림 다 완성했니?
• 그녀는 그 뉴스를 보고 눈물을 흘리지 않을 수 없었다.

해설 • 사역동사 get의 목적격 보어로 수동의 의미를 나타낼 때는 과거분사를 쓴다.
• '~하지 않을 수 없다'라는 의미의 표현으로 'cannot help + -ing'를 사용한다.

08 ④

해석 그 젊은이가 보석을 훔쳐 달아나는 것을 봤습니까?

해설 젊은이(the young man)와 훔쳐 달아나다(take and run)의 태 관계는 능동이다. '지각동사 + 목적어 + 동사원형(또는 -ing)'이고 ③, ④ 중에서 병치 관계를 이루는 것은 ④이다.

09 ①

해석 결과에 대해 나쁘게 생각하지 마세요. 우리 모두가 손을 쓸 수 없는 그 상황이 당신으로 하여금 최선을 다하기 어렵게 만들었다는 것을 알고 있습니다.

해설 feel(감각동사)은 2형식 동사로 뒤에 주격 보어 역할을

하는 형용사를 사용한다. badly → bad

10 ③

해석 대부분의 사람들이 자신의 혈압 상태를 알지만, 혈압을 표시하는 데 사용된 수치의 의미를 이해하는 사람들은 거의 없다.

해설 사역동사 have의 목적격 보어로 수동의 의미를 나타낼 때는 과거분사형(taken)을 쓴다. pressure take → pressure taken

11 ①

해석 곰들은 자극을 받지 않으면, 일반적으로 사람을 공격하지 않을 것이다. 그러나 새끼를 가진 암컷 곰들은 누구도 두려워하지 않는다.

해설 attack은 완전타동사이므로 전치사(to)가 불필요하다. attack to → attack

12 ④

해석 이유는 그 소년이 바퀴들이 돌아가는 것을 보고 매우 기뻐한다는 것이다.

해설 지각동사 see의 목적어 the wheels와 목적격 보어 turn around가 능동의 관계이므로 ④의 과거분사 turned를 동사 원형이나 현재분사로 써야 문법적으로 옳다. turned → turn 또는 turning

13 ②

해석 Martha는 시험 점수를 올리려고 해 보았지만 법과 대학이 인정하는 충분한 고득점을 받지 못했다.

해설 ② to rise 뒤의 her test score가 목적어 역할을 하며 시험 점수를 올린다는 의미이므로 타동사인 raise를 써야 한다. to rise → to raise

14 ①

해석 지배인은 새 상품을 위한 더 효과적인 광고 활동을 계획하기 위해 그들이 그 위원회에서 근무하도록 권했다.

해설 encourage는 목적격 보어로 to부정사를 취한다. work → to work

15 ①

해석 Jason의 담당 교수는 그가 위원회에 학위 논문을 제출

하도록 하기 전에 그것을 여러 번 고쳐 쓰도록 했다.

해설 이 문장에서 have는 사역동사이므로 목적격 보어는 원형 동사나 현재분사를 써야 한다. to rewrite → rewrite [rewriting]

16 ③

해석 매년 수천 명의 아이들이 교통사고로 사망한다. 대부분의 경우 사망한 아이들은 아동용 안전 좌석(카시트)을 사용하지 않았다. 아동용 카시트 사용이 법으로 강제되고 있음에도, 많은 부모가 이를 등한시한다. 유일한 해결책은 어떻게 카시트가 생명을 구할 수 있는지에 관해 부모에게 가르치는 것이다.

해설 ③의 neglect는 타동사이기 때문에 뒤에 반드시 목적어가 와야 한다. 그런데 본문에서 neglect 다음에 어떤 목적어도 찾을 수 없다. 따라서 답은 ③이다.

17 ②

해석 컴퓨터 바이러스 감염은 방지될 수 있다. 기업체의 사용자들은 상업용 소프트웨어 외에는 사용을 금해야만 한다. 또한, 가정용 컴퓨터 사용자들은 비상업용 프로그램을 먼저 검사해 보기 전에는 절대로 하드 디스크에 복사해서는 안 된다.

해설 ban은 완전 타동사이며, 'ban + A + from + B(동명사)' 구문을 취한다. 수동태가 되어도 전치사 from 이하의 구조를 유지하고 있어야 한다. to use → from using

18 ②

해석 이탈리아의 로마에서 한 강도 용의자가 폐점 시간 후에 상점에서 잡혔을 때, 경찰에게 그가 계속 자려는 욕구로 고통을 겪고, 그 상점 안에서 잠에 빠져들었다고 설명했다. 그의 주장을 증명하기 위하여, 그는 경찰 조사 동안에 계속 잠들어 있었다.

해설 explain은 3형식으로 써야 하는 동사다. the police 다음에 연결되는 that절 이하가 explained 동사의 목적어가 되어야 하므로 the police는 to the police처럼 부사구가 되어야 한다. explained the police → explained to the police

19 ③

해석 ① 당신은 경찰관이 되는 것을 고려해 본 적이 있습니까?
② 저를 만든 건 저희 부모님이십니다.

③ 내 동생은 부유한 여성과 결혼하기를 원한다.
④ 그 집을 유지하는 데 그에게 엄청난 비용이 들었다.

해설 ③ marry는 타동사로 쓰였기 때문에 전치사 with를 삭제해야 한다. ④ cost 동사는 4형식 동사로 쓸 수 있다.

20 ①

해석 ① 그녀는 내게 그의 무례한 행동에 대해 불평했다.
② 나는 어머니와 외모가 많이 닮았다.
③ 고기는 후텁지근하고 무더운 날씨엔 쉽게 상한다.
④ 많은 아이들이 체육관으로 들어오고 있다.

해설 ②, ④ resemble과 enter는 완전 타동사로 전치사가 필요 없다. 단, enter into는 '시작하다'의 의미일 때 사용된다. ③ 'go + 형용사'는 '~(한 상태)로 되다'의 의미를 나타내며, go bad는 '상하다'라는 뜻이다.

---

01 ①

해석 닥터 Kennedy가 그 환자의 병을 맡게 되었을 때는 환자가 응급실에 도착한 후 겨우 3, 4분이 지났을 때였다.

해설 의사가 환자를 맡은 시제(과거)보다 환자가 도착한 것은 이전 시제이므로 빈칸에 과거완료 시제가 와야 한다.

02 ③

해석 나는 아직 *Interstellar*를 보지 않았지만, 그것이 내가 좋아하는 영화가 될 것이라고 충분히 예상할 수 있다.

해설 현재완료 부정형은 'have + not + p.p.'의 형태가 되며, 부정문에는 already가 아니라 yet이 쓰인다.

03 ④

해석 그 대학은 작년에 마침내 포기하기 전에 2년 동안 Davis 교수의 유능한 후계자를 열렬하게 찾고 있었다.

해설 '작년에 포기하기 전에 2년 동안'이라는 말이 있으므로 과거완료 진행형이 된다.

04 ③

해석 그들이 대피소에 도착하자마자 폭풍이 돌발했다.

해설 Hardly[Scarcely]는 부정어이므로 문두에 나가면 주어와 동사가 도치된다.

05 ③

해석 국제통화기금(IMF)이 요청한 구조조정의 실시로 인해 올해 초 이래로 100만 명 이상의 사람들이 직장을 잃었다.

해설 뒤에 나오는 since와 어울려 쓸 수 있도록 현재완료 시제가 와야 한다.

06 ①

해석 지난 몇 년 동안 많은 오래된 기관들은 대대적인 건축 공사를 했다.

해설 문장을 살펴보면 주어와 목적어는 있지만 동사가 없다. 따라서 빈칸에는 적절한 시제의 동사가 오면 되기 때문에 우선 ③과 ④는 제외된다. ①은 현재완료 진행형인 데 반해 ②는 과거형이다. in the past several years를 보면 '지난 몇 년 동안'의 뜻으로 '과거 몇 년 전부터 현재까지 계속해서'라는 의미가 되므로 답은 ①이다.

07 ③

해석 내가 문을 잠그자마자 열쇠가 부러져 버렸다.

해설 S + had hardly[scarcely / no sooner] + p.p. ~ when [before/than] + 과거 시제 ...: ~하자마자 …했다

08 ①

해석 파리행 비행기는 아직 도착하지 않았고, 나는 언제 그것이 올 것인지 궁금하다.

해설 보통 시간 부사절은 현재 시제가 미래 시제를 대신하지만 이 문장의 when 이하의 절은 wonder의 목적어 역할을 하는 명사절이므로 미래 시제를 그대로 써야 한다.

09 ④

해석 1960년대 초반에 미국과 러시아 물리학자의 노력으로 레이저 광선은 현실이 되었다.

해설 내용상 1960년대 초반까지 이미 완료된 일을 설명하고

있다. 현재를 기준으로 일단 과거 사실에 해당하고 1960년대 초반 이전부터 1960년대 초반까지 있어 왔던 일이나 현상 그 결과를 기술해야 하므로 과거완료로 표현해야 한다. has → had

10 ②

해석 James Smithson이 사망한 해에 그는 Smithsonian 협회를 세우기 위해 정부에 50만 달러를 남겼다.

해설 James Smithson이 죽었을 때(died)와 50만 달러를 정부에 남긴 때는 동일한 시제로 보아 과거시제를 사용한다. 굳이 과거진행형을 써서 그 당시에 무엇을 하고 있었는지를 설명할 필요가 없는 문장이다. was leaving → left

11 ③

해석 나는 사장이 하는 말을 매우 주의 깊게 듣긴 했지만 아직까지도 그것의 정확한 의미를 모르겠다.

해설 president가 말한 시점은 과거지만 현재 내가 그 말뜻을 이해하지 못하겠다는 의미이므로 조동사의 현재형 can't가 나와야 한다. couldn't → can't

12 ③

해석 불과 지난 몇 년 사이에 그 나라에서 축구가 야구보다 인기가 있게 되었다.

해설 in (just) the last few years(불과 지난 몇 년 사이에)가 올 때는 현재완료 시제를 사용한다. had become → has become

13 ③

해석 의사는 Johnson 씨에게 심한 감기 때문에 며칠간 쉬어야 한다고 말했다.

해설 조동사(should) 다음에는 동사 원형이 와야 하고, 문맥상 자동사인 '눕다'를 의미하는 자동사가 와야 한다. 이 문장에 쓰인 lay는 '눕히다, 놓다'의 의미인 타동사로 뒤에 목적어가 와야 하는데 목적어가 없다. lay in bed → lie in bed

14 ②

해석 Tana는 인디애나에 있는 버펄로 목장에 살고 있다. 그는 8년 전에 버펄로를 기르기 시작했다. 그는 그 이후로 다른 종류의 육류는 먹지 않았다. "나는 언젠가 모든 사람들이 버펄로와 타조와 같은 이국적인 육류를 먹게 될 거라고 생각합니다."라고 Tana는 말했다.

해설 since와 함께 완료 시제를 쓰는 구문이다. did not eat → has not eaten

15 ③

해석 세상은 우리뿐만 아니라 다른 사람들도 살 권리가 있다는 사실을 받아들이면 살기에 매우 즐거운 곳이다.

해설 as soon as는 '~하자마자'라는 의미로 시간의 부사절을 이끌며 시간·조건 부사절에서는 현재 시제가 미래 시제를 대신한다. will accept → accept

16 ④

해석 비록 크릭과 왓슨이 DNA의 이중나선구조를 불과 얼마 전에 발견했지만 유전 공학은 이미 대단한 발전을 했다.

해설 'a relatively short time ago'라는 과거 부사구가 있으므로 과거 시제로 해야 한다. had discovered → discovered

17 ②

해석 르네상스와 종교개혁 이후로, 서구세계는 거의 끊임없이 어떤 부류의 혁명을 두려워하기도 하며 일종의 혁명을 기대하면서 살아왔다.

해설 '~ 이후로 계속'의 뜻을 지닌 since가 쓰여 시간의 계속성을 나타내므로 완료 시제로 써야 한다. almost continuously lived → has almost continuously lived

18 ④

해석 John은 Jane하고만 교제하고 있으며 그녀와 결혼할 생각이었다. 그는 그녀의 여동생들이 어떤 소녀들이고, 그녀의 아버지는 어떤 분이시며, 그녀의 어머니가 돌아가신 지 얼마나 되었는지 알고 싶었다.

해설 문맥상 계속의 의미가 있는 how long은 과거완료 시제와 함께 쓰여야 하는데 die는 계속의 의미가 있는 완료형에는 쓰이지 못하므로 상태를 나타내는 형용사 dead를 사용해야 한다. 간접의문문이므로 '의문사 + 주어 + 동사'의 어순이 되어야 한다. did her mother die → her mother had been dead

19 ①

해석 ① 당신은 신을 믿습니까?

② 축구 경기는 오후 6시에 시작한다.

③ 그 여성은 내게 완벽한 타인이었다. 나는 그녀를 이전에 본 적이 없다.

④ 그 기차는 오전 8시에 서울에서 출발해 오후 2시 30분에 부산에 도착한다.

해설 believe in은 상태, 무의지 동사로 진행 시제를 사용할수 없다.

20 ②

해석 ① 이 집은 Smith 씨가 소유하고 있다.

② 나는 영국사 강의를 수강 중이었다.

③ 그는 최후까지 여전히 성실했다.

④ 나에게 좋은 생각이 있다.

해설 hear, see, have, remain, belong, know 등의 동사는 진행형으로 쓸 수 없지만, 동사 본래의 뜻으로 쓰이지 않는 경우에는 진행형이 가능하다.

CHAPTER 04 수동태

01	④	02	④	03	①	04	③	05	④
06	②	07	①	08	④	09	①	10	③
11	②	12	②	13	②	14	④	15	④
16	④	17	④	18	②	19	④	20	②

01 ④

해석 내 딸은 1980년에 결혼했다.

해설 get married는 동작을 표현한다.

02 ④

해석 그렇게 큰 기업이 갑자기 도산을 하게 되었던 이유에 대해 지난 3년간 많은 의문들이 제기되어 왔다.

해설 완료 수동태 'have been + p.p.' 구문이다. 주어가 many questions로 사물이므로 수동태가 되어야 하며, 기간을 나타내는 부사구 In the last three years가 있으므로 완료시제가 되어야 한다.

03 ①

해석 이쪽에 주소만 적자.

해설 명령문의 수동태는 'Let + 목적어 + be p.p.'의 형태를 사용한다.

04 ③

해석 사람들은 성인이 되면 운전하는 법을 배워야 한다고 믿고 있다.

해설 접속사 that이 이끄는 명사절이 포함된 복문의 수동태이다. They believe + that절 ~ = That절 is believed (by them) = It is believed + that절 ~

05 ④

해석 태권도는 요즘 서양에서 가장 인기 있는 동양 운동 중 하나로 간주된다.

해설 'refer to A as B(A를 B로 간주하다)'의 수동형은 'A be referred to as B'이다.

06 ②

해석 MIT의 필립 모리슨 교수는 미국에서 가장 훌륭한 과학 교수들 중의 한 분으로 인정받고 있다.

해설 acknowledge가 타동사이므로 수동형이 쓰여야 한다. 한편 '인정받다'라는 표현으로 ①과 같은 표현은 쓰이지 않는다.

07 ①

해석 아스피린은 처음에는 버드나무 껍질에서 추출되었다.

해설 '추출되다'라는 의미가 되어야 하므로 수동형이 알맞다. ②의 경우 주어가 중복된다. ③, ④의 경우 Aspirin이 extract하는 동작 주체가 되므로 의미상 불가능하며, 또한 extract가 타동사로서 목적어가 필요하므로 불가능하다.

08 ④

해석 천연가스를 동물의 먹이로 전환시키기 위해 과학적인 공정이 개발되었다.

해설 '개발되다'라는 의미가 되어야 하므로 수동형이 알맞다. ①의 경우 주어가 3인칭 단수이므로 have를 has로 고쳐야 한다. ②의 경우 주어가 중복된다. ③의 경우 A scientific process가 develop하는 동작의 주체가 되므로 의미상 불가능하다.

09 ①
해석 우리는 우리의 주말 산행에 관한 계획이 변경되었음을 Janis에게 알려 주었어야 했다.

해설 '주어 + inform + 목적어 + about[of] ~'의 구문으로 보아 동작의 주체는 We이므로 수동태는 불가능하다. have been informed → have informed

10 ③
해석 태국 출신의 학생들은 지난밤 파티에서 떠들썩했지만, 연장자들에게 매우 예의 바르고 공손한 것으로 판명되었다.

해설 '~임이 판명되다'는 'prove + (to be) 형용사'로 나타낸다. 굳이 수동형으로 나타낼 필요가 없다. were proved → proved

11 ②
해석 그녀는 그 반 대부분의 남학생들에게 비웃음을 샀기 때문에 울고 싶어졌다.

해설 뒤에 바로 연결되는 부분이 by 이하의 전치사구라는 것을 알 수 있고 수동태 문장이라는 것 또한 알 수 있다. '~을 비웃다'는 laugh at이므로 수동태 문장에서도 전치사 at까지 써야 문법적으로 맞다. was laughed → was laughed at

12 ②
해석 윌리엄 셰익스피어는 일반적으로 세상에서 가장 위대한 극작가 중 한 사람으로 인식된다.

해설 'by + 행위자'가 생략된 수동태 문장이므로, 'be동사 + 과거분사'로 써야 한다. considers → considered

13 ②
해석 사무실에서 나는 현재의 업무 상태에 매우 만족하고 있다. 나는 두 명의 비서와 두 대의 컴퓨터에 의해 지원을 받고 있는데, 항상 그들이 매우 유용하다고 느낀다.

해설 뒤에 연결되는 문장 find them very helpful로 보아 내가 두 명의 비서와 두 대의 컴퓨터를 도와주는 것이 아니라 '지원을 받고 있는' 상태이므로 능동형이 아니라 수동형으로 써야 문맥적으로 자연스럽다. assist → am assisted by

14 ④
해석 상점을 시작하는 데는 30만 달러 정도가 든다. 벤처기업 자본의 흐름이 말라 버렸기 때문에 그만큼의 돈을 모은다는 것은 사업 경력이 없는 사람에게는 어려운 일이다. 2019년에 벤처기업 자본액은 전년에 비해 9% 떨어진 1130억 달러였다. 금년에 그 숫자는 더 가파른 감소 추세를 보일 것으로 예상된다.

해설 수동의 의미가 되어야 하므로 are expected to로 바꾸어야 한다. expect to → are expected to

15 ④
해석 당신의 호텔에서 제공되는 시설과 서비스가 썩 좋지 않기 때문에 우리가 29일 아침에 다른 호텔로 옮겼다는 것을 당신은 기억할 것이다.

해설 '호텔에서 제공되는'이라는 표현은 offering이 아니라 offered가 되어야 한다. the accommodation and service 다음에 주격 관계대명사와 be동사가 생략되어 과거분사가 명사를 후치 수식하는 경우다. offering → offered

16 ④
해석 장시간의 무중력 상태에 노출된 항공 우주인들이 아주 심하게 악영향을 받았음을 보여 주는 증거가 제시되었다.

해설 affect는 '~에게 (악)영향을 주다'라는 타동사로서 목적어가 필요하지만, 이 문장에서는 affect의 목적어가 없으므로 의미상 수동태 구문이 필요하다. have affected → have been affected

17 ④
해석 그는 종종 하품을 하고, 화가 나서 혼잣말을 했다. 그는 책을 읽지 않았다. 때때로 그는 밤새도록 뭔가를 써서 아침에는 그것을 찢을 뿐이었다. 몇 번이고 그가 흐느껴 우는 소리를 들을 수 있었다.

해설 hear라는 지각동사의 원래의 목적격 보어에 해당하는 부분이 weep이다. 지각동사가 수동태로 전환될 경우 5형식의 목적격 보어는 원형 부정사는 to부정사로, 현재분사는 그대로 현재분사형을 써야 한다. weep → to weep 또는 weeping

18 ②

해석 돌고래는 바다에 살지만 어류가 아니다. 그것은 생활양식이 몇 가지 점에서 우리와 비슷한 포유동물이다. 과학자들은 돌고래가 일종의 언어를 가지고 있다는 것을 발견했다. 그들은 서로서로 말할 수 있다. 그러므로 인간이 돌고래와 말하는 것을 배우는 것이 가능할지도 모른다.

해설 과학자들이 that 이하의 사실을 발견한 것이므로 수동태가 될 수 없다. discover 타동사가 뒤에 목적어로 that절을 취하고 있기 때문에 능동형으로 써야 한다. have been discovered → have discovered

19 ④

해석 ① 고기를 상온에 두지 마세요.
② 그의 소설은 지금 인쇄되고 있다.
③ 누구라도 그러한 일은 하지 않을 것이다.
④ 이 개는 우리 가족 모두에게 보살핌을 받았다.

해설 '타동사 + 명사 + 전치사'에서 전치사의 목적어를 주어로 하는 수동태는 '전치사의 목적어 + be + p.p. + 명사 + 전치사(+ by + 주어)'의 형태가 되므로 was taken care를 was taken care of로 써야 한다. 타동사의 목적어를 주어로 하는 경우, 수동태는 '타동사의 목적어 + be + p.p. + 전치사 + 목적어(+ by + 주어)'의 형태가 된다.

20 ②

해석 ① 그는 그의 아버지를 닮았다.
② 그 기계는 그가 고안했다고 전해진다.
③ 개 짖는 소리에 도둑은 질겁해서 달아났다.
④ 어제 다친 두 소년들은 내 친구들이었다.

해설 ① resemble은 수동태로 쓸 수 없고, 진행형도 될 수 없는 타동사이다. ③ frightened away → was frightened away ④ 위치하다(be located, be situated), 부상당하다(be injured, be wounded), 종사하다(be engaged in) 등의 동사는 수동태로 표현한다.

01 ①

해석 정말 친절했지만, 네가 그걸 할 필요는 없었다.

해설 but 뒤에 의미상 자연스러운 표현을 찾는 문제다. 선택지 중에 '~할 필요가 없었는데'로 이어지는 것이 논리적으로 맞기 때문에 ①이 정답이다.

02 ①

해석 A: 저녁 식사 같이 할래요?
B: 당신이 괜찮으면, 하지 않는 편이 낫겠습니다. 머리가 좀 아파서요.

해설 '~하는 편이 낫다'는 would rather이고 '~하지 않는 편이 낫다'라는 것은 'would rather not + 동사 원형'으로 나타낸다. 뒤에 머리가 아프다는 말이 이어지므로 의미상 자연스러운 것은 ①이다.

03 ④

해석 서구의 장기적인 전략적 이익의 관점에서 그들의 대륙이 단결하는 것이 필수적이다.

해설 imperative(필수적인)는 이성적 판단의 형용사이므로 that절에는 '주어(+ should) + 동사 원형'을 사용한다. 따라서 should가 생략되고 동사 원형 be가 쓰인 ④가 정답이다.

04 ④

해석 도박에 네 재산을 낭비하느니 차라리 포기하는 편이 낫다.

해설 might as well A as B: B하느니 차라리 A하는 게 낫겠다

05 ③

해석 우리는 지난밤에 불어를 공부하지 않았다. 그러나 우리는 할 수도 있었다.

해설　과거(last night)에 대한 내용이므로 'could have p.p.'
　　　나 'should have p.p.'가 나와야 한다. 회화체에서는 반
　　　복되는 부분은 생략할 수 있어 could have studied를
　　　could have로만 쓸 수 있으므로 정답은 ③이다.

06 ②

해석　A: 그들이 어디에 있을 것 같아요?
　　　B: 나는 그들이 틀림없이 외출했다고 생각합니다.

해설　'must have p.p.(~했음이 틀림없다)'는 과거 사실에 대
　　　한 확실한 추측을 나타낸다.

07 ①

해석　그에게는 그가 이웃보다 더 잘 산다는 것을 믿는 것이 필
　　　요하다.

해설　it is necessary 뒤에는 'for + (대)명사 + to V' 또는
　　　'that + S + (should) 동사 원형'의 형태를 취할 수 있다.

08 ②

해석　전 국방부 장관인 Robert McNamara가 1963년 초에
　　　미국이 베트남에서 나왔어야만 했었다고 말하면서 미국
　　　이 베트남 전쟁에 개입한 것과 그의 중심적 역할에 대해
　　　서 27년의 침묵을 깼다.

해설　'미국이 베트남에서 나왔어야만 했었는데 하지 않았다'는
　　　과거 사실의 반대를 나타내는 문장이 와야 문맥상 자연
　　　스럽기 때문에 정답은 ②이다. 'should have p.p'는
　　　'~했어야 했는데 하지 않았다'를 의미한다.

09 ①

해석　탄소 14 분석은, 보통 초기 인류의 유일한 흔적인 도자기
　　　파편, 바위, 금속 공예품과 같은 무기 물질의 연대를 추정
　　　하는 데 사용될 수 없다.

해설　be able to는 사람이 주어로 와야 한다. is not able to
　　　→ cannot

10 ②

해석　만약 비가 내린다면, 우리는 오늘로 예정되어 있는 소풍
　　　을 취소해야만 한다.

해설　if절에 rains의 현재형 동사가 쓰인 것은 조건절을 나타
　　　내는 것이다. 따라서 주절에는 '~해야 할 것이다'라는 의
　　　미를 나타내는 미래 시제가 쓰여야 한다. had to → will
　　　have to

11 ④

해석　그 군인은 적에게 항복하느니 차라리 자살하겠다며 확고
　　　하게 말했다.

해설　'would rather A than B'에서 A와 B 모두 동사 원형이
　　　쓰여야 한다. surrendering → surrender

12 ③

해석　심리학자들과 정신 병리학자들은 정서 장애가 있는 어린
　　　이는 가능한 한 빨리 전문적인 치료를 받는 것이 가장 중
　　　요하다고 우리에게 말할 것이다.

해설　'It is important + that + 주어(+ should) + 동사 원형'
　　　의 형식을 취해야 한다. receives → (should) receive

13 ④

해석　개인적으로 연관된 사건에 객관적인 시각을 갖기란 어렵
　　　다. 당신은 주관적인 시각을 갖지 않을 수 없다.

해설　'cannot help -ing(~하지 않을 수 없다, ~할 수밖에 없
　　　다)'의 표현이다. have → having

14 ③

해석　Tone은 그렇게 추운 기후에 사는 것이 익숙하지 않아서
　　　두꺼운 코트를 자주 입었다.

해설　'be used to -ing(~하는 데 익숙하다)'의 표현이다.
　　　to live → to living

15 ③

해석　신원 절도가 치솟고 있다. 어떻게 당신은 스스로 보호할
　　　수 있을까? 신원절도연구센터는 모든 사람이 신용 업무
　　　부서로부터 그들의 신용등급을 매년 확인해야 한다고 제
　　　안한다. 당신의 주민등록번호나 운전면허번호를 수표에
　　　쓰지 말라. 의심스러운 이메일 요청에 응답하지 말라.

해설　③ 문장 앞에 suggests가 '~할 것을 제안하다'라는 의
　　　미로 쓰였기 때문에 'S + 주장 · 명령 · 소망 · 요구 · 제
　　　안 · 결정 · 충고를 뜻하는 말 + that + should (not) +
　　　동사 원형'의 형식으로 써야 한다. checks → (should)
　　　check

16 ①

해석　그들은 복종할 수밖에 없었기에, 그들은 세관 공무원들을
　　　따라 문으로 향했고, 거기에서 그는 그들에게 입국 허가

증을 보여 달라고 요청한 후 세심하게 조사했다.

해설 'have no choice/option/alternative + but + to부
정사 = cannot but + 동사 원형 = cannot help -ing
(~하지 않을 수 없다)'의 형식에 따라 ①의 obey를 to
obey로 써야 한다. obey → to obey

17 ②

해석 움직이는 바퀴나 차량을 멈추기 위해 사용되는 장치를
브레이크라고 부른다. 브레이크는 또한 많은 경우에 정지
되어 있는 차량을 움직이지 못하게 하는 데 사용된다. 이
런 장치들은 동작 에너지를 열로 전환함으로써 작동한다.

해설 문맥상 '멈추기 위해 사용되는 장치'이지 '멈추는 데 익숙
한 장치'가 아니기 때문에 is used to 다음에 -ing(~하
는 데 익숙하다)가 아닌 stop으로 써야 '~하기 위해 사
용되다'가 된다. stopping → stop

18 ②

해석 상속할 만한 아들이 없어서 부모님은 간절히도 사내아이
를 원했다. 아기가 여자아이로 밝혀졌을 때 부모님들은
매우 실망하셨음이 틀림없다. 그러나 그분들은 단 한마디
도 실망스러워하는 말씀을 하지 않으셨다.

해설 과거 사실에 대한 강한 추측을 나타낼 때는 'must have
p.p.'로 표현한다. 또한 감정 동사(disappoint)가 사람을
주어로 할 때는 수동태 구문을 사용한다. must be
disappointed → must have been disappointed

19 ③

해석 ① 그녀가 교통 소음에 대해 불평하는 것이 당연하다.
② 그는 결혼했을 때 40살이 넘었음에 틀림이 없다.
③ 당신은 그의 제안을 거절하지 말았어야만 했다.
④ 우리는 슬픈 소식을 듣고 울지 않을 수 없었다.

해설 'ought to have p.p.(~했어야 했다)'의 부정은 'ought
not to have p.p.'이다.

20 ③

해석 ① 건강이 부(富)보다 중요하다는 것은 거의 말할 필요도
없다.
② 너는 이런 밤 시간에는 그녀에게 전화하지 않는 것이
좋겠다.
③ 그런 사람이 성공하는 것은 너무도 당연하다.
④ 그는 나에게 외출해도 좋다고 말했다.

해설 ① needs → need로 바꿔야 한다. hardly는 준부정어
로 not과 같은 의미로 쓰인다. needs not으로 대체해
보면 어색하다는 것을 알 수 있다. 뒤에 be said라고 온
것을 보면 need는 조동사로 쓰였다는 것을 재차 확인할
수 있다. 따라서 need는 조동사로 쓰일 경우 어형 변화
를 하지 않기 때문에 needs가 아니라 need라고 써야
맞다. ② had not better → had better not으로 바꿔
야 한다. had better의 부정형은 'had better not + 동
사 원형'이다. ④ may go → might go로 바꿔야 한다.
주절이 과거 시제이므로 시제 일치의 법칙에 따라 종속
절도 과거 시제로 써야 한다.

CHAPTER 06	부정사				
01 ①	02 ④	03 ②	04 ③	05 ③
06 ①	07 ④	08 ④	09 ②	10 ②
11 ④	12 ③	13 ①	14 ①	15 ③
16 ③	17 ①	18 ②	19 ①	20 ④

01 ①

해석 영어 회화에 숙달하려면 외국인과 영어로 얘기할 수 있
는 기회를 활용하는 것이 중요하다.

해설 첫 번째 빈칸에는 부정사의 의미상 주어가 오며 'for + 목
적격'으로 사용한다. 두 번째 빈칸에는 make use of
(~을 이용하다), 마지막 빈칸에 '영어로'라는 표현은 전치
사 in을 사용한다.

02 ④

해석 이 조사의 목적은 거주자들이 지방 정부의 예산에 대해
얼마나 알고 있느냐를 알아보는 것이다.

해설 부정사가 보어의 기능을 하고 있는 부정사의 명사적 용
법이다.

03 ②

해석 네가 먼저 그녀의 어머니를 만나는 것이 좋을 것 같다.

해설 인성 형용사(stupid, kind, clever, rude, polite, wise
등) 다음에 나오는 부정사의 의미상 주어는 'of + 목적격'
이다.

04 ③

해석 A: 너 오늘 오후에 바쁘니?
B: 아니. 편지만 쓰면 돼.

해설 주부가 all, what, the only thing 등으로 시작하여 do 로 끝나는 주절의 보어 자리에는 원형 부정사를 쓰는 것 이 관용적이다.

05 ③

해석 그 과학자는 자기 제자가 용케도 비밀을 털어놓지 않았 다는 사실을 알고는 기뻐했다.

해설 manage라는 타동사는 목적어로 명사나 to부정사를 취 한다. 이때 부정사의 부정은 not to V의 형식으로 써야 한다.

06 ①

해석 그는 그 공연을 보기를 희망하였으나 볼 수 없었다.

해설 과거에 이루지 못한 사실에 관한 문제이다.

07 ④

해석 나는 모든 고귀해 보이는 직원들에 너무 당황해서 어느 것도 거절할 수 없었다.

해설 부정사 관용 표현인 'too + 형/부 + to V' 형태로, '너무 ~해서 …할 수 없다'라는 뜻이다.

08 ④

해석 체중을 줄이는 가장 효과적인 방법은 균형 잡힌 식사를 계속 유지하는 것이다. 당신 혼자 힘으로 적절한 음식을 고르는 것은 어려우므로 만약 다이어트를 하고 싶다면, 의사에게 자문해야 한다.

해설 빈칸 앞의 it은 가주어이므로 진주어가 와야 한다. 일반적 으로 진주어는 to부정사로 나타낸다.

09 ②

해석 Graham Marshall의 뮤지컬 라디오 방송이 그 지역 정 부가 1937년 11월 2일 캘리포니아에서 최초로 면허 있 는 상업 방송국의 문을 열도록 이끌었다.

해설 lead는 목적격 보어로 to부정사를 사용한다. 사역동사가 아니기 때문에 ②에 동사 원형은 올 수 없다. open → to open

10 ②

해석 오페라 '라보엠'을 볼 수 있는 발코니 좌석 입장권이 포함 된 선물 패키지가 올여름에 선보일 것이다.

해설 '~하기 위해서'의 목적을 나타내기 위해 to부정사만으로 충분하기 때문에 전치사 for를 삭제하는 것이 자연스럽 다. for to see → to see

11 ④

해석 내 동료들이 저녁 식사를 하기 위해 오고 있다는 말을 들 었을 때, 나는 가능한 한 빨리 식사를 준비하기 위해 최 선을 다했다.

해설 한 시제 앞선 완료 부정사를 표시할 때는 'to have + p.p.'로 나타낸다. 하지만 이 문장에서 prepare는 '앞으 로의 상황을 준비하는' 것이고 시간상 앞선 동작이 아니 므로 단순 부정사인 to prepare가 되어야 한다. to have prepared → to prepare

12 ③

해석 Hi-Tech Pen을 권고한 동료는 그 펜이 정말 편리하다는 것을 알게 되었고, 이 펜을 들고 다니기 시작한 이후로 항상 쓸 것이 있었다고 말했다.

해설 부정사에 쓰인 동사가 자동사인 경우에는 반드시 전치사 가 뒤따라야 한다. 의미적으로 write with something이 되기 때문이다. to write → to write with

13 ①

해석 나는 파리로 여행가기 전 불어를 배우고자 했으나 강좌 를 들을 만한 여분의 돈이 없었다.

해설 to부정사의 시제를 표시할 때 완료 부정사 'to have + p.p.'는 주절보다 하나 앞선 시제를 표시하는데, 주절의 시제가 과거완료(had hoped)이므로 주절보다 앞선 시 제는 존재하지 않는다. to have learned → to learn

14 ①

해석 역사가들은 제1차 세계 대전 발발의 간접적 원인과 직접 적 원인을 구별하는 것이 유익하다는 것을 알고 있다.

해설 문장은 5형식인데 가목적어 it이 빠졌다. to distinguish 이하는 진목적어이다. find useful → find it useful

15 ③

해석 35세 미만의 밴쿠버 지역 주민들에게 브리티시컬럼비아 주에서 그들이 거주하고 싶은 유일한 지역은 Lower Mainland이고 대부분의 주민들은 브리티시컬럼비아주의 다른 지역에서 사느니 차라리 다른 주로 이주하고 싶어 한다.

해설 would rather는 '(차라리) ~하고 싶다'라는 뜻의 관용 표현으로 뒤에 원형 부정사를 사용해야 한다. would rather to move → would rather move

16 ③

해석 David는 인생 초반의 쇼크를 절대로 완전히 잊지 못할 것이지만, 그는 이제 그를 사랑하고 돌봐주는 친구들이 있으며 교육 과정에도 완전히 참여할 수 있고 친구들과 선생님들이 소중히 여기고 있다.

해설 'to + 부사 + 동사 원형'의 형태를 띠며, 분리부정사는 부사가 부정사의 동사 부분의 의미를 수식한다는 것을 명백히 하기 위해서 사용하는 것이다. to participate fully → to fully participate

17 ①

해석 새끼 오리는 어미를 모방함으로써 생존하는 것을 배운다. 모방을 통해 배우는 것은 인간을 포함한 많은 종에게 기본적인 것이다. 우리는 나이가 들면서 독특한 혜택을 받게 된다. 우리가 모방할 사람을 선택할 수 있는 것이다. 우리는 또한 불필요해진 인물을 대체할 새로운 본보기도 선택할 수 있다.

해설 learn 뒤에 동명사를 써서는 안 되며, 수동태 문장이 아니므로 'be동사 + 과거분사'를 쓸 수 없다. being survived → to survive

18 ②

해석 일단 훈련을 받으면 기계 학습 알고리즘은 네트워크를 통해서 새로운 정보를 매우 빠른 속도로 정확하게 실시간으로 분류할 수 있다. 이는 음성 인식, 언어 처리와 과학적 연구 프로젝트를 위한 필수적인 기술로 만든다.

해설 'be capable of'는 '~을 할 수 있다'는 의미이다. is capable to sort → is capable of sorting

19 ①

해석 ① 그 집은 너무 작아서 (그 안에서) 살 수가 없다.
② 그 사건에 대하여 그는 비난받아 마땅하다.
③ 나는 그가 음악에 재능을 갖고 있다고 믿었다.
④ 그런 일을 하다니 그는 신사일 리 없다.

해설 '주어 + be + 형용사 + to V' 구문에서는 부정사와 주어의 관계를 고려하여 to live in으로 수정한다. ②의 to blame은 to be blamed의 뜻이다. ③ believe 동사가 5형식으로 맞게 쓰였다. ④에 쓰인 to do는 판단의 근거를 나타내며 '~하다니'로 보통 해석한다.

20 ④

해석 ① 그녀는 그가 그녀에게 키스하는 것을 허락했다.
② 나는 그로 하여금 우리 아이를 공공 놀이공원에 데려가도록 했다.
③ 너는 그런 장소에 가지 않는 게 더 낫다.
④ 그는 전쟁에서 사망했다고 보고된다.

해설 ① 수동태의 형태로 쓰여 to kiss를 to be kissed로 고쳐야 한다. ② 준사역동사 get은 사람이 목적어일 경우 목적격 보어로 to부정사를 취하고, 사물이 목적어일 경우 과거분사 형태를 취한다. 따라서 I got him to take로 써야 한다. ③ 'had better + 동사 원형(~하는 것이 낫다)'의 부정형은 'had better not + 동사 원형'이므로 to go를 go로 고쳐야 한다.

CHAPTER 07 동명사

01	④	02	②	03	③	04	③	05	②
06	③	07	④	08	②	09	④	10	②
11	③	12	②	13	③	14	③	15	②
16	①	17	③	18	③	19	④	20	③

01 ④

해석 A: 더 빨리 전화하지 못해서 미안해, 엄청 바빴었거든.
B: 괜찮아.

해설 전치사 about의 목적어로는 동명사를 써야 하며 주절의 시제보다 앞선 일이므로 완료형을 써야 한다. 동명사를 부정할 때는 동명사 앞에 not을 붙인다.

02 ②

해석 우리는 어린 시절부터 토지를 경작하느라 바쁘다.

해설 동명사 관용 표현인 'be busy -ing' 형태로, '~하느라 바쁘다'라는 뜻이다. 완료동명사인 ④를 고를 경우, 과거에 토지를 경작했고, 지금 바쁘다는 의미가 되므로 문장의 의미가 어색해진다.

03 ③

해석 그녀가 잘 웃는다는 것을 누구도 의심해 본 적이 없다.

해설 뒤에 나오는 동사 has의 주어가 필요하므로, 동명사 laughing이 적절하며 Her는 laughing의 의미상 주어이다.

04 ③

해석 몇 달 동안 그는 해외에 나갈 기회가 없었다.

해설 전치사의 목적어로서 동명사 구문이 와야 한다. 여기서는 주어 he가 동작을 받는 것이므로 수동형이어야 하며, 동명사의 의미상 주어로는 소유격을 쓰는 것이 원칙이다.

05 ②

해석 A: 이 카펫이 너무 더러워 세탁해야겠어.
B: 사실 난 새것이 필요하다고 생각했어.

해설 need + -ing: ~될 필요가 있다

06 ③

해석 그가 방에 들어왔을 때 그는 어떤 소리도 듣지 못했다.

해설 ①을 연결시킬 경우 of that을 없애야 하며, ②, ④는 문법상 옳지 않다.

07 ④

해석 그의 소설들은 이해하기가 매우 어려워 비평가들조차도 그것을 설명하는 데 어려움을 느낀다.

해설 find difficulty 다음에는 'have difficulty in -ing'와 같은 구문 형식을 취하기 때문에 정답이 ④가 되어야 한다.

08 ②

해석 너는 너 자신에게 패배는 가끔씩 예정되어 있다는 것을 상기시켜야 한다.

해설 'remember + 동명사'는 '~한 것을 기억하고 있다'의 의미이고, 'remember + to부정사'는 '~할 것을 잊지 않다'의 의미이다.

09 ④

해석 직원이 임무를 수행하기 위해 컴퓨터를 사용할 시간에 겨우 새 컴퓨터가 도착했다.

해설 전치사 in의 목적어가 되면서 their duties라는 목적어를 취할 수 있는 것은 동명사이다. in performance → in performing

10 ②

해석 트라이앵글은 철 막대를 삼각형의 형태로 구부려서 만들 수 있는 악기이다. 학교 오케스트라에서 사용되는 트라이앵글 각 각의 각도는 60°이다.

해설 전치사 by 뒤에는 동명사를 사용해야 한다. to bend → bending

11 ③

해석 그는 북한 핵무기를 너그럽게 보지 않을 것이고 김정은이 행동하도록 제재를 가하거나 군사력을 사용하는 데 반대한다고 말한다.

해설 'be opposed to + -ing(~을 반대하다)' 구문이므로 동명사를 써야 한다. use → using

12 ②

해석 일부 입후보자들은 심지어 며칠 전에 서로에게 욕을 하고 있었을지라도 선출된 후에는 차를 마시며 농담을 주고받는다.

해설 동명사 electing의 의미상 주어인 Some of the candidates는 선출된 입후보자들이기 때문에 수동형 동명사가 적당하다. electing → being elected

13 ②

해석 우리는 내일 일을 시작할 계획이었기 때문에 그가 물건이 늦게 배달될 것을 알려 준 데 대해서 나는 분명히 감사하게 생각했다.

해설 ③ telling의 의미상 주어는 appreciated의 목적어이지만 동명사의 의미상 주어가 인칭대명사일 경우에는 소유격으로 써야 한다. him → his

14 ③

해석　학생들은 Astronomy Tower of the Sorbonne 전망대 견학 여행에 흥미가 있었으나 충분한 비용을 마련할 수가 없었다.

해설　be interested in에서 in은 전치사이므로 목적어는 명사 상당어가 와야 한다. in take → in taking

15 ②

해석　운동선수가 신체적으로 건강하지 않다면 어떤 게임에서든 승리를 얻기 위해 자신을 희생하고 따라서 평생을 가는 부상을 입는다면 그것은 부질없는 일이다.

해설　전치사 in의 목적어인 sacrificing의 의미상 주어는 소유격이 되어야 한다. him → his

16 ①

해석　그리스에서 오래 체류한 것에 대해 벌금을 지불하지 않으면, 당신의 세부 사항들이 독일 국경에서 정보가 표시될 것이기에 영국에서 독일로 돌아갈 때 알려지게 될 것이다.

해설　동명사 구문의 부정은 동명사 구문 앞에 부정어를 위치시킨다. Having not paid → Not having paid

17 ②

해석　동물원의 사자 심바는 매우 아팠다. 수의사가 와서 약을 넣은 붉은색 고기를 먹이려고 시도했다. 불쌍한 심바는 고개도 들지 못했다. 결국 심바는 숨을 거뒀다. 의사는 눈물을 글썽이며 말했다. "심바가 죽었다는 사실을 말씀드리게 되어 유감입니다."

해설　'숨을 거뒀다'의 의미를 나타내야 하므로, 목적어로 동명사가 와야 한다. 'stop + to부정사'는 '~을 하기 위해 멈추다'라는 뜻이고 'stop + 동명사'는 '~하는 것을 멈추다'라는 뜻이다. stopped to breathe → stopped breathing

18 ③

해석　요즘 들어 인터넷은 매우 일상적인 게 되었다. 사람들은 일할 때나, 친구에게 이메일을 보낼 때 컴퓨터를 사용하기 시작했다. 만약 사용할 물건이 필요하다면, 인터넷을 통해 주문할 수 있다. 게다가, 인터넷에는 이용 가능한 정보가 너무나 많다. 일단 인터넷을 항해하기 시작하면, 우리는 시간 가는 줄도 모르게 된다.

해설　'~할 수 있다'는 'be able to + 부정사', 'be capable of + 동명사'로 나타낸다. are capable to order → are capable of ordering

19 ④

해석　① 나는 너를 보면 내 어머니가 생각난다.
　② 나는 하루 종일 한 가지만 생각하는 것을 싫어한다.
　③ 근면함이 결국 이긴다는 것은 두말할 필요가 없다.
　④ 그들은 이제 막 여름 휴양지를 떠나려던 참이다.

해설　① never[not] A ~ without B ...: A하면 반드시 B하다 ② the thought of 다음에 동명사로 연결된 것이 문법적으로 옳다. ③ it is needless to say ~: ~은 말할 필요가 없다 ④ be on the verge of -ing: 막 ~하려는 찰나이다

20 ③

해석　① 그는 회의에 참석하는 것을 거절했다.
　② 그 소년은 가까스로 차에 치일 뻔한 것을 피했다.
　③ 그것을 비밀로 해 주시면 감사하겠습니다.
　④ 나는 지금까지 김 선생님께 편지 쓰는 것을 미뤄 왔다.

해설　① refuse는 to부정사를 목적어로 취하는 동사이다. refused attending → refused to attend ② escape은 동명사를 목적어로 취하므로 to be를 being으로 바꿔야 한다. ④ 'delay + 동명사'이므로 to write를 writing으로 바꾼다.

CHAPTER **08**	**분사**								
01	③	02	②	03	④	04	④	05	④
06	①	07	①	08	②	09	①	10	①
11	①	12	②	13	①	14	②	15	①
16	①	17	①	18	④	19	④	20	③

01 ③

해석　억제되지 않은 상태로 놓아둔다면, 겉으로 보기에 비합리적인 경향들은 가장 현명한 사람들조차도 값비싼 실수들

을 하도록 이끈다.

해설 분사구문으로, 의미상 주어가 tendencies이므로 Left가
사용되어야 한다. uncheck은 주격 보어로 사용되었으므
로 의미상 주어는 역시 tendencies이며, '억제되지 않은'
것이므로 unchecked가 맞다.

02 ②

해석 해가 졌기 때문에, 우리는 밤새 거기에 머물렀다.

해설 해가 '지다'라는 의미의 set은 자동사이므로 수동형이 불
가능하며, 문맥상 완료형 분사가 적당하다.

03 ④

해석 거리에 한 대의 택시도 없었기 때문에 나는 걸어서 집에
가야 했다.

해설 분사구문으로, 종속절의 주어와 주절의 주어가 다르기 때
문에 주어를 따로 명시해 주어야 한다.

04 ④

해석 가벼운 점심 식사를 제공받은 후, 위원회 위원들은 식량
과 인구에 관한 토론을 다시 시작했다.

해설 분사구문으로, 식사를 대접받는 입장이므로 과거분사
served를 사용한다.

05 ④

해석 그녀가 숙제를 한 후 Robert는 Emily와 밖으로 나갔다.

해설 접속사를 생략한 후, 주어는 주절의 주어와 다르므로 그
대로 두고, 의미상 숙제를 한 것이 먼저이기 때문에 완료
분사를 써야 한다. 능동형이 아니라 숙제는 '마쳐지는'이
라는 수동적 의미로 해석되기 때문에 'having been
done'이 와야 한다. 분사구문에서 being이나 having
been은 생략할 수 있으므로 정답은 ④이다.

06 ①

해석 A: 다음 달에 그 그림을 전시할 거예요.
B: 한번 그 그림을 보면 결코 잊지 못할 거예요.

해설 B의 분사구문의 주어는 원칙적으로 주절의 주어와 같아
야 하므로 빈칸에는 수동태가 와야 하고 문맥상 주절의
동사와 분사가 나타내는 때의 차이가 없으므로 ① seen
이 와야 한다.

07 ①

해석 그 자료를 모두 공부했으므로 John은 시험에 쉽게 합격
했다.

해설 John이 합격한 것이 과거이므로 공부한 것은 더 과거에
일어난 일이다. 그러므로 As he had studied ~이고, 접
속사와 주절과 같은 주어를 생략한 분사구문 Having
studied가 빈칸에 알맞다.

08 ②

해석 A: 왜 그들이 모든 장비를 가져갑니까?
B: 그 일이 끝났기 때문에 그들은 떠나기 위해 짐을 꾸
리고 있습니다.

해설 As the job is done에서 접속사를 생략하고 주절과 다
른 주어인 the job을 명시하여 The job (being) done
으로 쓴다.

09 ①

해석 이 얘기를 듣고 Sherlock은 그가 그녀를 얼마나 사랑
했는지, 그녀를 구하기 위해 그가 항상 거기에 있었는지
그녀는 잘 몰랐다는 것을 알게 되었다.

해설 전체 문장의 주어는 Sherlock이며 분사구문은 Heard
this 부분이 되어야 한다. this라는 목적어를 취하며 의미
적으로 '듣는' 것이기 때문에 수동형이 아니라 능동형이
와야 한다. 따라서 Heard가 아니라 Hearing으로 써야
한다. Heard → Hearing

10 ①

해석 차도에 서 있을 때 그 집은 수십 년 전 어린 시절에 보였
던 것보다 훨씬 더 작게 보였다.

해설 분사구문의 의미상 주어가 앞에 없는 경우는 주절의
주어와 동일하다는 전제인데, 주절의 주어(the house)
가 차도에 서 있을 수는 없다. 따라서 분사구문 앞에 의
미상 주어를 나타내거나, 아니면 부사절 While I was
standing in the driveway 정도로 다시 문장을 써야
한다. Standing in the driveway → While I was
standing in the driveway

11 ①

해석 회고해 보니, 그 마을은 점점 더 빠르게 내리는 눈 속에
파묻혔던 것 같다.

해설 분사구문에서 종속절의 주어와 주절의 주어와 다르므로 분사구문의 의미상 주어를 나타내 주어야 하기 때문에 부사절 When I looked back으로 써야 한다. 주어는 물론 꼭 I가 될 필요는 없다. 다른 주어로 표현해도 상관없다. Looking back → When I looked back

12 ②

해석 파이프라인을 통해서 우리는 완전히 새로운 방식으로 물 부족 문제에 맞서 싸워 나가고 있다. 지역의 지도자, 혁신적인 기술, 숙련된 기술자들이 모두 힘을 합쳐 자애롭게 물을 흐르게 노력하는 시스템이다. 전 세계의 물에 관한 계획들이 그러하다.

해설 숙련된 기술자를 뜻하는 것이지 기술자를 훈련시키는 것이 아니므로 trained로 고쳐야 한다. training → trained

13 ①

해석 106년에 중국에서 발명된 종이는 영국 최초의 종이 공장이 설립되기 400년 전에 바그다드에서 그리고 나중에는 스페인에서 생산되었다.

해설 문장 전체의 주어가 paper이기 때문에 동사 invent는 능동형이 아니라 수동형인 be invented가 와야 한다. 따라서 Having been invented가 맞다. Having invented → Having been invented

14 ②

해석 우간다의 팝스타이자 야당의 주요인물인 Bobi Wine은 정부 기관의 고문으로 추정되는 부상으로 치료를 받고자 떠났던 미국에서 귀국한 지 나흘 만에 월요일 자신의 안전이 걱정스럽다고 말했다.

해설 Bobi Wine이 걱정시키는 주체가 아니고 어떤 상황에 대하여 걱정스러운 것이므로 concerned가 알맞다.
concerning → concerned

15 ①

해석 그가 군인이자 스파이로서 보낸 시간을 잊고서 그는 어린 시절 나비를 연구하고자 하던 꿈으로 복귀하여 이웃들은 그를 곤충학자 지망생이라고 불렀다.

해설 분사구문의 내용이 주절보다 먼저 일어난 경우이므로, 능동의 경우 'having p.p.' 형태를 취해야 한다.
Forgetting → Having forgotten

16 ①

해석 네가 아마도 네 친구 중 누구에게나 인생에서 가장 당혹스러운 순간을 물어보면 그들은 5초 내에 그것에 대해 생각할 것이다. 이런 어색한 감정은 누구도 경험하고 싶지 않겠지만, 이런 순간을 넘길 수 있는 방법들이 있다.

해설 their moment는 '~에게 당혹감을 주는' 것이지 그 자체가 당황스러워하는 것이 아니기 때문에 수동형이 아니라 능동형 embarrassing을 써야 한다. embarrassed → embarrassing

17 ①

해석 전 세계적으로 2억1천1백만 명으로 추정되는 15세 이하의 아이들이 일하고 있다. 대략 250만 명의 아이들은 선진국에서 일하고 있지만, 소년 노동은 아프리카, 아시아, 라틴 아메리카, 카리브해 전역에 퍼져 있다. 아시아는 그 중에서도 제일 많은 60%를 차지하고 있다.

해설 '추정되는' 것이므로 estimated의 과거분사형을 써야 한다. estimating → estimated

18 ④

해석 어느 날 어떤 과학적 문제를 풀려고 깊이 몰두하던 중에 그는 세금을 납부하러 법원 청사로 갔다. 그는 한동안 줄을 서서 기다려야 했고, 그의 차례가 되었을 때, 그는 정말로 자신의 이름을 잊어버렸다. 이웃 사람들 중 한 명이 그가 당황스러워하는 것을 보고 그의 이름이 토마스 에디슨이라고 그에게 상기시켜 주었다.

해설 분사구문이 삽입된 것으로, 의미상 주어와의 관계가 능동이므로 seeing이 되어야 한다. 뒤에 바로 연결되는 his embarrassment가 see 동사의 목적어가 되기 때문이다. seen → seeing

19 ④

해석 ① 아이들은 나비를 쫓으며 하루를 보냈다.
② 오른쪽으로 돌아가면 네가 찾고 있는 우체국을 찾을 것이다.
③ 그녀는 난폭 운전으로 면허가 정지되었다.
④ 깜짝 놀라면서도, 그녀는 침착성을 잃지 않으려고 애썼다.

해설 ④ Taking이 능동형으로 쓰였는데 뒤에 목적어가 없다. 의미상 문장의 주어인 she는 '놀라게 하는'이 아니라 '놀라게 된'이라는 의미의 수동형이 와야 자연스럽다. 따라서 Taking을 Taken으로 써야 한다.

20 ③

해석 ① 선생님은 학생들에 의해 둘러싸인 채 앉아 있었다.
  ② 초대받은 사람들 중에서 Tom을 제외한 모든 사람들이 파티에 왔다.
  ③ 방과 후 학생들은 집으로 갔다.
  ④ 나는 기다리는 동안 이상하게도 긴장되기 시작했다.

해설 ① 뒤의 by 구조도 그렇고 의미상 '둘러싸인 채'가 되어야 하기 때문에 surrounded가 되어야 한다. ② those 다음에 who were가 생략된 구조다. '초대를 하는' 사람들이 아니라 '초대를 받는' 사람들이어야 하므로 능동태가 아니라 수동형인 invited가 와야 문법적으로 맞다. ③ the pupils와 분사구문의 의미상 주어가 다르기 때문에 접속사가 생략되고 School이 남아 있다. 그다음에 being이 생략된 것으로 올바른 문장이다. ④ While I was waiting에서 주어와 be동사가 생략된 구조로 분석해야 하기 때문에 While waiting으로 써야 문법적으로 옳다.

CHAPTER 09	가정법			
01 ②	02 ①	03 ③	04 ③	05 ①
06 ③	07 ③	08 ①	09 ①	10 ①
11 ①	12 ②	13 ③	14 ②	15 ①
16 ②	17 ④	18 ②	19 ③	20 ①

01 ②

해석 그는 내가 그를 필요로 할 때 나를 도와주지 않았다. 진짜 친구라면 다르게 행동했을 것이다.

해설 명사(A true friend)가 if절을 대신하여 쓰인 예이다. 앞 문장에서 과거형으로 쓰였으므로 가정법 문장은 과거 사실과 반대를 나타내는 가정법 과거완료로 쓴다.

02 ①

해석 산소가 없었다면 모든 동물은 오래전 멸종했을 것이다.

해설 without은 가정법 과거나 과거완료를 대신하는데, 문미의 long ago가 직설법에서 과거 시제와 함께 쓰이므로 주어진 문장에서는 가정법 과거완료가 사용되어야 한다. 한편 disappear는 자동사이므로 수동태로 쓸 수 없다.

03 ③

해석 만일 내가 열쇠를 잃어버린다면, 문을 잠글 수 없을 텐데.

해설 조건절의 동사 lost가 과거 형태이므로, 주절에는 '조동사 과거형 + 동사 원형'이 와야 한다.

04 ③

해석 A: 그 부인이 의심스러운 행동을 했나요?
  B: 그녀는 마치 도망을 치는 것처럼 그녀의 집으로 달려갔어요.

해설 as if 뒤에 가정법 과거가 와서 직설법의 과거 시제와 대응된다.

05 ①

해석 만약 돈이 없었다면, 나는 그 책을 살 수 없었을 텐데.

해설 조건절의 if가 생략될 때, 주어와 동사가 도치된다. 주절이 가정법 과거완료이므로, 조건절도 가정법 과거완료가 되어야 한다.

06 ③

해석 그는 벌써 40세가 넘었다. 이제는 결혼을 하여 정착할 시기다.

해설 It is about time (that) + 주어 + 과거 동사(should 동사 원형) ~.: 이제는 ~할 시간이다. 이 문제는 and 다음에 settled(과거 동사)가 사용되고 있음에 유의한다.

07 ③

해석 A: 당신이 다시 대학생이 된다면 무엇을 하고 싶으십니까?
  B: 말씀드리기 어렵지만 제가 대학생이었을 때 전 심리학을 공부했으면 합니다.

해설 I wish 용법으로 주절보다 하나 앞선 시제의 반대된 가정법 과거완료가 사용된다.

08 ①

해석 나는 그 연극에서 그녀를 발견했고 그녀의 손짓에 답하여 중간 휴식 시간 동안에 건너가서 그녀 옆에 앉았다. 그녀를 마지막으로 본 지가 오래되어서 만약 누군가가 그녀의 이름을 말해 주지 않았다면 나는 그녀를 거의 알아보지 못했을 거라는 생각이 든다.

해설 조건절은 가정법 과거완료(If + 주어 + had + p.p.)이고, hardly(거의 ~하지 않다)는 준부정어이므로 다른 부정어와 함께 쓸 수 없다.

09 ①

해석 그의 아버지가 경영진에 있지 않다면 그는 그 직업을 얻지 못했을 것이다.

해설 if절이 생략된 형태를 묻는 문제다. 먼저 if절 안에 쓰인 that절의 동사로 is가 쓰인 것으로 보아 현재 사실에 반대되는 사실을 나타내고 있다는 것을 알 수 있다. 따라서 가정법 과거라는 것을 알고 '~이 없다면'과 같은 표현이 들어가야 한다. If it were not for에서 if가 생략될 경우에는 Were it not for로 써야 한다. Had it not been for → Were it not for

10 ①

해석 그 도시는 끔찍한 유행병에 사로잡혀 있는 것처럼 보인다. 그래서 주민들도 슬프고 거리도 황량하다.

해설 as if 이하의 절에서는 가정법이 나오며, 이때 주절의 시제보다 하나 앞선 시제가 나온다. 가정법 과거이므로 be동사는 were의 형태를 취하게 된다. are afflicted → were afflicted

11 ①

해석 사람들은 웃을 수 있을 뿐만 아니라 울 수 있는 부드럽고 따뜻하고 사랑스러운 인간이 되는 것이 인간과 조화되어 있다는 것을 깨달아야 할 때가 되었다.

해설 'It is (high/about) time (that) ~(~해야 할 때가 되었다.)' 구문은 종속절에 가정법 과거 시제나 조동사 should를 사용한다. realize → should realize 또는 realized

12 ②

해석 내가 젊었을 때 더 열심히 공부했더라면 좋았을 텐데. 즉 나는 더 열심히 공부하지 않은 것을 후회한다.

해설 부사절이 있으므로 가정법 과거완료 시제를 써야 한다.

I have studied → I had studied

13 ③

해석 Thomas가 고교 시절에 독서를 더 많이 했었다면 대학 입학시험에서 쉽게 더 높은 점수를 받았을 것이다.

해설 가정법 과거완료의 조건절에서 'if + S + had p.p.' 형태를 취해야 한다. would have read → had read

14 ②

해석 모든 시민들이 공동선을 촉진시킬 때 그 행사의 손익분석에 대해 잘 알아보고 결정을 내리는 적극적인 역할을 맡는 게 중요하다.

해설 이성적 판단을 나타내는 형용사(important, necessary 등) 뒤에 that절이 나오면 가정법 현재 또는 'should + 동사 원형'이 와야 한다. takes → take

15 ①

해석 Brown 씨는 만약 존경하는 Wellington Suburbs의 구성원으로부터 직접 언급이 없었더라면 이 토론에서 말하지 않았을 것이라고 얘기했다.

해설 가정법 과거완료이므로 '조동사 과거형(would, should, could, might) + have p.p.' 형태가 되어야 한다. would not speak → would not have spoken

16 ②

해석 그가 졸업장을 따기 위해 일을 막 그만두려고 할 때, 학교의 상담교사는 그가 시간도 탄력적이고 그가 쉽게 출석할 수 있는 베델 아카데미에 도전해 볼 것을 권유했다.

해설 recommend와 같이 요구, 주장, 제안, 명령 등이 나올 경우에는 목적절인 that절에서는 'should + 동사 원형' 혹은 동사 원형을 쓴다. will try → (should) try

17 ④

해석 토마스 맬서스는 영국의 경제학자였다. 1798년에 쓰인 그의 가장 중요한 저서는 '인구 법칙에 관한 에세이'이다. 그는 식량 공급보다도 세계의 인구가 더 빨리 증가한다고 생각했다. 그는 또한 사람들이 계속해서 많은 식구를 가지게 되면 기아, 질병, 전쟁을 통해 초과된 인구가 제거될 것이라고 생각했다.

해설 that절 이하가 가정법으로 구성된 복문이다. 주절의 동사

가 would kill이므로 if절에 가정법 과거 동사가 와야 한다. continue → continued

18 ②

해석 반응하는 것은 매우 쉽다. 당신은 순간적으로 감정에 휩싸이게 된다. 당신은 자신이 의도하지 않은 말을 하고, 나중에 후회할 일들을 한다. 그리고 "아, 잠시 멈추고 그것에 대해 생각했었더라면 나는 그런 식으로 반응하지 않았을 텐데!"라고 생각한다. 순간적 감정에 반응하는 대신에 우리의 가장 깊은 가치관에 따라 행동했더라면 분명히 우리의 생활은 더 나아졌을 것이다.

해설 if절의 시제가 'had p.p.'로 가정법 과거완료를 나타내므로, 주절도 과거완료가 되어야 한다. would never react → would never have reacted

19 ③

해석 ① 내가 아프지 않으면, 너를 만나러 갈 수 있을 텐데.
② 나는 이 도구를 사용했는데, 그렇지 않았더라면 시간이 더 오래 걸렸을 것이다.
③ 네가 잠자리에 들 시간이다.
④ 정부가 강력한 방침을 취하면 좋을 텐데.

해설 ③의 had gone을 went나 should go로 바꾸어야 한다. It is high time (that) + 가정법 과거(should + 동사 원형): ~할 때이다.

20 ①

해석 ① 이젠 당신이 가야 할 시간입니다.
② 나는 어제 상당히 지루했어요.
③ 나는 내가 가진 몫에 만족할 수밖에 없다.
④ 이 책은 서둘러 쓰였기 때문에 많은 오류를 포함하고 있다.

해설 ② 자동사 feel은 형용사를 보어로 취하며, 사람이 주어인 경우 감정 동사는 과거분사가 되어야 한다. boring → bored ③ '만족되는' 것이므로 수동형(과거분사)이 되어야 한다. satisfying → being satisfied ④ 분사구문의 의미상 주어가 주절의 주어와 다를 때는 의미상 주어를 분사 앞에 써 주어야 한다. Written → It[This book] written

---

CHAPTER 10	일치와 화법			
01 ②	02 ④	03 ④	04 ③	05 ②
06 ④	07 ③	08 ①	09 ④	10 ③
11 ②	12 ②	13 ③	14 ②	15 ①
16 ④	17 ②	18 ④	19 ②	20 ③

01 ②

해석 그녀가 말했다. "당신에게 신의 축복이 내리기를!"
= 그녀는 내게 신의 축복이 내리길 기도했다.

해설 기원문의 화법 전환
God가 있을 때: pray that God may ~
사람에 대한 소망: express one's wish that + 주어 + may ~

02 ④

해석 그가 내게 말했다. "우리 잠시 쉬어요."
= 그는 잠시 쉬는 것이 좋겠다고 내게 제안했다.

해설 제안 · 제의를 나타낼 때의 화법 전환:
propose[suggest] + that + 주어(+ should) + 동사 원형

03 ④

해석 나는 몇 개의 질문을 보냈는데, 지금까지 어느 누구도 응답하지 않았다.

해설 none, 분수, the rest 등의 표현은 뒤에 오는 명사가 셀 수 있으면 복수동사를, 셀 수 없으면 단수동사를 쓴다.

04 ③

해석 내일 투표하는 사람은 누구나 미국의 미래를 가꿔 가는 데 참여하게 될 것이다.

해설 관계절의 동사는 선행사(Every man and woman)에서 수를 결정한다.

05 ②

해석 그는 내게 어제 전화해서, '오늘은 구름이 많아.'라고 말했다.

해설 평서문의 화법 전환 시, 먼저 전달 동사 said to를 told로 고치고, 피전달문을 that절로 고친 후, here는 there

로, today는 yesterday로(어제에서 얘기하는 오늘은 어제이므로) 전환한다.

06 ④

해석 그녀는 그에게 그 책을 빌려줄 수 있는지 물어봤다.

해설 간접 화법문의 전달동사가 ask이므로, 직접 화법문은 부탁, 권유의 의문문이나 명령문이어야 한다. 따라서 전달동사는 said로 바뀌고, 대명사 her는 me로, that book은 this book으로 전환되어야 한다.

07 ③

해석 그는 그들에게 '모든 재산을 처분하고 도시에서 함께 살자.'고 말했다.

해설 명령문의 화법 전환 시 부탁이나 권유의 명령문일 때는 'ask + 목적어 + to부정사'의 형태로 전환된다. 따라서 said to는 asked로, 대명사 your는 their로, me는 him으로 각각 바뀌게 된다.

08 ①

해석 그는 나에게 '나는 오늘 몸이 매우 안 좋은 것 같은데 병원에 데려다주겠니?'라고 말했다.

해설 중문의 화법 전환에서, 피전달문이 '평서문 + 의문문'인 경우, 일단 평서문을 고친 뒤 의문문을 고친다. 예문에서, 평서문의 경우 said to는 told로, 대명사 I는 he로, today는 that day로 바뀌고, 권유, 부탁의 의문문일 때는 'ask + 목적어 + to부정사'로 전환한다.

09 ④

해석 사회적 갈등에 대한 Mark의 해석이 과학적인지 아닌지는 여전히 문제로 남아 있다.

해설 be동사에 대한 주어 understanding이 단수이므로, are가 아니라 is를 써야 한다. are → is

10 ③

해석 미국 사회에 근거하는 규범들은 주로 유럽의 것들이지, 토착의 인디언 문화에서 유래한 것들이 아니다.

해설 문장 전체의 주어는 The ideals이므로 주어의 수와 인칭에 맞게 동사도 3인칭 복수형이 되어야 한다. is primarily those of Europe → are primarily those of Europe

11 ②

해석 직원들은 여름 동안에는 회의를 짧게 하자고 제안했다.

해설 수의 일치 문제로, 주어 The employees를 받는 대명사는 복수형 they가 되어야 한다. it → they

12 ②

해석 판매도 이윤도 가까운 미래에 증가할 것으로 기대되지 않는다.

해설 'neither A nor B' 구문에서 동사는 B의 수에 일치시킨다. are → is

13 ③

해석 '알파벳 블록'은 당신의 자녀에게 알파벳의 모든 단어와 소리를 가르치는 혁신적인 교육 프로그램이다.

해설 선행사 program이 단수이기 때문에 관계대명사절의 동사도 단수로 일치시킨다. that teach → that teaches

14 ②

해석 심지어 무기를 소지하고 다니는 것이 법으로 금지된 나라에서도 많은 사람들이 무기를 소지하고 다닌다는 증거가 있다.

해설 '많은'이라는 수량을 나타내는 숙어는 'a large number of + 복수 명사'를 사용한다. the large → a large

15 ①

해석 파리에 도착했을 때 택시운전사는 내게 모든 호텔이 꽉 차서 시외로 나가지 않으면 방을 구하는 데 어려움이 많을 것이라고 말해 주었다.

해설 주절 동사가 과거 시제이므로, 시제 일치의 법칙에 따라 종속절의 시제도 과거로 고쳐야 한다. are → were

16 ④

해석 우리 기대와는 달리, 오늘날 우리는 사람에게 상처 입히고 자연을 훼손시키는 듯한 물질적이고 영적인 심한 오염 속에서 있다는 것을 알게 된다.

해설 주격 관계대명사 which는 앞의 선행사가 복수명사인 pollutants이므로 and they의 개념이다. 따라서 그 뒤의 동사는 seems가 아니라 seem이다. seems → seem

17 ②

해석 가난한 마을 사람들을 도와줄 수 있을 만큼 (그들에게) 관심을 가지고 있는 사람이 있다는 사실은 종종 세상을 놀라게 한다. 마을 사람들은 스스로를 돕는 것에 관심을 갖게 된다. 그들 자신이 보다 나은 미래를 만드는 데 도움이 될 수 있다는 것을 알게 되면 그들은 덜 절망하게 된다.

해설 The fact that으로 시작한 문장은 that절(동격절)이 끝나는 곳에 단수 동사가 와야 한다. 문장 전체의 주어가 The fact(단수형)가 되기 때문이다. often work → often works

18 ④

해석 아이들은 십 대가 되면, 혼란하고, 걱정스러울 수밖에 없다. 그들은 더 이상 아이가 아니지만, 역시 성인도 아니다. 그들의 삶은 끊임없이 변화하지만 그들은 이런 것이 인생의 평범한 한 부분이라는 것을 알 만큼 충분한 경험이 아직은 없다. 그들이 할 수 있는 것은 참으려 애쓰는 것뿐이지만, 초조함도 젊음의 상징이다.

해설 but 이하의 동사 is로 보아, 앞 문장의 시제도 현재가 되어야 한다. All they can do was → All they can do is

19 ②

해석 ① 그 시인과 그 음악가는 참석했었다.
② 환자의 수가 증가하고 있다.
③ 그는 대부분의 시간을 일하며 보낸다.
④ 많은 눈들이 그 광경을 봐 왔다.

해설 ② the number of(~의 수)는 복수 명사를 수반하더라도 단수 동사로 받아야 한다. are → is

20 ③

해석 ① 그의 인생에서 가장 중요한 부분은 은퇴해서 보낸 시기이다.
② 당신 도시의 인구는 얼마나 됩니까?
③ 경제학은 선택의 과학이다.
④ 일찍 자고 일찍 일어나면 건강해진다.

해설 ① '부분 + of + 전체'에서 주어는 전체 his life이므로 단수로 받아야 한다. have → has ② population은 주로 large로 수식한다. How much → How large ④ Early to bed and early to rise는 단일 개념으로 쓰여 단수 취급한다. make → makes

CHAPTER 01 명사

01	④	02	①	03	③	04	③	05	①
06	②	07	①	08	④	09	④	10	②
11	②	12	②	13	③	14	②	15	①
16	①	17	②	18	③	19	③	20	②

01 ④

해석 현재 결혼해서 사는 남자들이 자살하는 경향을 보이지 않는 것처럼 항상 독신으로 지내는 남자들 역시 자살할 것 같지는 않다.

해설 문장의 주어로 나온 The men과 비교 대상이 되기 때문에 than 이하는 the man이 아니라 the men이 나와야 한다. who 이하의 관계사절에 의해 수식받고 있으므로 정관사가 수반된다.

02 ①

해석 Barbara와 James는 10마일 경주에 참가하기로 결정했다.

해설 '수사 + 명사'가 다른 명사를 수식할 경우, 명사를 단수로 나타내고 하이픈(-)으로 연결한다.

03 ③

해석 그 자체로 취재를 많이 했다고는 하지만, 이 기사에는 그리 많은 뉴스는 없다.

해설 news는 불가산명사로 수식을 받을 때는 much news가 된다.

04 ③

해석 곤충, 거미를 포함한 절지동물은 경제적, 의학적으로 매우 중요하다.

해설 be동사의 보어로 형용사를 쓰고, 'of + 추상명사'는 형용사가 된다. of significance = significant이므로, '전치사 of + ~' 형태로 보어가 된다.

05 ①

해석 그 연례 회의는 전 세계의 단과대학 및 종합대학에서 6,000명 이상이 참석함으로써 대성공을 거두었다.

해설 thousand 등의 수사가 명확한 수를 나타내는 형용사나 명사로 쓰일 경우 항상 단수형을 쓴다. 막연한 수를 나타낼 때는 thousands of를 쓴다.

06 ②

해석 우리는 보통 몇 년 동안의 부재 후에 회원 자격을 갱신하게 하고, 계속해서 새로운 회원들을 모집하는 중이다.

해설 무생물의 소유격은 전치사 of를 이용하는 것이 보통이나, 시간, 거리, 가격, 무게 등을 나타내는 경우 예외적으로 's를 붙여 소유격을 만들 수 있다.

07 ①

해석 모든 금속 중에서 가장 흰 은(銀)은 다른 금속보다 빛을 잘 반사하므로, 거울을 만드는 데 제일 좋은 반사체이다. 게다가 은은 모양을 만들기가 매우 쉽다. 은보다 더 쉽게 작업할 수 있는 것은 금뿐이다.

해설 of 이외의 전치사와 추상명사는 부사를 나타낸다. 즉 with ease는 easily를 의미한다. 형용사는 명사 앞에 들어가야 하므로 정답은 ①이다.

08 ④

해석 한 소년이 명품 옷을 입고 있는 여동생 친구의 몇 장의 사진들을 찍어 인터넷에 올렸다.

해설 '여동생 친구의 몇 장의 사진들'은 한정사 some과 같이 쓰였으므로 이중소유격으로 만들어야 한다. 'that, any, some 등 + 명사 + of + 소유대명사[소유격 + 명사]'의 구조를 취한다.

09 ④

해석 화학과 생물학은 내가 대학에서 가장 좋아하는 과목이었지만, 물리학은 내가 가장 좋아하지 않는 과목이었다.

해설 -ics로 끝나는 학문 명칭은 단수 취급하므로 physics는 단수로 받아야 한다. were → was

10 ①

해석 나의 이웃은 내가 길거리에서 우연히 그녀를 만날 때 그녀와 함께 있는 사람을 소개하지 않는다.

해설 관사와 소유형용사, 지시형용사 중에서 하나만 명사 앞에 써야 한다. A neighbor of mine은 my neighbor 중에서 한 사람이라는 뜻이다. 소유격을 표현하는 of와 mine이라는 소유대명사를 둘 다 써서 '이중소유격'이라고 부르는 표현이다. A my neighbor → A neighbor of mine 또는 One of my neighbors

11 ②

해석 Rocky Mountain 지역의 유대인 인구가 비교적 소수이긴 하지만, 이 지역에서는 여러 가지 목적으로 히브리어가 사용되고 있다.

해설 전치사 of의 목적어인 명사구를 이루므로 형용사 regional(지역의)은 명사 region(지역)으로 써야 한다. regional → region

12 ②

해석 Johnny가 성장하면서 그의 가족들은 절대 그들의 감정에 대해 얘기하지 않았다. 왜냐하면 그들은 감정이라는 것은 단지 여성들이나 느끼는 것이라고 생각했기 때문이다.

해설 집합명사가 단일성을 나타낼 때는 단수지만, 개별성을 나타낼 때는 복수로 취급해야 한다. its → their

13 ③

해석 널리 알려진 영국 철학자 Jeremy Bentham의 작품에 따르면, 정부의 역할은 최대다수의 최대행복을 누리게 하는 것이다.

해설 happiness는 추상명사로 불가산명사이기 때문에 복수형으로 만들 수 없다. happinesses → happiness

14 ②

해석 개인 대출은 타인에게 이전할 수 없다. 그 이유는 이러한 대출들은 (대출을 신청한) 개인 자신의 신용 기록과 가용 수입원의 목록을 기반으로 하여 결정되었기 때문이다.

해설 people은 '사람들'을 뜻하고 '국민'을 뜻할 때는 단수 취급을 한다. 여기서의 people은 another가 붙어 보통명사처럼 되어 단수 취급을 하는 '국민'을 의미하므로 문맥

상 타당하지 않다. people → person

15 ①

해석 12대가 넘는 비행기와 선박들이 대략 스페인 크기인 18만5천 제곱마일(48만 제곱킬로미터)의 지역에서 펼쳐진 다국적 수색 작업에 참가했다.

해설 dozen은 '12개'를 뜻하고 two dozen, several dozen 등으로 쓰이며, 막연한 수를 나타낼 때만 dozens of를 쓴다. dozen → a dozen

16 ①

해석 아이들이 잠자리에 들지 않으려고 할 때 약간의 심리학을 알면 여러모로 편리하다. 아이에게 8시 30분까지 당신과 함께 머무는 것과 2층으로 가서 9시까지는 노는 것 중 하나를 선택하라고 해 보라. 아이는 선택권을 갖게 되므로 자신이 무력하다고 느끼지 않으며 반항하지도 않게 된다.

해설 knowledge는 셀 수 없는 추상명사이므로 양을 표시할 때는 little, much를 쓴다. A few knowledge → A little knowledge

17 ②

해석 나는 나뭇잎들의 색 변화와 내 뒷마당 수풀 어디에나 보이는 예쁜 빨간 열매들을 보는 것을 좋아한다. 그래서 마음속으로 그 아름다움을 이용해 뭔가를 이뤄 내고 싶다는 생각이 든다.

해설 leaf의 복수형은 leaves이다. leafs → leaves

18 ③

해석 당신의 신원을 보호하고 법적인 결과를 피하기 위한 것으로 본다면 몇백 달러는 지불하기에 합리적인 비용이다. 고려해 볼 문제이다.

해설 시간, 거리, 가격, 무게 등의 명사는 복수형이라도 단수로 여기므로 a few hundred dollars는 단수로 받아야 한다. are → is

19 ③

해석 ① 어제 이웃집에 화재가 발생했다.
② 아주 다양한 정보를 신문에서 얻을 수 있다.
③ 여행을 하는 가장 빠른 수단은 비행기를 이용하는 것

이다.
④ 창고에 재고가 많지 않다.

해설　① 불가산명사가 구체적인 의미나 종류를 나타낼 때는 가산명사 취급한다. ② information은 불가산명사로, 복수형을 쓸 수 없다. ③ 문맥상 '수단'의 의미가 되어야 하므로 means가 쓰여야 옳다. mean은 '중간, 평균'의 뜻이다. ④ much는 양을 나타내는 형용사이므로, 셀 수 없는 명사 앞에서만 쓰인다.

20 ②

해석　① 나는 파티에서 그녀와 친구가 되었다.
② 내 아들의 친구라면 누구라도 환영한다.
③ 그는 나에게 많은 친절을 베풀었다.
④ 내 방과 여동생 방은 마주 보고 있다.

해설　① make friends with는 '~와 친구가 되다'의 뜻이다. friends는 상호 복수로서 복수형을 사용한다. friend → friends ② a, an, that, the, any, some, no 등은 소유격과 함께 쓰일 수 없다. 'a, an, that, the, any, some, no + 명사 + of 소유대명사'의 형태로 쓰인다. ③ 추상명사 kindness는 보통명사로 바뀌면 구체적인 행동을 나타내므로, a kindness는 a kind act로서 '친절한 행동'을 뜻한다. '많은 친절한 행동'을 뜻하려면 복수를 사용해야 한다. kindness → kindnesses ④ 주어가 복수이므로 복수 동사를 사용해야 한다. faces → face

CHAPTER 02	관사			
01 ④	02 ④	03 ④	04 ①	05 ③
06 ①	07 ③	08 ②	09 ①	10 ③
11 ②	12 ①	13 ②	14 ①	15 ③
16 ①	17 ③	18 ①	19 ①	20 ②

01 ④

해석　Thomas와 Jane은 주마다 3일, 즉 월, 수, 금요일에 수업이 있다.

해설　부정관사 a가 per(~마다)의 뜻으로 쓰였으며 전치사가 필요 없다.

02 ④

해석　캘리포니아 남부지역의 화재는 잠재적으로 Oxnard에서 Malibu까지 영향을 끼치며 해안을 따라 동부에서 서부로 퍼져 나갈 수 있다.

해설　방위를 대구 및 대조를 이루는 표현 속에 쓰면 관사 없는 명사로 나타낸다.

03 ④

해석　2018년 기준으로 급여를 시급으로 받는 근로자가 미국 근로자들의 거의 60%를 차지한다.

해설　시간, 수량의 단위 표현의 경우로, 정관사를 동반하여 by the hour로 쓴다.

04 ①

해석　내 생김새 때문에 모두들 내가 유럽인이라 생각한다.

해설　국적을 나타내는 형용사인 European은 '유럽의, 유럽 사람의'라는 의미를 갖는다. 그러나 문맥으로 보아 동격을 나타내는 명사 보어를 취해서 '유럽 사람, 유럽인'이 자연스럽기 때문에 관사를 수반해야 한다. 또한 발음상 a European이 올바른 표현이다.

05 ③

해석　텔레비전은 많은 사람들의 생활에서 중요한 역할을 하므로 우리는 그것이 좋은 것인지 나쁜 것인지를 결정할 필요가 있다.

해설　'such + a(n) + 형용사 + 명사' 또는 'so + 형용사 + a(n) + 명사'의 순서로 사용한다.

06 ①

해석　그 여행사가 예약을 틀리게 해서, 갑자기 우리가 동의했던 가격의 두 배가 되었다.

해설　all, half, double 등의 형용사는 관사 앞에 놓는다.

07 ③

해석　대부분의 가정의 전선으로 보면, 검은색과 빨간색 전선은 120볼트이다.

해설　동사가 복수형이므로 주어는 복수여야 하며, 'the + 형용사 + and + 형용사 + 명사'의 형식이 아닌 'the + 형용사 + and the + 형용사 + 명사'의 형식을 써야 하므로 정관사가 모두 있는 ③이 정답이다.

08 ②

해석 생명체가 죽게 되면 대양은 사실상 하나의 거대한 오물 구덩이가 될 것이다. 썩어 가는 수많은 사체들이 참을 수 없는 악취를 만들어 내어 인간은 모든 해안지역을 떠날 수밖에 없게 된다. 그러나 이보다 훨씬 더 나쁜 상황들이 오염의 결과로 나타나게 될 것이다.

해설 such의 경우 'such/half/quite/rather/whatever + 부정관사 + 형용사 + 명사'이고, so의 경우는 'so/as/too/however + 형용사 + 부정관사 + 명사'이며, all의 경우는 'all/double/both + 정관사 + 명사'이다.

09 ①

해석 참치를 포장한 다음, 참치 캔들은 두 시간에서 네 시간 정도 레토르트 요리(저장을 목적으로 가공)라는 두 번째 과정을 거친다. 이 과정이 참치를 살균시킨다.

해설 tuna는 보통명사이므로 총칭일 경우는 대표단수로 the tuna 혹은 a tuna가 되어야 한다. tuna → a tuna 또는 the tuna

10 ③

해석 전통적으로 미국의 대통령은 민간인이다. 그런 점에서 아이젠하워 장군이 선거에서 압도적인 다수파를 이긴 것은 정말 놀랄 만하다.

해설 칭호나 관직 앞에서는 관사를 생략한다. the General Eisenhower → General Eisenhower

11 ②

해석 대학을 졸업한 후에 당신은 미래의 고용주에게 당신은 제시간에 맞추어 일을 끝낼 수 있는 능력이 있으며, 똑똑하고, 제대로 훈련을 받았다는 것을 입증할 수 있다. 틀림없다.

해설 university는 발음상 자음 취급하기 때문에 a university가 되어야 한다. an university → a university

12 ①

해석 수재에게 적절한 교육 환경을 찾는 것은 까다로울 수 있다. 대부분의 학교들은 이런 특별한 학습자들을 이해하고 교육시킬 만큼 준비가 되어 있지 않다.

해설 정관사에 형용사를 더하여 복수 보통명사가 된 구조이다. '영재'는 the gifted, '수재'는 the highly gifted가 된다.

highly gifted → the highly gifted

13 ②

해석 노예제에 반대했던 저명한 사회운동가인 부유한 햄프셔 지주의 딸인 플로렌스 나이팅게일은 1820년 5월 그녀가 태어난 마을에서 기독교식 이름을 얻었다.

해설 town은 뒤에 where she was born에 의해 한정을 받고 있으므로 the town으로 고쳐야 한다. town → the town

14 ①

해석 그가 나중에는 위대한 철학자가 되었지만, 나는 그러한 심한 고통의 순간에 분명히 드러났던 철학이 그의 빛나는 지성의 뛰어난 업적만큼이나 그 방식에 있어 대단했다고 생각한다.

해설 양보 구문에서 문두에 위치한 명사는 관사 없이 사용한다. A great philosopher → Great philosopher

15 ③

해석 Peter는 지금까지 내가 알고 있는 이들 중에서 가장 풍부한 식견을 소유한 사람이었다. 그의 가장 큰 단점은 너무나 정직해서 많은 관료들을 괴롭히는 정치적 계략을 견디지 못하는 것이다.

해설 'so/as/too + 형용사 + 부정관사 + 명사'의 형식을 취한다. too a honest man → too honest a man

16 ①

해석 미국인과 영국인은 같은 언어로 이야기한다. 그러나 미국영어는 여러 가지 면에서 영국영어와 다르다. 첫째로 미국영어의 발음은 영국영어의 발음과 다르다. 예를 들어서 대부분의 미국인들은 "car"라는 단어의 "r"를 발음하나 대부분의 영국인들은 발음하지 않는다.

해설 same 앞에는 반드시 the를 사용한다. same language → the same language

17 ④

해석 우리에게 너무나 친숙한 '아침은 하루 중 가장 중요한 식사'라는 말이 있다. 그렇지만 우리 대다수는 아침 식사를 할 시간이 없다고 주장한다.

해설 식사 이름 앞에는 관사를 쓰지 않는다. the breakfast → breakfast

18 ①

해석 만약 당신이 인생의 무언가를 해내기 위해 학교에 간다면 잘 생각하고 잘 행동하라. 교육이 모든 것의 근원이다. 어떤 보고에 따르면 3세에서 18세 사이의 7천5백만의 아이들이 적절한 교육을 못 받고 있다.

해설 공부를 목적으로 학교에 가는 것이므로 go to school이 올바른 표현이다. go to the school → go to school

19 ①

해석 ① William 선생님은 우리 학교의 교장으로 임명되었다.
② 그들은 그 일을 끝마치느라 많은 애를 쓰고 있다.
③ 그는 시인의 무덤을 보기 위하여 그 교회에 갔다.
④ 내게 똑같은 일이 어제 발생했다.

해설 ① of our school이라는 형용사구가 있으므로 the를 붙이는 것이 원칙이나, 관직·신분·혈통을 나타내는 말이 주격 보어 또는 목적격 보어로 쓰일 때는 관사 the를 쓰지 않는다. ② 분화복수인 pains는 pain(고통)과 다른 뜻인 '수고, 노력'을 의미한다. ③ church가 교회 본래의 목적인 '예배'의 뜻으로 쓰인 것이 아니라 교회 '건물'을 의미하고 있으므로 정관사를 붙인 것이다. ④ 서수사, only, same 등이 명사를 수식하여, 특정한 사람이나 사물을 가리키는 경우 정관사를 붙여야 한다.

20 ②

해석 ① 어느 누구도 괜찮은 사람으로 보이지 않는다.
② 그는 파티에서 Jones라는 분을 찾고 있었다.
③ 딜러는 그녀에게 중고차 한 대를 매입했다.
④ Howard 씨가 회사의 회장으로 선출되었다.

해설 ① 'quite + a(n) + 형용사 + 명사'가 원칙이다. a quite → quite a ② a Mr. Jones: Jones라는 어떤 분 ③ 발음 상 자음 앞에는 a를 사용한다. an used car → a used car ④ 관직·혈통·신분을 표시하는 말이 보어가 될 때는 관사를 생략한다. a president → president

---

CHAPTER 03	대명사			
01 ③	02 ①	03 ③	04 ④	05 ④
06 ②	07 ①	08 ②	09 ②	10 ④
11 ②	12 ④	13 ④	14 ②	15 ④
16 ②	17 ②	18 ②	19 ①	20 ①

01 ③

해석 우리는 Kelly 여사를 위해 비서 한 명을 채용할 것이고 William 씨에게도 또 한 명이 채용될 것이다.

해설 두 사람 이상이 언급되는 경우 '한 명 그리고 또 한 명'이라는 뜻의 대명사는 'one ~ the other(대상이 2인)' 또는 'one ~ another(대상이 2인 이상 불특정 다수)'이다. 앞에 one이 있으므로 빈칸에 올 수 있는 것은 the other, another, the others가 있으며, 만약 some이 오면 others, the others가 온다.

02 ①

해석 모든 역사는 칼에 의존한 사람들은 칼에 의해서 망할 것이라는 원리를 확실히 보여 주고 있다.

해설 those who는 '~하는 사람들'을 뜻한다.

03 ③

해석 비행기는 우리가 여행하기 편하게 만들어 주었다.

해설 타동사 make, believe, consider, find, think 등은 부정사를 목적어로 취할 때 가목적어 it을 사용한다.

04 ④

해석 평화와 성장은 우리가 생각하는 것처럼 그렇게 다르지 않다. 그들은 같은 동전의 양면과 같다. 하나가 나머지 하나 없이는 진보할 수 없다.

해설 부정대명사를 살펴보면 one(처음에 하나), another(다른 하나), other(다른), others(다른 것들)이다. 두 개 중에서 하나는 one, 나머지 하나는 the other이다.

05 ④

해석 이탈리아의 기후는 플로리다의 기후와 비슷한가?

해설 앞선 명사(the climate)의 반복 대신 that이 쓰인다.

A is like B: A와 B가 비슷하다(= A is similar to B = A resembles B = A looks like B = A and B are alike)

06 ②

해석 딸의 편지를 읽으며, 그녀는 자신도 모르게 울음을 터뜨렸다.

해설 관용적 표현을 고르는 문제이다. in spite of oneself: 저도 모르게, 절로

07 ①

해석 그의 장례식이 거행되던 날, 그 나라의 모든 사람이 눈물을 흘렸다고 한다. 부유한 사람이나 가난한 사람이나, 신분이 높은 사람이나 낮은 사람이나, 모두 친구를 잃었다고 느꼈다.

해설 every 다음에는 단수명사가 오며, 두 번째 빈칸에는 felt의 주어 역할을 할 수 있는 것이 와야 한다. 문맥상 모든 사람이 눈물을 흘렸다고 하였으므로 none은 안 된다. Rich and poor, high and low가 주어의 상태를 설명하는 형용사구로 쓰여 막연한 사람의 people을 지칭하는 것보다 '참석한 모든 사람들'을 지칭하는 all이 자연스럽다.

08 ②

해석 A: 와! 이것 참 재밌겠다. 나는 오랫동안 스케이트를 못 타 봤어.
B: 나도 그래(나도 역시 못 타 봤어). 스케이트 타는 걸 잊어버리진 않았니?
A: 글쎄, 그럴까? 그건 자전거 타는 것과 비슷해.
B: 여기가 스케이트를 세워 놓은 곳이야. 너는 몇 치수 신니?

해설 neither[nor] + 조동사 + 주어: ~도 역시 … 아니다

09 ②

해석 2010년 사고와 입원 후에 그는 비로소 선생님이 되기로 결심했다.

해설 'It is ~ that …' 강조 용법으로 'not until the accident and his hospital confinement in 2010'의 부사구를 강조하고 있는데, 'not ~ until(~이 되어서야 비로소 …하다)' 구문에서는 시간의 부사구가 오더라도 when을 사용하지 못하고 that을 사용한다. when → that

10 ④

해석 공해를 통제할 수 있는 법들을 개선하고자 하는 엄청난 노력이 이루어져 왔으나, Oregon 주에 의해서 만들어진 것들만큼 성공을 거둔 것은 없었다.

해설 devised by ~에 의해서 수식받는 반복되는 명사(the laws)를 대신하는 대명사 those를 사용한다. them → those

11 ②

해석 금성과 화성의 기후는 지구와 제일 비슷하지만 거기에는 온화한 지구의 기후와 같이 쾌적한 곳은 없다.

해설 the Earth 앞에 climates를 받는 지시대명사가 있어야 한다. the Earth → those of the Earth

12 ④

해석 Wagner와 Strauss는 서로 선물을 자주 교환하는 좋은 친구였다.

해설 Wagner와 Strauss로 대상이 2명이므로, each other를 사용한다. with one another → with each other

13 ④

해석 과학을 행동의 안내자로 불신하는 사람들은 개인이든 사회이든 그것의 실용적인 본질을 무시하는 것이며, 그들은 그러한 이유 때문에 그것을 경멸한다.

해설 실용적인 본질을 갖는 것은 'science'이므로 소유격을 its로 써야 한다. their → its

14 ②

해석 아무도 그보다 더 명확하게 이야기하지 않는다. 그러나 그의 작문은 종종 이해하기 힘들다.

해설 비교 구문(more ~ than)의 비교가 되는 대상의 문법적인 구조는 동일해야 한다. 문장의 주어로 쓰인 Nobody와 he가 비교되기 때문에 이 두 가지의 문법적 위치가 동일해야 한다. him → he

15 ④

해석 소설가와 극작가가 그들의 인물들에 관하여 정보를 제공할 수 있는 한 가지 방법은 그들을 직접적으로 묘사할 때이다.

해설 여기서 it은 characters를 의미하므로 them으로 바꿔

어야 한다. it → them

16 ②

해석 무엇이 왼손잡이가 되도록 만드는가? 아무도 확실히 알지 못한다. 그러나 과학자들은 태어날 때 심각한 뇌 손상을 입은 사람들의 거의 40%가 왼손잡이가 된다는 것을 발견했다. 심지어 작은 뇌 손상의 경우에도 왼손잡이가 될 수 있다.

해설 most는 주로 명사를 꾸미고 almost는 주로 형용사나 부정대명사를 꾸민다. most → almost

17 ②

해석 내가 좋아하는 선생님은 인턴 당시의 멘토였던 Shanna 선생님과 Naomi 선생님이었다. 그 둘과 함께 일하는 것은 두 명의 멋진 역할모델을 제공해 줄 뿐 아니라 내가 조금 더 내 능력에 대하여 자신감을 가지게 했다.

해설 both 뒤에 대명사 them이 올 때는 both of them이 되어야 한다. both them → both of them

18 ②

해석 이 요법은 고혈압, 심장병, 당뇨병 등과 같은 비만과 관련된 질병을 예방하는 데 도움을 준다. 또 다른 장점은 이 요법은 소화기관의 자연스러운 운동과 순환을 증대시키는 데 도움을 주고자 만들어졌다는 것이다.

해설 앞에 장점이 하나 나오고 뒤에 덧붙인 것이므로, another가 되어야 한다. Other → Another

19 ①

해석 ① 그는 어제 학교에 결석했다.
② 어떤 사람들은 축구를 좋아하지만, 다른 사람들은 그렇지 않다.
③ 이것은 내가 이틀 전에 잃어버린 것과 같은 종류의 시계이다.
④ 마흔 명의 학생들 각자가 제 책상을 가지고 있다.

해설 absent는 타동사이므로 목적어가 요구되는데, 한 문장의 목적어가 주어와 동일인인 경우에는 재귀대명사를 쓴다. absented from → absented himself from

20 ①

해석 ① 어떤 것이라도 있는 것이 없는 것보다는 낫다.

② 아무도 그곳에 가지 않았다.
③ 두 가수 중 한 명은 넓은 음역의 풍부한 목소리를 가지고 있다.
④ 쓰레기는 이틀에 한 번 수거된다.

해설 ② any를 부정문의 주어로 쓸 수 없기 때문에 Nobody went there.로 써야 한다. ③ 'either of + 복수명사'가 주어로 쓰일 경우 동사는 단수 취급해야 하므로 have를 has로 써야 한다. ④ every two days 또는 every other day로 써야 한다.

CHAPTER 04		형용사							
01	③	02	①	03	④	04	③	05	①
06	①	07	③	08	①	09	②	10	②
11	②	12	②	13	③	14	②	15	②
16	②	17	①	18	③	19	②	20	②

01 ③

해석 아메리칸 드림은 잠들어 있는 사람에게는 오지 않는다.

해설 fall은 불완전 자동사로 주격 보어로 형용사나 명사를 취한다. a-로 시작하는 형용사들은 대개가 서술적 용법으로만 사용되는 형용사들이다.

02 ①

해석 대부분의 위대한 예술가들은 남달리 민감한 사람들이다.

해설 혼동을 유발할 수 있는 형용사 문제이다. sensitive(민감한), sensuous(감각적인, 관능적인), sensory(감각의), senseless(몰상식한, 의식이 없는)

03 ④

해석 많은 클래식 애호가들이 그 음악회의 입장권을 추가로 요청했지만, 받은 사람은 거의 없었다.

해설 역접 관계를 나타내는 접속사 but이 있기 때문에, 그 이하는 앞의 Many와 반대되는 형용사가 들어가야 한다. ③의 none은 대명사이기 때문에 적합하지 않다.

04 ③

해석 인도에서는 9월 5일을 교사의 날로 기린다.

해설 9월 5일: the fifth of September, September the fifth

05 ①

해석 아주 많은 사람들이 웃고 이야기하고 있었다.

해설 many + a(n) + 단수 명사 = a great many + 복수 명사: 아주 많은. people이 복수 명사임을 참고한다.

06 ①

해석 어떠한 예술가도 Jacob Lawrence처럼 뉴욕 현대 미술관에서 행운의 데뷔를 한 사람은 이제까지 없었다.

해설 문장의 본동사가 있으므로 ③, ④는 제외되며, ②는 주어로서 한정의 정관사가 필요치 않다.

07 ③

해석 어제보다는 오늘 참석자가 더 적었기 때문에. 우리는 투표하기 위해서 다음 회의까지 기다려야 한다.

해설 members가 가산명사이므로 little이나 less로 수식될 수 없고, than이 있으므로 비교급을 써야 한다.

08 ①

해석 최근 몇 년 동안에 발육기에 있는 태아의 유전병을 진단할 수 있는 여러 가지 기술이 개발되었다.

해설 빈칸 없이도 문장이 성립된다. 따라서 techniques를 수식하는 형용사 상당어가 와야 한다.

09 ②

해석 대학원생은 필수적으로 전공 분야에서 평균 B학점을 유지해야 한다.

해설 형용사 imperative가 'it ~ that ...' 구문에 쓰였으므로 that절의 동사는 '(should) + 동사 원형'이 쓰여야 한다. maintains → (should) maintain

10 ②

해석 Fort Dix라는 유행성 감기의 수많은 증상의 원인인 그 바이러스는 돼지에게 독감을 일으키는 바이러스와 유사하다.

해설 형용사 뒤에 수반하는 전치사는 숙어처럼 관용 표현으로 굳어진 경우가 많다. 형용사 similar가 서술적 용법으로 쓰일 경우에는 뒤에 전치사로 with가 아닌 to가 와야 문법적으로 옳다. is similar with → is similar to

11 ②

해석 그 상원의원은 균형 잡힌 예산이라는 오랜 목표를 고수하였으며, 자신의 전임자들과 마찬가지로 정부 지출에 있어서 대폭적인 삭감을 요구하였다.

해설 서술적 용법으로만 쓰이는 형용사 alike에서 목적어를 취할 수 있는 전치사 like로 바꾸어야 한다. alike → like

12 ②

해석 너는 새 차의 배달을 3개월 더 기다려야 한다.

해설 수사가 명사를 수식하는 형용사 중에서 가장 앞에 쓰인다. more three months → three more months

13 ③

해석 젊은이들이 그들이 학교에서 얼마나 적게 배웠는지를 깨닫게 되면, 대개 그들이 다닌 학교나 그곳에서 그들이 보낸 방법이 잘못된 것이었다는 것을 생각하게 된다.

해설 -thing으로 끝나는 명사를 형용사가 수식할 때는 뒤에서 수식한다. wrong something → something wrong

14 ②

해석 레오나르도가 400년 훨씬 전에 새 날개의 움직임에 대하여 관찰한 것 중 많은 것이 현대 사진으로 입증되었다.

해설 400 years는 복수 형태로 쓰였기 때문에 many가 수식해야 하고 그 비교급은 more가 된다. greater → more

15 ②

해석 "성추행"은 직장에서 성적으로 불쾌감을 주거나 부적절한 행위를 묘사하는 데 사용되는 용어이다. 그것은 그 또는 그녀의 성 때문에 종업원이 불편함을 느끼게 하는 행위를 포함할 뿐 아니라 본질적으로 성적인 행위도 포함한다.

해설 등위접속사 or 뒤에 나오는 inappropriate는 품사가 형용사이므로 명사 offense가 아닌 형용사형인 offensive가 와야 병치의 원칙에 맞다. offense → offensive

16 ②

해석 1센트의 동전은 너무 가치가 없어서, 우리는 길거리에서 그 돈을 번거롭게 주우려 하지 않는 것이 보통이다. 엄지와 다른 손가락으로 줍기가 어려울 뿐 아니라 노력을 기울인 만큼 그 보상은 거의 가치가 없다.

해설 난이 형용사 difficult는 'it ~ that' 구문으로 쓸 수 없고, 'It is ~ for + 목적격 + to V' 구문으로만 사용한다. It's difficult that we gather → It's difficult (for us) to gather

17 ①

해석 탄력 있는 허리의 고무 밴드는 부드럽고, 가짜 지퍼는 이 바지가 잘 늘어난다는 것을 어느 누구도 알 필요가 없게 만든다. 하루 종일 책상에 앉아 있어도 너무나 편안하다.

해설 smoothly는 보어 자리이므로 smooth가 되어야 한다. smoothly → smooth

18 ③

해석 당신에 대한 나의 새해 소망은 2020년을 바라보며 지금과 같은 자리에 있지 않아야 한다는 것이다. 엄청난 노력과 약간의 행운으로 당신은 2019년을 당신의 최고의 해로 만들 수 있다.

해설 추상명사 luck은 불가산명사이므로 a little이 와야 한다. a few → a little

19 ②

해석 ① 그는 같이 놀기에 좋은 사람이다.
② 이 사진은 매우 칭찬받았다.
③ 그는 의학에 관해 거의 아는 것이 없다.
④ 어떤 직업이라도 고귀한 것이다.

해설 ① pleasant는 사람을 주어로 할 수 없지만, 전치사(with)의 목적어로 쓰인 것(He)이 사람일 때는 문장의 주어로 사람이 올 수 있다. ② admired는 과거분사로 very가 아닌 much의 수식을 받아야 한다. ③ little은 셀 수 없는 명사 앞에 쓰여 '거의 ~ 없는'이라는 부정의 의미로 쓰인다. ④ any는 본래 의문, 부정문에서 쓰이나 긍정의 평서문에서 강조의 의미로 사용되기도 한다.

20 ②

해석 ① 그가 책을 즉시 반납해야 하는가?

② 나는 같은 품목에 대해 두 배의 금액을 내라고 강요받았다.
③ 내 생각에 그는 돈을 갚기 어려울 것이다.
④ 우리가 당신의 제안을 받아들이지 않기로 했다는 것을 당신에게 알려 주게 돼서 유감입니다.

해설 ① returns → (should) return ③ he will be difficult to pay back → it will be difficult for him to pay back ④ It is sorry → We are sorry 또는 I am sorry

CHAPTER 05		부사							
01	④	02	③	03	④	04	①	05	③
06	④	07	③	08	①	09	④	10	④
11	②	12	②	13	③	14	④	15	②
16	③	17	②	18	②	19	③	20	④

01 ④

해석 만약 기름을 잘 치지 않으면, 이 기계는 제대로 작동하지 않을 것이다.

해설 동사가 빠져 있으므로, 동사가 들어 있는 ②, ④가 가능하나, 형용사는 동사를 수식할 수 없으므로 function properly가 가장 적절하다.

02 ③

해석 그 고객의 아내는 어렸을 때 주기적으로 가곤 해서 그 지역에 강한 유대감이 있다.

해설 두 개 이상의 부사(구)가 사용될 경우 '장소 + 방법 + 시간'의 순으로 나타난다.

03 ④

해석 나는 한 주 전에 여기 도착해서, 그 이후 죽 여기 있었다.

해설 ago: (현재 기준으로) ~ 전에, before: (과거 기준으로) ~ 전에, since: (과거) ~ 이후로 죽

04 ①

해석 늦게 오는 학생들의 숫자가 최근에 증가했다.

해설 late: 늦게, lately: 최근에, latter: 후자, the former:

전자

05 ③

해석 화학자는 그의 실험실에서 그 실험을 하기 전에 조심스럽게 실험 준비를 한다.

해설 '타동사 + 부사'의 타동사구가 일반명사를 목적어로 취할 때, 일반명사의 위치는 '타동사와 부사 사이, 또는 부사 뒤' 어디에 위치해도 상관없다. 그러나 목적어가 대명사일 경우 그 위치는 '타동사와 부사 사이'에 위치하게 된다.

06 ④

해석 비록 그것이 여러 번 그에게 설명됐지만 그는 아직도 그 문제가 무엇인지 알 수 없었다.

해설 부사 still은 긍정문에서는 동작, 상태의 계속을 나타내 '여전히, 아직도'의 의미이고, 부정문에서도 흔히 쓰지만 언제나 '부정어 앞'에 위치하게 된다.

07 ③

해석 그는 호수 근처에 살긴 하지만, 거의 낚시하러 가지 않는다.

해설 though라는 양보 구조를 염두에 두면, 호수 근처에 살지만 낚시하러 거의 가지 않는다는 것을 알 수 있다.

08 ①

해석 나는 아직 텍스트를 이해하지 못했지만, 그 사진들이 내 마음속에 뚜렷이 새겨졌다.

해설 yet은 not 뒤에 쓰여 '아직도 ~ 않다'의 의미로 쓰인다. no longer는 이미 '더 이상 ~이 아니다'라는 의미로 could not과 함께 쓸 필요가 없다. not always는 '항상 ~이 아니다'라는 부분부정의 의미로 문맥상 자연스럽지 않으며 still은 부정어 앞에 위치하기 때문에 정답이 될 수 없다.

09 ④

해석 나는 연기를 보자마자 소방서에 전화를 했는데, 그들은 아직도 도착하지 않았다.

해설 주로 yet은 부정문과 의문문에, already는 긍정문에 쓴다. already → yet

10 ④

해석 영국인은 대체로 이상 행동에 대해 오랫동안 이런 식의 견해를 취해 왔으며, 바로 이 점이 내 조국이 아직도 상대적으로 개방적이면서도 종종 이해하기 힘든 나라인 이유이다.

해설 형용사 free를 수식하는 부사가 나와야 한다. relative free → relatively free

11 ②

해석 오늘 오전은 해변에 나갈 만큼 따뜻하지 않다.

해설 형용사, 부사, 동사를 수식할 때는 enough는 후치 수식을 한다. enough warm → warm enough

12 ②

해석 형과 나는 가능한 한 빨리 옷을 입었지만 우리는 학교 버스를 놓쳤고, 그것 때문에 오늘 우리는 지각하게 되었다.

해설 dress가 완전 자동사로 쓰이기 때문에 부사가 필요하다. quick → quickly

13 ③

해석 지질학자들은 암석의 물리적인 특성과 화학적 구성을 염두에 두면서 암석을 끈질기게 정성을 들여서 분류한다.

해설 and로 연결된 평행구조 구문이다. 평행구조 구문에서는 앞뒤 요소의 어형이 동일해야 한다. 그러므로 patiently와 동일한 어형인 painstakingly가 되어야 한다. painstaking → painstakingly

14 ④

해석 생일 촛불을 불어 끄는 것은 자라는 아이가 매년 더 많은 수를 불어 끌 수 있을 정도로 건강한지를 알아보는 오래된 시험이다.

해설 '형용사/부사 + enough + to부정사' 용법이다. enough strong → strong enough

15 ②

해석 세계의 인구는 역사의 모든 다른 시대를 합친 것보다 최근에 더 현저하게 증가했다.

해설 동사 increase가 완전 자동사로 쓰이기 때문에 부사, 부사구, 또는 부사절이 뒤에 나와야 한다. significant → significantly

16 ③

해석   이 세상에서 책을 읽고 나서 그 책의 문학적 가치가 무엇인지 몇 줄로 정확히 분명하게 표현하는 것보다 더 어려운 것은 없다.

해설   nothing ~ more than은 최상급의 뜻이다. express는 3형식 동사로 what 이하가 목적어이고, clearly와 truly는 부사로 사용하여야 한다. clear → clearly

17 ②

해석   사실 지역 전체가 우리에게 친숙한 상업지구와는 완전히 달랐다. 그래서 당신은 '지금부터 몇십 년 뒤에는 어떤 변화가 있을까?'라는 생각을 할 수 있다.

해설   바로 뒤의 형용사 different를 꾸미는 부사가 올 자리이므로 completely가 와야 한다. complete → completely

18 ②

해석   나는 항상 열심히 일하고 공부하며 게으른 사람이 아니다. 더군다나 나는 부주의하게 돈을 낭비하는 것을 좋아하지도 않고 사교적인 성향의 사람도 아니다.

해설   부사가 들어가야 하는 자리이므로 carelessly로 고친다. careless → carelessly

19 ③

해석   ① 나는 진정으로 고향에 돌아가고 싶었다.
  ② 나는 네가 다시 돈을 빌려줄 거라고 거의 기대하지 않는다.
  ③ 여기는 와 본 곳 중에 가장 멋진 곳이다.
  ④ 나는 최근에 몸이 좋지 않았다.

해설   ③ ever는 경험(과거~현재)을, never는 부정을 표시한다. ever의 표현을 쓴 현재완료 구문이 the most beautiful place라는 최상급을 수식하는 것이 의미상 자연스럽다. never → ever

20 ④

해석   ① 그들의 아들들은 여전히 공장에서 열심히 일하고 있다.
  ② 그는 수영하기에는 너무 어리다. 나도 수영을 못한다.
  ③ 그는 그의 아버지가 5년 전에 돌아오셨다고 얘기했다.
  ④ 그들은 아직도 그렇게 좋은 집을 사지 못했다.

해설   ① still은 be동사 다음에 위치한다. still are → are still

② 긍정문에서는 too, 부정문에서는 (not) either를 사용한다. swim, too → swim, either ③ 현재를 기준으로 하여 '~ 전'은 ago를, 과거를 기준으로 하여 '~ 전'은 before를 쓴다. ago → before ④ still이 부정의 조동사 couldn't 앞에 사용되었으므로 옳은 문장이다.

CHAPTER **06** 비교									
01	④	**02**	①	**03**	②	**04**	③	**05**	③
06	①	**07**	①	**08**	②	**09**	①	**10**	④
11	③	**12**	④	**13**	③	**14**	④	**15**	④
16	②	**17**	③	**18**	①	**19**	②	**20**	③

01 ④

해석   나는 그의 어머니가 현명하기보다는 친절하다고 생각한다.

해설   동일인이나 동일물의 성질을 비교할 때는 형용사 음절에 관계없이 'more + 원급 + than'을 쓴다.

02 ①

해석   대학 학위가 당신을 다른 사람들보다 더 똑똑하게 만드는 것은 아니다.

해설   의미상의 최상급 구문으로 '비교급 + than any other + 단수 명사(anyone else)'로 나타낸다.

03 ②

해석   영국의 날씨는 우리가 생각하는 것만큼 나쁘지 않다.

해설   동등비교 표현의 부정은 'not so[as] ~ as'를 쓴다. 빈칸에는 is not과 연결되어야 하기 때문에 badly가 쓰이는 것이 아니라 bad가 쓰여 보어 역할을 해야 한다.

04 ③

해석   두 명의 후보 중 나는 Grant 씨가 더 적당하다고 생각한다.

해설   '둘 중에서(of the two ~)'라는 한정된 집단 중에서의 우위를 비교할 때는 반드시 비교급 앞에 정관사 the를 붙여 준다.

05 ③

해석 호텔에 일주일 머무는 것은 2주 동안 기숙사 방을 임대하는 것의 두 배의 비용이 든다.

해설 배수사는 'as + 원급 + as' 앞에 위치한다.

06 ①

해석 건강보다 중요한 것은 아무것도 없다.
= 건강이 가장 중요하다.

해설 '비교급 + than any other + 단수 명사'로 최상급을 표시한다.

07 ①

해석 흡연과 음주를 동시에 심하게 하는 사람은, 술고래이지만 담배는 전혀 피우지 않는 사람이나, 심하게 담배를 피우지만 술은 전혀 마시지 않는 사람보다 병에 걸릴 위험이 더 클 것이다.

해설 앞에 비교급 greater가 있으므로 than이 와야 한다.

08 ②

해석 항공 관제사들은 상대적으로 사소한 일을 장시간 하는 것이 적어도 하늘을 날고 있는 많은 비행기를 다룰 때만큼의 스트레스를 준다고 말한다.

해설 as + 원급 + as: ∼만큼 …한 (동등 비교)

09 ①

해석 그들은 가능한 한 열심히 일했지만, 그 프로젝트를 제때에 끝낼 수는 없었다.

해설 'as + 원급 + as + 주어 + can(가능한 한 ∼하게)'의 표현이다. hardest → hard

10 ④

해석 Johnny는 두 가지 케이크 중에서 하나를 선택할 때 잠시 동안 신중히 생각하고 나서 작은 것을 선택했다.

해설 비교하는 대상이 두 개일 경우 비교급을 쓴다. smallest → smaller

11 ③

해석 모든 사회 문제 중에서 주택 부족 현상이 계속해서 가정에 매일 영향을 미치는 주요인이 되고 있다.

해설 집단 한정되어 있는 경우(Of all social problems) 최상급의 표현은 반드시 정관사 the를 붙여서 'the + 최상급 형용사'의 형태로 나타내며, 흔히 최상급 형용사 뒤의 명사는 생략하고 쓴다. a → the

12 ④

해석 주간 잡지에 의해 후원받은 조사에 참가했던 좀 더 젊은 학생들은 더 나이가 든 학생들보다 집 없는 사람들의 심각한 문제에 대해 덜 걱정하는 것으로 판명되었다.

해설 'less ~ than'의 열등 비교이므로 than이 타당하다. as는 'as ~ as' 또는 'not so ~ as'의 경우에 쓰기 때문에 less가 쓰인 것을 보아 than이 와야 문법적으로 옳다. as → than

13 ③

해석 우리는 죽은 내 형 옆에서 무릎을 꿇고 있었다. 그는 나보다 두 살이 많았다. 나는 눈물이 어떻게 엄마의 뺨을 타고 흘러내렸는지 아주 잘 기억한다.

해설 라틴어 비교급 senior, junior, superior, inferior, prior, posterior, minor 등은 than 대신에 to를 쓴다. senior than I → senior to me

14 ④

해석 비평가들이 두 편의 연극을 관람한 후, 자신들의 경험과 소양을 바탕으로 어느 작품이 더 인상적이고 감동적인가를 판단할 수가 있을 것이다.

해설 단 두 개의 연극이 비교되고 있는데 '비교급 + of the two' 구문일 때, 비교급 앞에 the를 붙인다. most → more

15 ④

해석 우리가 어떤 차를 소유하고 있는지와 상관없이 우리의 차보다 항상 더 비싼 버전이나 더 최신 모델의 차를 소유한 사람은 있을 것이다.

해설 recent는 more 비교급을 쓰는 형용사이다. recentier → more recent

16 ②

해석 아리스토텔레스는 여성은 남성보다 열등하다고 믿었다. 예를 들어 그는 자신의 저작 '정치론'에서 "성별로 본다면 남성은 본래 우월하고 여성은 열등하고, 남성은 지배하고 여성은 종속된다."라고 말한다.

해설 라틴어 비교급이므로 inferior to를 쓴다. inferior than → inferior to

17 ③

해석 우리는 실내 장식의 모든 것들이 조화를 이루는지 확인해 볼 충분한 시간이 필요합니다. 그래서 식당 안의 이 물품들을 8월 20일 개점을 앞두고 여유 있게 받아 보아야 합니다. 따라서 앞서 말한 날짜보다 적어도 1주일 전에는 그것들을 받아 보았으면 좋겠습니다. 이 문제에 대해 바로 처리해 주시면 감사하겠습니다.

해설 prior(~보다 이전의)는 superior나 senior의 경우처럼 비교급으로 나타낼 때 그다음에 to가 와야 한다. prior than → prior to

18 ①

해석 우리는 운동을 많이 하면 많이 할수록 더 많은 칼로리를 소모하게 된다. 운동은 칼로리를 태워 줄 뿐만 아니라 식욕을 심리적으로 조절해 주기도 한다. 규칙적인 운동은, 우리가 운동을 안 한다면 우리로 하여금 과식하게 만들 긴장감을 풀어 주고 권태로움을 이기게 하는 데 도움을 준다. 기분이 좀 우울하더라도 초콜릿 비스킷 한 봉지를 들고 텔레비전 앞에서 빈둥거리지 말라. 대신 그 지역의 스포츠센터에 가서 풀을 몇 차례 오가며 수영을 하라.

해설 의미상 'the + 비교급 ~, the + 비교급 ...' 구문이 사용되어야 한다. many calories we will → the more calories we will

19 ②

해석 ① 이곳이 이 근처에서는 단연코 가장 깨끗한 공원이다.
② 그녀는 학급에서 가장 좋은 성적을 얻었다.
③ 그것은 지금까지 기록된 최악의 지진이었다.
④ 그는 이 세상 어느 누구 못지않게 진실하다.

해설 ① 최상급을 강조할 때 much, by far, very 등을 사용하는데, very를 쓸 경우 'the very + 최상급'의 어순이 된다. ② any student → any other student ③ 'the + 형용사의 최상급 + ever + p.p.'의 형태가 최상급의 의미를 강조한 형식이다. ④ 'as ~ as any ...(··· 못지않게 ~한)'의 원급으로 최상급의 의미를 갖는 표현이다.

20 ③

해석 ① 그 아기는 매우 잘 걸을 수 있다. 게다가 뛰기까지 한다.
② 태양과 달 중에 무엇이 더 큰가?
③ 그 학급에서 Katy만큼 친절한 소녀는 없다.
④ 그는 수학과 화학에서 나보다 뛰어나다.

해설 ① 비교급을 강조할 때는 비교급 앞에 much, even, (by) far, still 등을 사용한다. very는 쓸 수 없다. ② of the two, of A and B가 있는 경우에는 'the + 비교급'을 사용한다. 그러므로 larger는 the larger가 되어야 한다. ③ 원급을 이용하여 최상급을 나타내는 '부정 어구 + so + 원급 + as' 구문이다. ④ 라틴어 비교급은 than이 아니라 to를 쓴다.

CHAPTER 07		관계사							
01	④	02	①	03	①	04	②	05	①
06	①	07	④	08	③	09	①	10	③
11	②	12	②	13	④	14	①	15	③
16	①	17	③	18	②	19	②	20	①

01 ④

해석 그녀는 훌륭한 관리자이고, 그녀의 가장 큰 장점은 프로젝트를 조직할 수 있는 능력이다.

해설 관계대명사 소유격에 관한 개념을 묻는 문제이다. She is a good manager and her biggest asset is her ability to organize a project.에서 and her biggest asset을 whose biggest asset으로 쓴 것이다.

02 ①

해석 산에는 비가 내리고 있었고, 그것은 신선한 초록 잎들을 더욱더 멋지게 만들었다.

해설 관계대명사 which는 앞 문장 전체가 선행사일 경우에 사용될 수 있다.

03 ①

해석 한국에서 가장 중요한 곡물로 평가하는 것은 쌀이다.

해설 what은 선행사를 포함하는 관계대명사로 the thing

that(~하는 것)으로 바꿀 수 있으며, rank as는 '~로 평가하다'라는 의미를 나타낸다.

04 ②

해석 CCTV 화면에 보면 그 여성에게 말을 거는 남성의 모습이 보인다.

해설 the man을 선행사로 취하는 관계대명사 who와 동사 talks가 나올 수 있는데, 선택지 중에서는 who is talking에서 who is를 생략한 talking이 답이 될 수 있다.

05 ①

해석 침묵은 친구들 사이에 진정한 대화를 만든다. 중요한 것은 말하지 않는 것이 아니라 말할 필요가 없는 것이다.

해설 선행사를 포함하고 관계대명사 역할을 하는 관계대명사 what을 써 주어야 한다.

06 ①

해석 그녀의 생명이 그의 기술에 달려 있는 그 외과의사는 한국에서 이 나라로 왔다.

해설 자동사 depend는 on이나 upon의 전치사를 필요로 한다.

07 ④

해석 지렁이는 적당한 습기와 먹이와 필요한 토양 조건이 존재하는 곳이면 어디에서나 발견된다.

해설 선행사를 포함하여 장소의 부사절을 이끄는 복합관계부사 wherever가 위치해야 한다.

08 ③

해석 강한 사람들은 약한 사람들만큼 많은 실수를 한다. 차이점은 강한 사람들은 그것을 인정하고, 웃어넘겨 그것으로부터 가르침을 얻는다는 것이다. 그것이 바로 그들이 강해진 방법이다.

해설 문맥상 방법을 나타내는 어구가 빈칸에 들어가야 하는데, 방법 표시 관계부사 how는 제한적 용법으로만 사용되며 선행사 the way나 관계부사 how 중 하나만 써야 한다.

09 ①

해석 여러분은, 각자 두 명을 넘어서지 않는 한도 내에서, 당신이 원하는 누구든지 회사 야유회에 데려올 수 있습니다.

해설 ①의 who는 관계사절의 동사 desire의 목적어이므로, 목적격 형태의 관계대명사가 되어야 한다. 그런데 문맥상 '당신이 원하는 누구든지'의 의미가 되어야 하므로 복합관계대명사 whomever가 되어야 옳다.
who → whomever

10 ③

해석 Bill Gates는 세계에서 가장 영향력 있는 기술회사인 Microsoft사를 지배하고 있는데, 이 회사는 퍼스널 컴퓨터를 작동시키는 소프트웨어를 생산한다.

해설 ③은 앞 문장과 뒤 문장을 연결하는 접속사의 기능이 없다. 따라서 접속사(and)와 대명사(it)를 합친 관계대명사(which)를 사용한다. it produces → which produces

11 ②

해석 Sheila는 쉰 목소리를 지닌 영어 선생님이다. 그러나 그녀는 아이들이 높이 평가하는 능력인, 목소리를 높이지 않고 학급을 통제할 수 있는 내가 알고 있는 몇 안 되는 선생님 중 한 분이다.

해설 I know는 삽입절로서, 관계대명사의 격을 결정하는 데 영향을 끼치지 않는다. I know 뒤에 조동사 can이 나오므로, 주어 역할을 하는 관계대명사 who가 쓰여야 적절하다. whom → who

12 ②

해석 미국은 서로 다른 민족이 모여 사는 (인종의) 도가니라고 한다. 이러한 사실은 뉴욕에서 가장 명확히 드러나는데, 그곳에서는 각기 다른 민족의 많은 사람들이 나란히 살고 있다. 전철에서, 길모퉁이에서, 그리고 가게에서 사람들이 외국어로 말하는 것을 자주 듣게 될 것이다.

해설 there 이하에는 접속사 역할을 하는 어구가 없으므로 문장이 성립되지 않는다. 관계부사는 '접속사 + 부사'의 기능을 수행함에 유의해야 한다. there → where

13 ④

해석 인간이 이미 달성한 일을 보고 인간이 미래에 달성할 일에 한계를 두는 것은 성급한 일이다.

해설 선행사를 포함하는 관계대명사 what을 사용한다. that → what

14 ①

해석 재판할 동안 재판관이 해야 하는 일은 양측의 변호인과 증인들이 말한 것을 요약할 수 있도록 메모하는 것을 포함한다.

해설 do의 목적어가 없어 불완전하므로 선행사를 포함하는 관계대명사가 와야 한다. That → What

15 ③

해석 우리가 항상 가져 온 관심은 만약 아시아의 국가들이 극복하지 못한다면, 이것이 다른 나라들로 확산될 것이고, 우리나라에는 작은 문제인 것이 심각한 문제가 될 수 있다는 것이다.

해설 뒤에 나오는 could become의 주어가 되는 명사절을 만들어야 하므로 what으로 바꾼다. that → what

16 ①

해석 습관은 우리가 지니고 태어난 천성에 보태진 것들이다. 우리는 특정한 방식으로 행동하는 힘이나 능력을 가지고 태어나며, 또한 일정한 선천적인 행동 양식을 지닌 채 태어나는데 이것을 본능이라고 한다. 우리의 타고난 행동 성향은 살아가는 동안 실제로 행하는 것들에 의해 생겨날 수 있다.

해설 Habits are additions to the nature와 we are born with it이 결합될 때 관계대명사 which가 쓰이게 되는데, 이때 전치사 with가 which 앞으로 옮겨가면, 관계대명사는 생략할 수 없다. with we are born → with which we are born

17 ③

해석 만약 당신이 교회 내에 있길 원치 않는다면 다른 교회를 찾아보는 게 좋다. 아마 현재 당신이 출석하고 있는 교회는 당신이 속하는 것에 대해 하나님이 원치 않는 곳일 수 있다. 혹은 당신은 자신의 마음을 살펴볼 필요가 있다.

해설 장소를 나타내는 관계부사 where가 와야 한다. which → where

18 ②

해석 이번 가을 음악축제는 세 번째로 열리는 것이며, 모라비아와 주변 지역의 문화적이고 사회적인 부분을 특이한 방식으로 풍요롭게 해 줄 것이다.

해설 that은 계속적 용법으로 쓰일 수 없으므로 that을 which로 고쳐야 한다. that → which

19 ②

해석 ① 저에게 테니스 클럽에 가입하는 것을 설명해 주세요.
② 그녀는 결코 내가 그녀에게 해 준 충고를 귀 기울이지 않는다.
③ 폐의 인간에 대한 관계는 잎사귀의 식물에 대한 관계와 같다.
④ 그녀가 외국인이라는 사실 때문에 직장을 얻기가 힘들다.

해설 ① explain은 3형식 동사로 목적어 다음에 'to + 사람'을 사용한다. how 이하는 '의문사 + to부정사' 형으로 목적어가 된다. ② 관계대명사는 접속사와 대명사 두 가지 역할을 하므로 대명사 it을 생략해야 한다. ③ 'what A is to B, C is to D' 구문으로, 'A와 B의 관계는 C와 D의 관계와 같다'라는 뜻이다. ④ The fact와 that절은 동격이고, makes는 5형식 동사로 it이 가목적어이고 to부정사가 진목적어이다.

20 ①

해석 ① 무슨 변명을 하든지 우리는 그를 믿지 않는다.
② 종종 그러하듯이, 그는 결석이다.
③ 그 사실을 누가 알아냈나요?
④ 너는 네가 정직하다고 여기는 사람들과 교제해야만 한다.

해설 ① whatever가 복합관계형용사로 올바르게 쓰였다. ② as is often the case: 흔히 있는 일이지만 ③ 'it ~ that ...' 강조 구문이 들어가서 Who was it that discovered the fact?가 되어야 한다. ④ you think가 삽입절이고, are가 동사이므로 동사 are의 주어 역할을 하는 관계대명사가 필요하다. whom → who

01	②	02	①	03	④	04	①	05	④
06	④	07	④	08	④	09	③	10	①
11	④	12	②	13	④	14	④	15	①
16	③	17	④	18	③	19	④	20	②

01 ②
해석 비록 자기가 경찰서에서 왔다고 말하더라도 낯선 사람에게는 문을 열어 주지 말아라.

해설 빈칸에는 양보를 나타내는 접속사(even if, though, although, even though, if, as)가 와야 한다.

02 ①
해석 판매가 약간 증가되기는 했지만, 회사는 여전히 재정난을 겪고 있다.

해설 빈칸에는 의미상 양보 표시가 쓰여야 하는데, 뒤에 구가 나오므로 접속사인 even if, though, although는 적절하지 않다.

03 ④
해석 우리 가족이 이곳으로 이사 온 이후, 이 도시는 많이 변했다.

해설 주절이 현재완료형이므로, 접속사 since(~ 이래로)가 가장 적절하다.

04 ①
해석 우리 신체는 음식과 산소가 필요하며 그것들은 꾸준히 공급되어야 한다. 음식은 사람이 식욕을 채우기 위해 항상 먹지 않아도 될 수 있도록 체내에 저장될 수 있다.

해설 so that(그래서)의 결과 표시 접속사가 사용된다.

05 ④
해석 Peter는 광고나 홍보 PR 분야의 직장을 찾고 있다.

해설 상관접속사 either가 들어갈 자리이다. either A or B: A 또는 B

06 ④
해석 포도의 과즙과 과육은 유용할 뿐만 아니라 다양한 생산품이 껍질과 씨로 만들어진다.

해설 not only[merely/simply] A but (also) B: A뿐만 아니라 B도 또한

07 ④
해석 아이가 낯선 어른들에게 두려움을 보일 수 있다. 이에 반해 그는 다른 유아에게는 미소 지을 것 같다.

해설 '반면에, 한편'이라는 의미를 지닌 종속절로서 부사절에 쓰이는 접속사 whereas 또는 while이 들어가야 한다.

08 ④
해석 그들이 전염시키고 있다고 의심되는 콜레라균을 퍼뜨리지 않도록 하기 위해서 5명의 승무원은 격리되었다.

해설 문맥의 흐름상 목적을 나타내는 접속사 so that이 들어가야 한다.

09 ③
해석 최근에 월트 디즈니사가 제작한 영화를 본 적이 있다면, 당신은 아마도 모든 아이들이 애완동물을 소유해야 한다는 인상을 받을 것이다.

해설 the impression과 동격절을 이끄는 접속사 that이 필요하다. which → that

10 ①
해석 전기가 만들어지거나 파괴될 수 없다는 생각은 전자와 양자가 만들어지거나 파괴될 수 없음을 함축하는 것과 같다.

해설 The idea 다음에 나오는 절은 The idea의 구체적 내용을 밝혀 주는 동격절로서 동격절을 유도하는 접속사 that이 들어가야 한다. if → that

11 ④
해석 운동 프로그램을 시작한 사람들의 반 이상이 부상 때문에 빈번히 6개월 내에 포기한다.

해설 전치사인 because of가 들어가야 한다. because는 절을 받고, because of는 구를 받기 때문이다. because → because of

12 ②

해석 역사를 통틀어, 모기는 성가신 것일 뿐만 아니라, 인간에게 알려진 가장 치명적인 질병을 가져오는 살인마이기도 하다.

해설 앞에 not only가 있으므로 but이 나와야 의미상 적절하다. as well as → but also

13 ④

해석 Buff는 어느 쪽에 돈을 걸지 모르겠고, 나 역시 모르겠다.

해설 앞에 whether to punt가 있으므로 뒷부분에서는 대부정사를 써 준다. whether → whether to

14 ④

해석 Henry Thoreau는 콩코드의 Walden Pont 근처 오두막집에 홀로 살았다. 이렇게 함으로써 그는 용기, 독립, 부의 유명한 모범사례가 되었다.

해설 병치에 따라 and에 의해서 연결되는 표현이 courage(용기), independence(독립)라는 명사이므로 worthy(형용사)를 worth(명사)로 바꾼다. worthy → worth

15 ①

해석 여기는 술집이고 식당이지만 분명 교회와도 같은 정숙한 분위기를 느낄 수 있다. 여기는 더블린에 있는 갤러리라고 알려진 주변의 발코니로 둘러싸인 갤러리가 있는 교회 중의 한 곳이다.

해설 양보를 나타내는 접속사가 올 자리이므로 전치사구인 in spite of 대신 접속사인 even though가 와야 한다. In spite of → Even though

16 ③

해석 수박은 공간을 많이 차지한다. 넝쿨이 길이가 20피트나 된다. 만약 오랫동안 날씨가 건조하지 않다면 수박은 적당히 뿌리가 깊어 특별하게 물을 줄 필요가 없다.

해설 건조하지 않다면 자연적으로 처리되는 경우라고 하므로, 문맥의 흐름상 건조한 기후가 존재할 경우에만 별도로 물을 주어야 한다. if → unless

17 ④

해석 치과는 대개 무력한 환자들에게 고통스러운 고문이 행해지는 무서운 방으로 그려진다. 이런 생각이 많은 사람들로 하여금 이를 치료하러 제때에 치과에 가지 못하게 해 왔고, 결국에는 이를 뽑으러 어쨌든 (치과에) 가야만 하게 된다. 치과에 가는 것은 두려운 일이지만 보통 그 불편은 순간적인 것이고, 적절한 시기에 치료하면 치통으로 괴로운 밤들을 보내지 않게 된다.

해설 ④ Despite 뒤에 '주어 + 동사'가 연결되고 있으므로 양보를 나타내는 접속사가 와야 한다. Despite → Though

18 ③

해석 환상은 어린아이가 많은 시간을 보내는 세계이다. 그곳은 매혹적이고 때로는 아름다운 세계이지만, 또한 길을 잃지 않도록 그 지리를 잘 아는 것이 현명한, 매우 위험한 세계일 수도 있다. 일단 길을 잃으면 그는 현실 세계로 돌아가는 길을 찾느라 어려움을 겪게 될 것이다.

해설 접속사 lest(~하지 않도록)는 부정의 의미를 내포하고 있으므로 부정을 나타내는 단어와 함께 쓰일 수 없다. doesn't get lost → get lost

19 ④

해석 ① 그 난민들은 음식도 주거지도 없었다.
② 그가 아무리 용감하다 할지라도 그것을 하기에 망설였다.
③ 당신은 들은 대로 행동해라, 그러지 않으면 벌을 받을 것이다.
④ 그녀는 영국과 미국 어느 곳도 갔다 온 적이 없다.

해설 either A or B(A, B 둘 중 하나)에서 A, B는 or(등위접속사)에 의해서 같은 형태로 한다. 따라서 to England와 같이 to America로 고친다.

20 ②

해석 ① 독서와 정신의 관계는 운동과 육체의 관계와 같다.
② 내가 그녀에게 미안하다고 말했을 때, 일부는 진심으로 한 말이었다.
③ 그가 언제 일을 그만둘지는 아무도 모른다.
④ 그때가 돼서야 비로소 나는 내 여동생이 코트를 입은 것을 알았다.

해설 ① that을 what으로 고친다. A is to B what C is to D: A의 B에 대한 관계는 C의 D에 대한 관계와 같다 ③ 의문사가 이끄는 간접의문문은 'S + V'의 평서문 어순으로 쓴다. when will he quit his job → when he will quit his job ④ 부정의 부사구가 문두에 나왔으므로 도치해야 한다. Not until then I noticed → Not until then did I notice

CHAPTER 09 전치사

01	④	02	④	03	④	04	④	05	③
06	①	07	③	08	③	09	①	10	④
11	③	12	③	13	③	14	③	15	④
16	①	17	①	18	②	19	③	20	①

01 ④
해석 그들은 런던에 있는 3년 동안 많은 사람들을 만났다.
해설 '~ 동안'을 의미하는 for와 during 다음에는 지속된 기간을 쓰고, since 다음에는 과거의 한 시점을 쓴다.

02 ④
해석 우리는 내년에 15% 이익이 늘어나기를 기대한다.
해설 by는 '정도 · 차이'를 나타낼 때 쓰인다.

03 ④
해석 Merits 금융사는 하급법원의 판결을 뒤집어 달라며 길어야 두 달 걸리는 소송을 대법원에 냈다.
해설 at most는 '기껏해야, 많아야'라는 뜻으로 쓰인다.

04 ④
해석 화내지 마세요. 당신한테 개인적인 감정은 전혀 없어요.
해설 문맥상 '반감은 없다'는 뜻이 되어야 하므로 '~에 반대하여, ~에 적대하여'라는 뜻의 against를 써야 한다.

05 ③
해석 Heather는 리마에서 1996년 8월 7일 오후 3시 20분에 태어났다.
해설 Lima는 도시로 비교적 넓은 장소에 해당하므로 in을 쓰고, 구체적으로 정해진 날짜 앞에는 on을 쓴다. 시각 앞에는 at을 쓴다.

06 ①
해석 바쁜 일정 때문에 Howard 씨는 이번 주에 그 공장에 방문할 수 없을 것이다.
해설 because of는 이유를 나타내는 전치사구이다.

07 ③
해석 구매한 지 7일 이내에 제품을 반환하면 전액을 환불받을 수 있다.
해설 시간의 전치사로 '~ 이내에'라는 뜻이 되어야 하므로 within이 정답이다.

08 ③
해석 만약 당신이 벽돌집을 짓는다고 하면 모양이 좋고 완전한 집을 짓지 않고서는 가능한 한 최대의 기쁨을 얻지 못하게 된다.
해설 뒤에 절이 이어지므로 전치사를 쓸 수 없으며, 문맥상 if ~ not의 의미를 가진 접속사가 적당하므로 unless가 들어가야 한다.

09 ①
해석 할부 매입에 대한 과도한 이자율 때문에 현금으로 구매하는 것을 권한다.
해설 Due to는 문장 앞에 사용되지 않는다. 따라서 '~ 때문에'의 의미인 Because of, On account of를 사용한다. Due to → Because of 또는 On account of

10 ④
해석 그는 공화당을 이끄는 동부의 기존 체제를 싫어했으나 그의 대통령 선거 의제는 정당의 현 기준 속에서 매우 온건해졌다.
해설 인지, 인식, 판단의 수단을 나타낼 때는 전치사 by를 사용한다. in → by

11 ③
해석 Smith 씨 부부는 자녀들의 반대에도 불구하고 자선단체에 그들의 재산을 기부했죠?
해설 despite는 전치사이므로 of는 불필요하다. despite of → despite

12 ③

해석 에디슨이 21세에 고향으로 돌아왔을 때 사람들은 그의 과학 실험들에 관심을 갖기 시작하고 있었다.

해설 '21살의 나이에'의 의미가 되어야 하며, 구전치사 at the age of가 적합하다. in → at

13 ③

해석 새로운 시스템은 어떤 비상사태에도 수 초 만에 반응한다.

해설 within seconds(수 초 내에)가 쓰였다. at seconds → within seconds

14 ③

해석 이자율의 증가는 소비 및 투자 지출을 감소시킬 수 있기 때문에 경제에 부정적인 영향을 끼칠 것이다.

해설 뒤에 절이 이어지므로 접속사가 나와야 한다. because of → because

15 ④

해석 그는 15년 동안 네트워크 개발 관리자와 네트워크 운영 전반에 대한 프로젝트 관리자로 일했다.

해설 목적어로 fifteen years라는 기간이 왔기 때문에 for로 고쳐야 옳다. since는 접속사로 쓰일 경우 '~ 때문에' 또는 '~ 이래로'의 뜻으로 모두 쓰이지만 전치사로는 '~ 이래로'의 뜻만 가진다. since → for

16 ①

해석 범죄로 기소된 사람들은 변호사가 출석하지 않고서는 심문을 받을 수 없다.

해설 'accuse A of B(A를 B의 혐의로 고소하다)' 구문이므로 of가 알맞다. for → of

17 ①

해석 관리자는 다음 연례 주주총회에서 문제를 해결하기를 원하는 주주의 명령에 따라 어젯밤에 그곳으로 갔다.

해설 시간 표현에 사용되는 last, this, next, every는 전치사 at, in, on 등과 함께 사용되지 않는다. 따라서 ①에서 on을 삭제한 last night이 맞는 표현이다. on last night → last night

18 ②

해석 이제 특별한 훈련을 필요로 하는 사람은 과학자와 컴퓨터 전문가만이 아니라, 정부 관리와 사업가도 역시 그러하다. 더욱이 대학 졸업자들이 급격히 늘어나서 과거보다 더 치열한 구직 경쟁을 가져왔다. 최고의 자격을 갖춘 사람, 즉 전문가만이 승리하게 된다.

해설 'not only A but also B(A뿐만 아니라 B도 역시)' 구문에서, also는 생략이 가능하나 but은 생략할 수 없다. also → but (also)

19 ③

해석 ① 나는 부모님 외에는 가족이 없다.
② 내 그림은 네 그림에 비하면 유치해 보인다.
③ 하키 이외에 어떤 스포츠를 좋아하니?
④ 네게 말 거는 것 외에도 다른 할 일이 많다.

해설 beside: ~의 곁에, ~에 비해서
besides: ~ 외에[밖에], ~에 더해서, 게다가, 그 위에

20 ①

해석 ① 어머니는 그것을 10달러에 사셨다.
② Tom은 다른 사람의 기분은 신경 쓰지 않고 항상 그가 원하는 것을 했다.
③ 그들은 멀리 산다.
④ 상황을 예측할 수 없기에 우리는 일찍 떠나야 한다.

해설 ① 가격을 표시할 때 보통 for를 사용하나, price나 piece가 있을 때는 at을 쓴다. ② without regard of → without regard for[to] (= regardless of ~에 상관없이) ③ in a distance → at a distance(얼마간 떨어져서) cf. in the distance(먼 곳에) ④ due to(~ 때문에)는 서술적으로 쓰이므로 문두에 올 수 없다. Due to → Owing to, Because of 등

01	③	02	③	03	④	04	②	05	③
06	④	07	②	08	④	09	④	10	③
11	③	12	②	13	④	14	③	15	③
16	②	17	④	18	④	19	②	20	③

01 ③

해석 그는 자신이 얼마나 많은 고통을 야기했는지 거의 알지 못한다.

해설 부정의 부사어구(little)가 문두에 오면 어순은 '부정 부사 + 조동사 + 주어 + 본동사'이다.

02 ③

해석 모든 소녀들이 그 선생님을 환영한 것은 아니었고, 그들 중 일부는 그를 싫어했다.

해설 some of them으로 보아, 앞 문장에 부분부정 표현이 쓰였음을 알 수 있다. all 앞에 not이 쓰이면 '모두 ~는 아니다'라는 의미의 부분부정이 된다.

03 ④

해석 어린 고슴도치가 눈을 뜨고 나서야, 그것은 보금자리를 떠나서 어미를 따라 여기저기 다닌다.

해설 An infant hedgehog doesn't leave its nest to follow its mother about until it opens its eyes.에서 부정의 부사절(Not until ~ its eyes)이 문두에 나와 있는 형태이다. 부정의 부사어구를 강조하기 위한 도치이고 동사가 일반동사 leave이므로 do를 이용해 도치시킨다.

04 ②

해석 그 행사가 우리 고객들에게 인기가 없을 거라는 것을 알 았더라면, 우리는 초기 단계에서 그 계획을 중단했을 것 이다.

해설 주절에 would have p.p.가 온 것으로 보아 가정법 과거 완료 문장이다. 가정법 과거완료의 도치 문장은 'Had + 주어 + p.p.'이고 Had we 다음에는 ② 또는 ③이 나와 야 한다. 주어(we)와 동사(realize)의 관계가 능동이므로 Had 뒤에 와서 능동태 동사를 만드는 ②의 realized를 써야 한다.

05 ③

해석 그녀가 동료들을 납득시키는 데 성공했기 때문에 의회는 그녀의 제안을 만장일치로 통과 승인했다.

해설 'so ~ that' 구문에서 be동사 뒤의 '강조부사 so + 형용 사'는 문장 맨 앞으로 나와 강조할 수 있으며, 이때 주절 의 'S + be동사'는 도치된다.

06 ④

해석 며칠 후에 Cedric의 여덟 번째 생일이었고 성에서 성대 한 파티가 열렸다. Earl의 친척들이 모두 참석했다. Howard 씨와 그의 가족을 포함한 Earl 저택의 사람들도 또한 참석했다.

해설 '~도 마찬가지다'라는 표현은 'So + V + S'의 구문을 쓴 다. 빈칸 뒤에 나와 있는 the people 이하가 주어이므로 동사는 were가 와야 한다. 앞 문장에 were present에 서도 be동사가 쓰였기 때문에 did, had, would가 올 수 없다.

07 ②

해석 체중 미달이 체중 초과만큼이나 건강에 위험하다는 것을 깨닫는 사람은 거의 없다.

해설 상관접속사인 'as ~ as' 구문에서 being underweight 와 구조나 형태가 병치를 이루는 것은 ②뿐이다.

08 ④

해석 마리아나 군도의 물오리, 모리셔스 잉꼬 및 일본산 깃 장 식이 있는 따오기는 세계의 조류들 중에서 가장 멸종 위 기에 처해 있는 새들에 포함된다.

해설 주어진 문장의 본동사 are의 주어들이 서로 병치되어 있 다. ①에서 Including은 전치사로서 '~을 포함하여'라는 뜻이므로 문장의 의미는 통하나 간결성에 있어 ④만 못 하다.

09 ④

해석 요즈음 당신이 버스를 기다리는 동안 누군가가 새치기를 한다거나, 면전에서 문이 닫히는 일이 없이 아침에 출근 할 수 있다면 당신은 운이 좋은 것이다.

해설 접속사 or 뒤에는 having someone cut 이하와 동등한 어구가 이어져야 한다. have → having

10 ③

해석 최근의 추산에 따르면, 대형 신제품을 개발하여 시장에 내놓는 데 드는 평균 비용이 껑충 뛰어 1억 달러를 훨씬 넘는다고 한다.

해설 it을 동사구 has jumped의 주어로 본다면 접속사가 없어 문장이 성립되지 않는다. 따라서 전체 문장은 'the average cost(주어) + has jumped(동사)'의 구조로 보아야 한다. 따라서 it은 the average cost의 중복이다. product it → product

11 ③

해석 자동차의 발명은 일상생활에 주요한 영향을 끼쳤다. 그것은 완전히 새로운 양식의 생활을 가능하게 했다. 사람들은 이제 더 이상 도시에서 살거나 근처의 붐비는 휴양지에서 휴일을 보낼 필요가 없게 되었다. 그 대신에 그들은 차를 타고 그들이 원하는 곳은 어디든지 갈 수 있게 되었다.

해설 부정어구가 문두로 나가면 주어와 동사가 도치된다는 사실에 유의해야 한다. 여기서는 had 대신 조동사 did를 앞으로 도치시켜야 한다. people had to → did people have to

12 ④

해석 대학 주차와 수송 서비스는 수백 개의 할인 버스 승차권을 구입해서 캠퍼스에서 그것을 팔면서 그 행사에서 중요한 역할을 했다.

해설 등위접속사(and)로 purchasing과 병렬 관계를 이루므로 selling으로 고쳐야 된다. sell → selling

13 ④

해석 처음에 나는 그들의 공연에 대해 무례하다고 생각했었다. 그들의 노래가 하나씩 나오고 나서야 비로소 나는 이것이 그들의 열정을 보여 주는 그들만의 방식이라는 것을 깨달았다.

해설 not until 어구가 문두에 위치할 경우에는 '부정어 + 조동사 + 주어 + 본동사'의 어순을 갖추어야 하므로 I realized를 did I realize로 바꿔야 한다. I realized → did I realize

14 ③

해석 직원 중 한 명이 염려를 표명한 후에야 그들은 관리자의 부적절한 행위를 조사하기 시작했다.

해설 도치 구문을 만드는 조동사 did 다음에는 과거형 동사(started)가 올 수 없고 동사 원형(start)이 와야 한다. started → start

15 ③

해석 산업디자이너들은 제품을 매력적이고, 우아하고, 효율적이고, 안전하게 만들려고 노력한다.

해설 목적격 보어로 쓰인 문장 성분은 elegant, efficient, safe처럼 형용사(attractive)로 통일되어야 한다. attraction → attractive

16 ②

해석 세계 역사상 어떤 시대에도 현시대의 정치·경제적인 독재자들에 의해서만큼 파렴치하게 조직적인 거짓말이 행해진 적은 없었다.

해설 부정의 부사어구(At no ~ world history)가 앞에 오면, 주어(organized lying)와 동사(has been practised)는 도치된다. 따라서 has organized lying been practised의 어순이 되어야 문법적으로 옳다. organized lying has → has organized lying

17 ④

해석 대부분의 미국인들은 컬러텔레비전과 두 대의 자동차 그리고 부업이 없다면 행복을 느끼지 못할 것이다.

해설 a color television, two cars가 동명사인 working at an extra job과 parallel을 이루지 못하므로 an extra job이 되어야 한다. working at an extra job → an extra job

18 ④

해석 야수파 화가들은 자신들의 그림에 색깔을 자유롭게, 표현이 풍부하게, 그리고 화려하게 사용했다.

해설 등위접속사 and에 의해 brilliance가 freely, expressively의 대구를 이뤄야 한다. brilliance → brilliantly

19 ②

해석 ① 그가 똑똑하긴 하지만 치명적 단점이 있는데, 바로 자만심이다.

② Williams 교수는 가르치는 것과 저술하는 것을 즐긴다.

③ 이 영화보다 더 재미있는 영화가 제작된 적은 없다.

④ 그가 네게 점심을 사 줬지, 맞지?

해설 ① as를 포함한 양보 구문으로 올바른 표현이다. ② 등위접속사로 연결된 병치 문제로 teaching과 writing으로 병치되어야 한다. ③ 부정부사 never가 문두에 오면 주어와 동사가 도치되어야 한다. a more interesting movie가 주어로 쓰였다. ④ 부가의문문의 주어는 원칙상 인칭대명사를 이용하기 때문에, 부가의문문의 일반원칙으로 타당하다.

20 ③

해석 ① 그는 많이 놀라서 거의 말을 할 수 없었다.

② 나는 여기에 그가 있을 것이라는 것은 생각지도 못했다.

③ 나는 그렇게 용감한 여자를 본 적이 없다.

④ 영어와 수학에 대해 배치고사를 봐라.

해설 ① his astonishment was → was his astonishment ② 부정어의 도치 문제로 I never did dream을 Never did I dream으로 고쳐야 한다. ③ 목적어를 문두에 강조하는 경우 원칙상 도치하지 않는다. ④ 상관접속사 'both A and B'가 쓰인 문장으로 A, B는 문법적 범주가 같아야 하므로 both for English and for math로 고쳐야 한다.

MEMO

MEMO

MEMO

여러분의 작은 소리
에듀윌은 크게 듣겠습니다.

본 교재에 대한 여러분의 목소리를 들려주세요.
공부하시면서 어려웠던 점, 궁금한 점,
칭찬하고 싶은 점, 개선할 점, 어떤 것이라도 좋습니다.

에듀윌은 여러분께서 나누어 주신 의견을
통해 끊임없이 발전하고 있습니다.

에듀윌 도서몰 book.eduwill.net
- 부가학습자료 및 정오표: 에듀윌 도서몰 → 도서자료실
- 교재 문의: 에듀윌 도서몰 → 문의하기 → 교재(내용, 출간) / 주문 및 배송

에듀윌 편입영어 기본이론 완성 문법

발 행 일	2022년 10월 19일 초판
편 저 자	홍준기
펴 낸 이	권대호
펴 낸 곳	(주)에듀윌
등록번호	제25100-2002-000052호
주 소	08378 서울특별시 구로구 디지털로34길 55
	코오롱싸이언스밸리 2차 3층

www.eduwill.net

대표전화 1600-6700

꿈을 현실로 만드는
에듀윌

고객의 꿈, 직원의 꿈,
지역사회의 꿈을 실현한다

취업, 공무원, 자격증 시험준비의 흐름을 바꾼 화제작!

에듀윌 히트교재 시리즈

에듀윌 교육출판연구소가 만든 히트교재 시리즈!
YES24, 교보문고, 알라딘, 인터파크, 영풍문고 등 전국 유명 온/오프라인 서점에서 절찬 판매 중!

공인중개사 기초입문서/기본서/핵심요약집/문제집/기출문제집/실전모의고사 외 12종

주택관리사 기초서/기본서/핵심요약집/문제집/기출문제집/실전모의고사

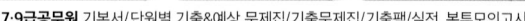

7·9급공무원 기본서/단원별 기출&예상 문제집/기출문제집/기출팩/실전, 봉투모의고사

공무원 국어 한자·문법·독해/영어 단어·문법·독해/한국사·행정학·행정법 노트/행정법·헌법 판례집/면접

7급공무원 PSAT 기본서/기출문제집

계리직공무원 기본서/문제집/기출문제집

군무원 기출문제집/봉투모의고사

경찰공무원 기본서/기출문제집/모의고사/판례집/면접

소방공무원 기본서/기출문제집/실전, 봉투모의고사

뷰티 미용사/맞춤형화장품

검정고시 고졸/중졸 기본서/기출문제집/실전모의고사총정리

사회복지사(1급) 기본서/기출문제집/핵심요약집

직업상담사(2급) 기본서/기출문제집

경비 기본서/기출/1차 한권끝장/2차 모의고사

전기기사 필기/실기/기출문제집

전기기능사 필기/실기

한국사능력검정시험 기본서/2주끝장/기출/우선순위50/초등

조리기능사 필기/실기

제과제빵기능사 필기/실기

SMAT 모듈 A/B/C

ERP정보관리사 회계/인사/물류/생산(1, 2급)

전산세무회계 기초서/기본서/기출문제집

무역영어 1급 | 국제무역사 1급

KBS한국어능력시험 | ToKL

한국실용글쓰기

매경TEST 기본서/문제집/2주끝장

TESAT 기본서/문제집/기출문제집

운전면허 1종·2종

스포츠지도사 필기/실기구술 한권끝장

산업안전기사 | 산업안전산업기사

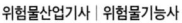

위험물산업기사 | 위험물기능사

토익 입문서 | 실전서 | 종합서

컴퓨터활용능력 | 워드프로세서

정보처리기사

월간시사상식 | 일반상식

월간NCS | 매1N

NCS 통합 | 모듈형 | 피듈형

PSAT형 NCS 수문끝

PSAT 기출완성 | 6대 출제사 | 10개 영역 찐기출

한국철도공사 | 서울교통공사 | 부산교통공사

국민건강보험공단 | 한국전력공사

한수원 | 수자원 | 토지주택공사

행과연형 | 휴노형 | 기업은행 | 인국공

대기업 인적성 통합 | GSAT

LG | SKCT | CJ | L-TAB

ROTC·학사장교 | 부사관

꿈을 현실로 만드는
에듀윌

DREAM

공무원 교육
- 선호도 1위, 인지도 1위!
  브랜드만족도 1위!
- 합격자 수 1,800% 폭등시킨
  독한 커리큘럼

자격증 교육
- 6년간 아무도 깨지 못한 기록
  합격자 수 1위
- 가장 많은 합격자를 배출한
  최고의 합격 시스템

직영학원
- 직영학원 수 1위, 수강생 규모 1위!
- 표준화된 커리큘럼과 호텔급 시설
  자랑하는 전국 53개 학원

종합출판
- 4대 온라인서점 베스트셀러 1위!
- 출제위원급 전문 교수진이
  직접 집필한 합격 교재

어학 교육
- 토익 베스트셀러 1위
- 토익 동영상 강의 무료 제공
- 업계 최초 '토익 공식' 추천 AI 앱 서비스

콘텐츠 제휴 · B2B 교육
- 고객 맞춤형 위탁 교육 서비스 제공
- 기업, 기관, 대학 등 각 단체에 최적화된
  고객 맞춤형 교육 및 제휴 서비스

부동산 아카데미
- 부동산 실무 교육 1위!
- 상위 1% 고소득 창업/취업 비법
- 부동산 실전 재테크 성공 비법

공기업 · 대기업 취업 교육
- 취업 교육 1위!
- 공기업 NCS, 대기업 직무적성,
  자소서, 면접

학점은행제
- 97.6%의 과목이수율
- 14년 연속 교육부 평가 인정 기관 선정

대학 편입
- 편입 교육 1위!
- 업계 유일 500% 환급 상품 서비스

국비무료 교육
- 자격증 취득 및 취업 실무 교육
- 4차 산업, 뉴딜 맞춤형 훈련과정

IT 아카데미
- 1:1 밀착형 실전/실무 교육
- 화이트 해커/코딩 개발자 양성 과정